刘宜庆 著

绝代风流

西南联大生活录

辽宁人民出版社

© 刘宜庆 2020

图书在版编目（CIP）数据

绝代风流：西南联大生活录 / 刘宜庆著 . —沈阳：辽宁人民出版社 , 2020.1

ISBN 978–7–205–09743–1

Ⅰ . ①绝… Ⅱ . ①刘… Ⅲ . ①西南联合大学—校史 Ⅳ . ① G649.287.41

中国版本图书馆 CIP 数据核字（2019）第 202073 号

出版发行：	辽宁人民出版社
	地址：沈阳市和平区十一纬路 25 号　邮编：110003
	电话：024–23284321（邮　购）　024–23284324（发行部）
	传真：024–23284191（发行部）　024–23284304（办公室）
	http://www.lnpph.com.cn

印　　刷：嘉业印刷（天津）有限公司
幅面尺寸：170 mm×240mm
印　　张：26
字　　数：380 千字
出版时间：2020 年 1 月第 1 版
印刷时间：2020 年 1 月第 1 次印刷
责任编辑：赵维宁
封面设计：仙境设计
版式设计：麦莫瑞文化
责任校对：冯　莹
书　　号：ISBN 978–7–205–09743–1

定　　价：80.00 元

湘黔滇旅行团队伍到达昆明后绕行近日楼，
经正义路、华山路，向圆通公园欢迎会场行进

湘黔滇旅行团在路上

国立西南联合大学校门　沈叔平摄

1939年4月,西南联大新校舍竣工

学生宿舍

西南联大工学院学生食堂

西南联大图书馆内的简易书架

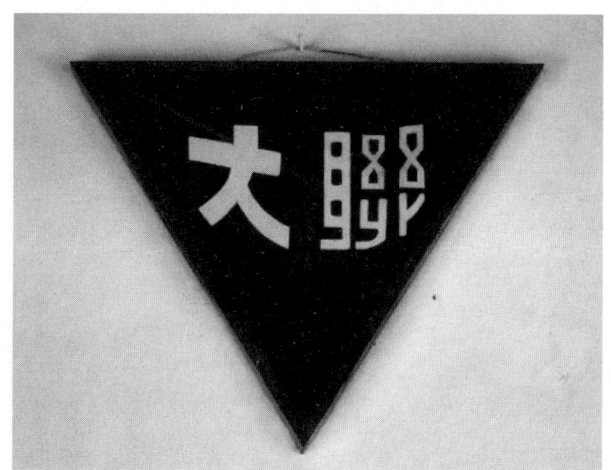
西南联大校徽

张世英西南联大毕业证书

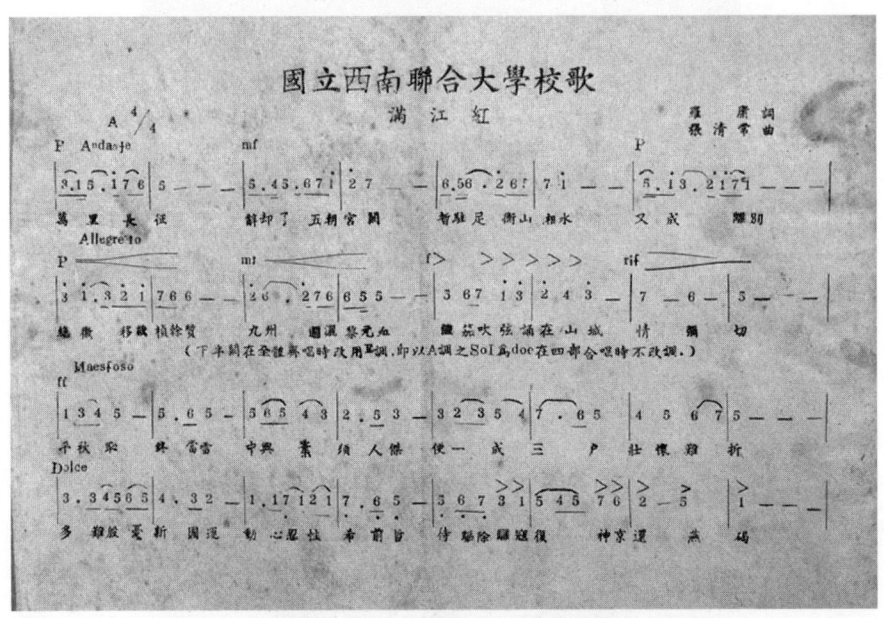

西南联大校歌

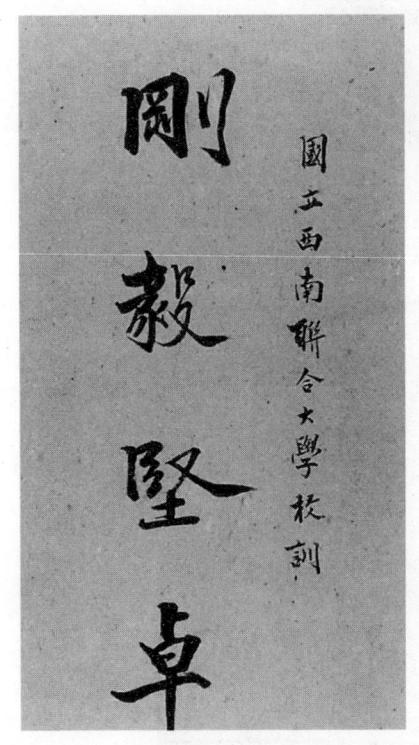

西南联大校训

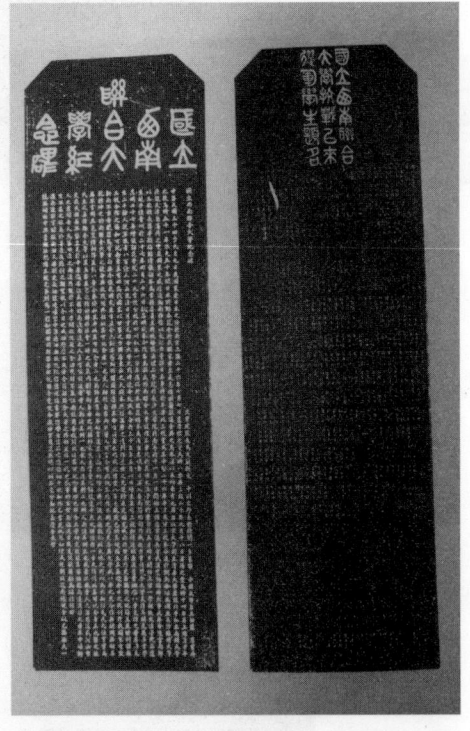

1946年5月4日,西南联大纪念碑于结业典礼后揭幕。冯友兰撰写碑文,闻一多篆额、罗庸书丹

西南联大工学院图书馆。每天图书馆开馆前，门前总是挤满了莘莘学子，图书馆里，一座难求

西南联大工学院学生下课了

苦中作乐，一起去郊游。左起：周培源抱周如玲、陈岱孙、王蒂澂、金岳霖扶周如雁、朱自清、李继侗前周如枚

凤子和孙毓棠演出《原野》剧照

1938年8月任继愈在西南联大时，摄于云南蒙自照相馆

西南联大负责人与旅行团全体教职员合影。前排左起：黄钰生、李继侗、蒋梦麟、黄师岳、梅贻琦、杨振声、潘光旦

"回顾丛书"序

约半年前，艾明秋女士来电，要我"再做点贡献"。小艾是辽宁人民出版社文史编辑室主任，也是我的第一本书《大汉开国谋士群》的责任编辑，我们的合作，非常愉快，进而"成为生活中的益友"（张立宪语）。

对小艾的要求，我一向近乎有求必应。听她谈过初步构想后，觉得挺有意思，可以操作。今年初，辽宁人民出版社副总编辑张洪兄来电，进一步讨论、商定了相关细则。这便是"回顾丛书"的由来。

"回顾丛书"拟每年出一辑，每辑6册左右。以经过时间和市场淘洗的旧书再版为主，新作为辅；以专著为主，文集为辅；以史为主，政治经济军事社会思想文学为辅。入选的各类书籍，都是我所感兴趣的，有料，有趣，有种。回顾的目的，当然是为了更好地前瞻、前行。

太白诗：却顾所来径，苍苍横翠微。2008年初夏，收到首册样书时，欧洲杯激战方酣。去年秋天再版，新书出炉时，我正沿着318国道驱车前往珠峰大本营。此情此景，宛如昨日。我想，再过五年、十年，回过头来看这套"回顾丛书"，又会是什么心境呢？

是为序。

梁由之
夏历癸巳芒种后一日，于深圳天海楼。

前言

联大风流何处寻？

1938年4月，昆明，国立长沙临时大学更名为国立西南联合大学。同年6月8日，国立西南联合大学关防（铜质）到校，7月1日正式启用。这所由北京大学、清华大学、南开大学组成的联合大学，浴战火而生，尽管日寇的飞机屡次轰炸，它仍巍然屹立，在昆明一待就是9年。

如今，西南联大虽然消逝了，但它创造的辉煌，却永远铭刻在历史的纪念碑上。正如拍摄纪录片《西南联大启示录》的张曼菱所说，在物质形态上联大正在消逝，但是联大体现的中国大学精神，却不会因为物质的损毁而消逝，它将时刻昭示世人。

经济学泰斗、曾在西南联合大学经济系任系主任和教授的陈岱孙先生在《国立西南联合大学校史》的前言中这样写道："西南联大在其存在的九年中，不只是在形式上弦歌不辍，而且是在极端艰苦条件下，为国家培养出一代国内外知名学者和众多建国需要的优秀人才。西南联大，这所其实体虽然今日已不复存在的大学，其名字之所以能载入史册，其事迹之所以值得人们纪念者，实缘于此。"

西南联大的学术水平是世界一流的，这里大师云集，拥有多位"中国学术第一人"——陈寅恪，中国懂得世界文字最多的人；吴泽霖，20世纪

40年代提出"中国人口已经相对过剩"的第一人；金岳霖，把"形式逻辑"引进中国的第一人；吴宓，中国开创比较文学第一人；钱端升，中国政治学的奠基人；叶笃正，中国气象学、大气科学的奠基人；冯景兰，中国矿床学的奠基人；华罗庚，美国科学院120年来的第一位中国籍院士；杨石先，中国研制农药的第一人；汤用彤，世界上能开三大哲学传统（中、印、欧）课程的第一人……

"联大的屋顶是矮的"，但从这低矮茅舍里走出的2522位联大毕业生，都是国家的栋梁。他们当中包括：诺贝尔物理学奖获得者杨振宁、李政道；获得国家最高科学技术奖的黄昆、刘东生、叶笃正；为国家做出杰出贡献的"两弹一星"功勋奖章获得者郭永怀、陈芳允、屠守锷、王希季、邓稼先、朱光亚等。联大存续的9年，先后有1129名学生参加抗战，为国效力。中华人民共和国成立后，联大学生中被评为两院院士的共86人。

这正如西南联大外语系1942级的杜运燮（九叶派诗人之一）诗《西南联大赞》中所写：

……
敌人只能霸占红楼，作行刑室，
可无法阻止在大观楼旁培养
埋葬军国主义的斗士和建国栋梁。

……
校园边的成排由加利树，善于熏陶，
用挺直向上的脊梁为师生们鼓劲。

……
缺乏必要书籍，讲课，凭记忆默写诗文，
总不忘吃的是草，挤出高营养的牛奶。

……
著名学者，培养出更著名的学者，
著名作家，培养出多风格的作家。
只有九年存在，育才率却世所罕有。

……

在抗战大后方昆明，生活是十分艰难的，但处在"饭甑凝尘腹半虚""既典征裘又典书"困境中的联大教师，仍然守护着中国大学的尊严。他们一身正气，为人师表，自敬其业，诲人不倦。当年联大外文系教授冯至先生说："绝大多数教职员都是安贫守贱，辛辛苦苦地从事本位工作。"其实他们不只"安贫"，更有"乐道"——这个"道"是思想自由、学术自由，是勇于探索、敢于批判，是"违千夫之诺诺，作一士之谔谔"；这个"道"使联大的教师们既有中华情结，又抱世界胸怀。正如吴宓先生一再强调的，"Plain living and high thinking"（意为"生活朴素，情操高尚"。原句是英国浪漫主义诗人华兹华斯的名言），这正是西南联大的精神。

西南联大的成功，一方面是因为共赴国难、同仇敌忾激发出的凝聚力和爱国主义精神，另一方面是因为它融合了三校的特色。北京大学把"思想自由，兼容并包"作为办学方针，清华大学有"通才教育""教授治校"的治学理念，南开大学把解决中国现实问题、研究社会实际作为教育的目标。"同无妨异，异不害同，五色交辉，相得益彰"，组成西南联大的北大、清华、南开三校，特点不同，共有良好的传统，这就是陈寅恪所说的"自由之精神"和"独立之思想"。而联大留下的思想和精神资源，是一笔宝贵的财富，需要后人用心去挖掘。

联大风流何处寻？缅怀已成绝响的联大风流和风骨，铭记联大创造的奇迹和辉煌，自不待言。但仅有这些是不够的。西南联合大学的大学自治、教授治校、学术自由、思想独立，这些宝贵的精神资源为何失传，是在怎样的历史境遇下如《广陵散》般曲终人散？西南联合大学的教授和学子，在那样艰难的条件下，他们靠什么精神力量支撑着？在历史的动荡中，他们遭遇了什么样的诡谲命运？在时代的分岔道路上，他们如何选择？他们的命运和归宿是怎样的？他们的结局是历史的必然还是历史的误会？显然，这一系列问题，我无法给出全部答案。这些问题不只是停留在西南联大时期，而是纠结于历史与现实之间，是事关当下的拷问。我所能做的，只是将自己的思考和省察渗透于此书。在这本书里试图打开通向西南联大的一条隐秘通道，从他们的生活细节来观察他们的精神境界和内心世界。我选择的少数联大教授，他们已经被遗忘在历史的角落。书写即拯救，让钩沉湮灭的历史碎片进入今人的视野，对抗社会集体失忆的"病根"。

联大师生的风流，就像魏晋风度一样，令后人景仰。这风流在我看来，包含了人格独立、发表自由言论的百家争鸣；弦歌不绝、为人师表、坚贞不屈的铮铮铁骨；沉潜专注、甘于奉献、光风霁月的谦谦风度。西南联大存在的时期是一个群星闪耀的时代，那些特立独行之士，用才华与激情谱写了他们的不老传奇。

先来看风骨。知识分子如何保持独立？金岳霖在28岁的时候就说过这样一段话："与其做官，不如开剃头店；与其在部里拍马，不如在水果摊子上唱歌。"金岳霖先生认为，知识分子要成为有"独立进款"的人。所谓"独立进款"，简单说就是要靠自己的本事吃饭。因为只有不依附于任何党派，才能真正做到学术自由；只有不做政府的官员，才能做公共知识分子，承担起批判的责任。联大的教授，多是这样的自由主义知识分子，他们爱惜自己的羽毛，一生坚持不党不官。

联大历史系教授吴晗曾写了一本关于朱元璋的书，名为《由僧钵到皇权》。因为在起义时朱元璋的军队扎了红头巾，所以就叫"红巾军"，简称"红军"。国民党审查的时候说书写得很好，可以出版，但是要改一个字，不要叫"红军"，叫"农民军"。吴晗家贫，吃饭只能买农民晚上卖剩的菜，妻子又害肺病，需要钱来治，而这本书只要能出版，吴晗就可以拿很高的稿费。但是吴晗表示：宁可不出，他也不改。

联大航空系主任庄前鼎（后任航空工程研究所所长）一直坚持在科教战线上，尽管重庆国民政府曾再三与他商量调聘，甚至以"委座促驾"为由来电催请，但他仍以"敬谢不敏"四字复电坚辞。他常说："我这辈子不做官，也不善于做官，我要以毕生精力踏踏实实地做些有益于国家、造福于人民的实际工作。"

1947年，曾在联大机械系任教的刘仙洲教授访美回国。路过南京时，国民政府教育部部长朱家骅拟设宴邀请，请他再次出任北洋大学校长。他拒不赴宴，连夜离开南京，北上北平，回到清华大学任教。后来，教育部虽公开宣布了这一任命，并一再致电敦促刘仙洲赴任，但他都置之不理。

再来看风范。联大教授们为人师表的风范也令人敬佩。联大有一条不成文的规定，凡最基础的课程（包括专业课程的绪论），都须由最有名望的教授执教，因为这些课程由名师深入浅出地讲授，能把学生带入更广阔的天地中。于是，李继侗教"普通植物学"，吴有训教"普通物理学"，王力主讲"语言学概论"，袁复礼讲"普通地质学"……也许正是因为有这样的远见卓识，西南联大诞生了许多对著名的师生：吴大猷与杨振宁、叶企孙与李政道、金岳霖与王浩、杨振声与吴宏聪、闻一多与季镇淮、朱自清与王瑶、沈从文与汪曾祺……

联大教授并不会因为和学生结下深厚的友情，就放松对他们的要求，好多教授以严厉著称。有志研究电机工程的学生，大一微积分和大一物理的成绩至少要达到70分；大二时，周日早上会有小测考查学生课堂知识以外的能力，看他们是否能够灵活运用基本概念；实验课的研究计划也得预先准备，实验报告交迟了则不计分数。1941年进入联大电机工程专业的七八十名大一学生，到1945年只有17人拿到了毕业证书。

有一段关于机械工程系孟广喆教授的逸闻。孟广喆教授讲课生动活泼，能利用口才使学生的思维跟着他转。但他评分极其严苛，为此弄得自己很不受学生欢迎，连助教白家祉都求他宽容一些。一天，白在校园里看到一幅题为《我若为王（If I were king）》的墙报漫画，感到很愤怒——《我若为王》是当时在昆明放映的一部很受欢迎的电影——漫画的说明文字是："If I were king, I would kill Meng!"（我若为王，我将杀了孟）白把这个消息告诉孟，孟大笑，但评分原则并未因此动摇。

是真名士自风流，我们说魏晋名士雅人深致，其实这话同样适用于联大师生。联大教授的风度最令人心折低回。黄钰生、李继侗等教授都在联大先后担任过十几种职务，并且没有任何报酬和津贴，但他们乐于奉献。文法学院从蒙自回到昆明，教学秩序正常后，郑天挺向蒋梦麟校长提出想辞去行政职务，专攻学问，蒋表示谅解。当时，郑天挺曾请魏建功代刻杖铭两根，其一曰"指挥若定",另一曰"用之则行,舍之则藏"。罗常培见后,以"危而不持,颠而不扶"相讥,暗指郑坚辞不任行政事务。于是,郑天挺又出任联大总务长。

我们还可以从联大教授的服饰来感受他们的风度。梅贻琦跑警报时不失仪容,安步当车慢慢地走,同时还疏导学生。吴宓常持手杖,着长衫,和钱锺书一起,沿着翠湖边的小路边走边谈。身材高大的金岳霖经常穿着一件烟草黄色的麂皮夹克,戴着一顶呢帽,微仰着脑袋,深一脚浅一脚地走。因他的眼睛不好,有一段时间戴着眼罩。闻一多在南岳时,开哲学系教授的玩笑,为金岳霖作了一首打油诗,故有"金公眼罩郑公杯"之句。儒雅的朱自清戴着眼镜,身穿马帮的毡斗篷,毡斗篷里是洗刷得几乎失色的西装,这副样子走在昆明的街头,显得不伦不类,他也就成了联大另类的风景。朱自清的毡斗篷,同潘光旦的鹿皮背心、冯友兰用来包书和讲义的有八卦图案的黄包袱一起,被称为"联大三绝"。

不只是教授们,联大的学子也颇有风采。他们善于自嘲,身上破旧的衣服被他们美其名曰"本色不保"衣、"空前绝后"袜、"脚踏实地"鞋。要是用打工所得在地摊上买一条美军卡其布裤、一件夹克衫或一双大头靴,那就是最出色的衣着了。虽然吃的是难以下咽的"八宝饭",但他们每天仍孜孜不倦地做学问,真是箪食瓢饮,穷且益坚,这种精神,天人可感。

本书与诸多已经出版的关于西南联大的专著不同之处在于,本书从大处着眼,小处入手,集中呈现各样的生活细节,关注联大师生的日常教学和吃穿住行,以此展现出那个时代人们的幽微精神。他们住的环境如何恶劣?他们如何请客吃饭?在空袭频繁的年代,他们如何娱乐?在物质极其贫乏的情况下,他们过着怎样的文化生活?他们的一饮一啄,他们的一言一行,无关历史的宏旨,可是若没有这些琐碎而生动的细节,我们无法深入他们的内心。在某种程度上,生活史亦是心灵史。

80年的沧桑巨变,联大的教授绝大多数已经过世,即便是较晚入联大求学的学子也在望九之年。作为后人,我们遥望那段烽火连天的岁月,抚今追昔,所感受的不仅是激情,更是深深的沉思。西南联大最宝贵的精神是什么?这个问题,读过本书之后,您自然会有答案。

目 录

"回顾丛书"序
前言　联大风流何处寻？

§ 遥遥长路到联合大学

湘黔滇旅行团	2
黄钰生南渡西迁	8
地质学家袁复礼的足迹	12
闻一多参加步行团	16
曾昭抡不绕小道	20
李继侗联欢会上跳舞助兴	22
冯友兰意外出事故	25

§ 联大师生跑警报

何谓"跑警报"	30
跑警报中的意外死亡	33
金岳霖跑警报	37
梅贻琦跑警报	40
刘文典大呼"保存国粹"	43
冯友兰躲进城墙洞	46
陈达教授坐坟头讲课	48
跑警报的幽默和浪漫	50
不跑警报	53
终结跑警报的日子	56

§ 联大师生的饮食

联大学者的饭局	58
梅贻琦的酒量	61
抗战胜利后的饭局和时局	64
学者的饯行宴	66
朱自清的饮食与胃病	69
冯友兰的家宴	74
燕卜荪请客论诗	75
冯文潜典卖衣物请客	76
潘光旦吃鼠肉真相	78
潘光旦太太请客	80
教授种菜	82
谁动了教授的米面	84
游国恩：米让挑夫挑走了	87
吴大猷夫妇相濡以沫	89
姜立夫、叶楷碾米	91
朱德熙初品干巴菌	94
汪曾祺与云南的菌子	98
费孝通品烤茶	101
联大学子的"八宝饭"	103

§ 联大学者的住所

联大师生离不开汽油箱	106
吴宓钱穆合租"天南精舍"	109
"何妨一下楼主人"	112
金岳霖陈岱孙合住戏楼包厢	116
冰心呈贡山上的"默庐"	118

陈省身疏散到梨烟村 121
古庙安家 126
朱自清的住所 130
梁思成林徽因建房子 132
陈梦家赵萝蕤的"楷庐" 135
王力的"龙虫并雕斋" 141
费孝通为孩子出生找房子 144
华罗庚：我们的钱都已经花光了 146

§ 联大师生的文化和娱乐

教授的"荤段子" 152
师生都爱泡茶馆 155
沈从文、施蛰存淘古董 161
冯友兰喜欢收藏旧兵器 164
联大教授爱昆曲 168
联大学生的昆曲之好 172
苦中作乐打桥牌 174
看电影 177

§ 联大学者近体诗中的流年碎影

南渡诗抄 182
南渡自应思往事 185
联大学者过中秋　诗词唱和述性情 188
朱自清《近怀示圣陶》 192
梅贻琦、顾毓琇唱和 194
伤心史与心酸诗 196
萧涤非送子《早断》 199
潘光旦：只将身世寄鸥游 201
游国恩挽朱自清诗 204

§ 西南联大的演讲

- 联大的时事演讲　　　　　　　　　　208
- 梅贻琦主持的演讲　　　　　　　　　213
- 刘文典演讲《红楼梦》　　　　　　　216
- 邵循正摸黑讲《元遗山与耶律楚材》　220
- 林语堂的演讲　　　　　　　　　　　223
- 闻一多的"非常道"　　　　　　　　228
- 金岳霖演讲"说不得"　　　　　　　232
- 向达演讲《敦煌学导论》　　　　　　234
- 冯友兰《论风流》　　　　　　　　　237
- 冯友兰演讲中国哲学　　　　　　　　240
- 黎东方讲"三国"　　　　　　　　　243
- 老舍讲抗战文艺　　　　　　　　　　246
- 傅斯年讲汪精卫为何叛国投降　　　　249
- 罗常培叙永分校讲读书八式　　　　　253

§ 战时联大学者与藏书的命运

- 清华大学图书南迁　　　　　　　　　258
- 陈寅恪的藏书被偷了　　　　　　　　261
- 陈岱孙舍弃藏书南渡　　　　　　　　265
- 潘光旦部分藏书归去来　　　　　　　267
- 张荫麟忍痛抛藏书　　　　　　　　　269
- 吴晓铃昆明读曲记　　　　　　　　　271
- 联大学者忍痛卖书　　　　　　　　　275
- 胡适的藏书得到妥善保护　　　　　　277
- 钱穆藏书全部散失　　　　　　　　　280
- 战火劫余诗与书——冯至昆明买书记　282

§ **西南联大的婚恋**

    梅贻琦主持的婚礼　　　　　　　　　　288

    潘光旦的证婚妙语与贺婚诗　　　　　　293

    黄钰生和他的两位妻子　　　　　　　　298

    周先庚与郑芳：铭记战时家庭生活　　　303

    林文铮与蔡威廉　　　　　　　　　　　308

    许宝騄：一生治学终身未娶　　　　　　317

    任继愈和冯钟芸　　　　　　　　　　　322

    张世英与彭兰：哲学与文学的联姻　　　326

    林文奎与张敬：剑与花喜结良缘　　　　333

    高贵的灵魂与美丽的眼睛——巴金和萧珊的爱情　338

    袁永熙与陈琏：跨过门槛　　　　　　　344

    陶光：一缕昆曲陷渺茫　　　　　　　　351

    奇葩的求爱　　　　　　　　　　　　　357

    孙毓棠与凤子：秋灯摇曳中的昆明往事　360

§ **附录**

    附录一：西南联大简史　　　　　　　　374

    附录二：西南联大纪念碑　　　　　　　377

    附录三：西南联大校歌　　　　　　　　380

§ **主要参考资料**　　　　　　　　　　　　381

§ **后记**

    初版后记　　　　　　　　　　　　　　390

    "西南联大三部曲"后记　　　　　　　　394

遥遥长路到联合大学

湘黔滇旅行团

万里长征,辞却了五朝宫阙,暂驻足衡山湘水,转眼又离别。

1937年11月11日,上海沦陷。12月13日,南京沦陷,武汉震动,长沙成为后防重镇,小东门车站被炸,学校不能安稳上课,长沙临时大学被迫再度迁徙。1938年2月,长沙临时大学在各地成立招待处。广州招待处负责人是郑华炽,香港招待处负责人是叶公超、陈福田,海防办事处负责人是徐锡良,河口办事处负责人是雷树滋。

长沙临时大学西迁时,女生以及体检不合格者、不愿步行者,由长沙经粤汉线南下至广州,转香港、海防,通过滇越铁路来到昆明。赴滇女生队伍

湘黔滇旅行团出发前留影

湘黔滇旅行团指导委员会合影　金炎提供

由樊际昌、梅美德、钟书箴率领，同时三人负责护送教职员眷属。另有冯友兰、陈岱孙、朱自清、钱穆、郑昕等10位教师，经桂林、柳州、南宁，过镇南关（今友谊关）进入越南，到河内转乘滇越铁路赴昆明。其余师生组织成湘黔滇旅行团，徒步去昆明。

湘黔滇旅行团1938年2月20日出发，4月28日到达昆明，历时68天。旅行团的学生有280多人，全程约3500里，师生均步行抵达昆明，此行成为西南联大的一大壮举，是中国教育史上的一大奇迹。

这次徒步旅行的宗旨是"借以多习民情，考查风土，采集标本，锻炼体魄，务使迁移之举本身即是教育"。然而，揆诸实际，这次长途跋涉其实是战时迫不得已的应急举措——缺少资金。学校发给旅行团学生的旅费是每人20元，发给教职员的旅费是每人65元。叶公超提议将教职员的经费捐给学生，数十位教职员响应，将自己的旅费捐助给体弱贫苦和成绩优良的学生。

旅行团采取军事化管理，湖南省军事最

西南联大旅行团学生出版著作《西南三千五百里》

旅行团为躲避土匪，途经湖南沅陵凉水井时，在小道上急行

湘黔滇旅行团在途中吃饭、休息

高指挥者——张治中，特派黄师岳中将担任团长，统览全局。设立指导委员会，黄钰生担任主席，负责日常具体工作的领导与管理。同时设立辅导团，由同行教师闻一多、许骏斋、李嘉言、李继侗、袁复礼、王钟山、曾昭抡、毛应斗、郭海峰、黄钰生、吴征镒共11人组成。

　　当时还有部分教师也想参与本次行动，但因其他任务而无缘旅行团。比如孟昭英，旅行团出发前，他被学校安排去香港购买清华大学无线电研究所需要的器材。虽然没有实现随行的心愿，但他对后来西南联大的科研工作起了重要作用。孟昭英于1936年获美国加州理工学院博士学位，曾制造出世界上最小的真空管。应顾毓琇邀请，执教于清华大学。1939年下半年西南联大开设无线电课程，课程的无线电部分是任之恭讲授，电子管部分则是由孟昭英讲授。

湘黔滇旅行团分为教职工队和学生队两组，教职工和徐行敏等医官隶属团本部，学生队分为两个大队，每大队下分设三个中队，每中队下又分设若干小队（相当于班）。军训教官毛鸿少将担任参谋长，另两位教官邹镇华、卓超分任大队长，中队长和小队长则由学生担任。每一大队有一个伙食班，由一名学校配备的炊事员和五六名学生组成。另有两辆卡车运送行李，需要学生自己携带的物品除了被褥以及换洗衣服，其他物品均于出发前交学校代运，抵达昆明后再领回。旅行团学生一律穿土黄色军服，裹绑腿，背干粮袋、水壶、黑棉大衣，还有一把雨伞。这些行军装备都是湖南省政府赠送的。

对于此次行程，当时参加旅行团的联大学生向长清回忆说："行军的开始，我们都感到旅行的困难。腿的酸痛、脚板上磨起的一个个水泡，诸如此类，实在令人有'远莫致之'的感觉。"由于步行团没有帐篷，更没有住旅馆的预算开支，所以每天必须找村镇宿营。在长达两个多月的时间里，步行团住过各种地方，学校教室、马店、客栈、柴木棚、榨油房、仓库、茶馆、礼堂、戏园子……向长清回忆说："三千多里的行程中，我们的宿营地只是学校、

湘黔滇旅行团抵达昆明

1938年4月16日,旅行团由普安抵达盘县,当地小学生列队欢迎

客栈,以及破旧的古庙,在这里是不能讲究许多了。有时候你的床位边会有一口褐色的棺材;有时候也许有猪陪着你睡,发出难闻的腥臭气;然而过惯了,也就不在乎了。不论白天感觉到那地方如何肮脏,一到晚上稻草铺平之后,你就会觉得这是天堂,放倒头去做你那甜蜜的幻梦。"

1938年4月28日,湘黔滇旅行团团员在昆明东郊贤园进行简单的休整,随后从东门进城,经近日楼,抵达翠湖东岸的圆通寺。在寺内,黄师岳团长点名完毕,将名册交给梅贻琦先生。至此,这个长达68天,约3500里的"长征"结束。

为迎接旅行团师生,赵元任的夫人杨步伟、蒋梦麟的夫人陶曾谷、黄钰生的夫人梅美德等带着亲手做的花篮和粽子去迎接他们。赵元任根据英国名歌 *It's long way to Tipperary* 改编出了一首《遥遥长路到联合大学》,由赵元任的女儿演唱,歌词是:

> 遥遥长路,到联合大学,
> 遥遥长路,徒步。
> 遥遥长路,到联合大学,

不怕危险和辛苦。

再见，岳麓山巅，

再会，贵阳城，

遥遥长路去罢三千余里，

今天到了昆明。

"读万卷书，行万里路"是中国文人所信奉的古训，但是这次浸染了悲壮色彩的文人"长征"，在中国历史上是绝无仅有的。胡适说："临大决迁昆明，当时是最悲壮的一件事，引得我很感动和注意：师生徒步，历六十八天之久，经整整三千余里之旅程。后来我把这些照片放大，散布全美。这段光荣的历史，不但联大值得纪念，在世界教育史上也值得纪念。"

1938年8月，朱自清在蒙自为清华第十级毕业生题词说："……诸君又走了这么多的路，更多的认识了我们的内地，我们的农村，我们的国家。诸君一定会不负所学，各尽所能，来报效我们的民族，以完成抗战建国的大业的。"冯友兰先生的题词中也说："第十级诸同学由北平而长沙衡山，由长沙衡山而昆明蒙自，屡经艰苦，其所不能，增益盖已多矣。"

黄钰生南渡西迁

1912年，14岁的黄钰生（字子坚）进入南开学校求学，一年后，结识了与自己同岁的周恩来（1913年进入南开中学）。两人都是南开的活跃分子，非常熟悉。后来，周恩来留学日本时致函冯文潜，信中还问及黄子坚到哪里去了，学何专业。

受南开校长张伯苓的影响，黄钰生抱定了"教育救国"的梦想。他在美国留学时，专攻教育学和心理学。1927年，黄钰生被委以重任——南开秘书长，直到1952年，才被调到天津图书馆任馆长。提起南开，黄钰生是仅次于校长张伯苓的二号人物。

黄钰生留美时最初攻读哲学，晚年还能用英文背诵罗素的名句。他信奉罗素的学说。罗素所主张的人类爱、和平主义、反对暴力，几乎成为他的人生哲学信条。在美国留学一年后，转攻教育学和心理学。他在南开大学曾开设"教育概论""心理学""西洋教育史"等课程，此类课程构成哲学教育系的主干课程。他的授课特点是，内容丰富，语言精练，逻辑性强，善于启发。据邢公畹先生忆述："黄先生教学严肃严谨，特别是超人的口才，取得了良好效果。他讲心理学，经常座无虚席，外系的学生和青年教师踊跃旁听。"

对于外国心理学家、教育家的言论，黄钰生不是照搬，而是有肯定也有否定，批判地加以吸收。如讲到心理学流派时，他对行为主义心理学创始人瓦特生（华生）提出的 S—R（刺激—反应）公式和弗洛伊德的泛性论进行过深入分析和批判。他治学严谨，有些自编教材，一再修改，仍不肯发表。他编著的《儿童心理学讲义》，在 20 世纪 30 年代，算得上内容新颖的好教材。遗憾的是这份教材手稿在日寇轰炸南开时被焚毁了。

1937 年七七事变后，日寇侦得南开大学是天津抗日活动的基地之一，便疯狂轰炸校园。日寇以木斋图书馆（黄钰生的大舅父卢木斋所捐建筑）的圆顶为目标，轰炸大学校园。教学大楼秀山堂、木斋图书馆、学生宿舍均毁于一旦，只有科学馆思源堂得以幸免于全毁。日寇处心积虑毁坏教育文化命脉的罪恶行径，让南开人同仇敌忾，众志成城，正如校歌中唱到的，"巍巍我南开精神"，南开精神永远摧不毁、炸不垮。

黄钰生与南开教务长杨石先教授冒着生命危险，指挥师生疏散，成功地转移实验仪器、大量图书以及其他物资，而他自己的家什一件未动。后来，黄钰生给夫人梅美德写信说家中财物荡然无存，深明大义的梅美德说："论职守，校产毁，私产亦毁，于心无愧。若校产毁而私产存，就可耻了。现在你有我，我有你，还要什么？"

1937 年 7 月 29 日，黄钰生最后乘小船离开学校。在顺流而下的小船上，他回头一望，南开校园陷于熊熊火光之中，他紧握双拳，心如刀绞。悲痛之余，壮怀激烈，觉得南开大学在抗战的烽火中如同凤凰涅槃，必定会获得重生。辗转半个月后，他在南京面见张伯苓，交上学校的一大串钥匙，以示不辱使命。张校长感动至极，含泪道："子坚辛苦了。"张伯苓的手与黄钰生的手紧紧地握在一起，他们深知：人若在，校就在。

在长沙临时大学，清华校长梅贻琦得知学校西迁昆明的决定后，考虑谁带领湘黔滇旅行团，将这项艰巨的任务托付给谁？他想到了黄钰生。当年黄钰生在清华求学时，梅贻琦教过他，知道他是一位体育健将，知道黄钰生留学芝加哥大学时得过棒球冠军。于是他去征求黄钰生的意见："子坚，你愿不愿从陆路走，带带队？"刚满 40 岁的黄钰生高兴地答应了。

1938 年 2 月长沙临时大学向昆明转移，280 多名男生组成"旅行团"，准备徒步穿越湘、黔、滇三省到达昆明。黄钰生任旅行团"教师辅导委员会"主席。

南开大学化学系学生申泮文参加了旅行团，他对黄钰生在旅行团中的表现、作用这样描述："旅行团的全部总务事宜，举凡路线选定、前站、宿营、伙食等杂务都担在黄钰生一人肩上。"黄钰生把全团数万元旅行经费缠在腰间，自嘲"腰缠万贯"。

参加这次"长征"的师生，皆称在这次"长征"中，"黄钰生地位最尊，晨兴最早，夜眠最迟，从排除险难计划途程，到安排食宿照顾病号，上下左右无不感佩"。

旅行团抵达贵州玉屏，这里盛产竹手杖，成员纷纷购买，上山下山就派上了用场。黄钰生也买了一根，他在手杖上精心刻下"行年四十，行路三千"八字，以纪念这段不凡经历。在汉苗联欢会上，苗族少男少女载歌载舞。苗民吹芦笙跳舞，旅行团的学生唱歌。看到这欢快的场面，李继侗教授和医官徐行敏跳了一曲华尔兹为大家助兴。黄钰生则提着手杖，翩翩起舞，他的手杖舞赢得大家的阵阵喝彩！

在这次"长征"中，还有一段小插曲。据吴征镒《长征日记》描述，当旅行团惊险渡过盘江后，到达安南小城，天色渐晚。大家又累又饿，街上卖的炒米糖泡开水，早已被抢购一空。没有抢到的只好饿着肚子睡觉。因为装载铺盖、炊具、粮食的车辆耽搁在盘江东岸。到达西岸的学生们，如蜂拥而至的逃荒者，在县政府的大堂上相互依靠着度过漫漫长夜。辅导委员会的闻一多、李继侗、曾昭抡等教授陪着学生们坐在县衙大堂。学生们饥寒交加无法入眠，怨言四起，几位教授代替黄钰生团长挨了骂。到了半夜，有几个喋喋不休地骂团长的学生，与黄钰生的侄子黄明信发生冲突，几乎要动拳脚。县太爷听闻，穿上衣服来拉架，费了好大功夫才平息下来。

旅行团经历了种种意想不到的困难才到达终点。完成"长征"这一壮举，黄钰生可谓功莫大焉。他成功的诀窍是加强团结，强调三校一家，情同手足。如果说他对南开有点偏心，那就是对南开的学生要求更严格。

郑文在《黄钰生——文化教育界耆宿》一文中，记录了一个小故事，可见黄钰生的境界。

有一次为住宿分房和铺草问题，南开学生向黄钰生反映意见，说北大、清华学生人多势众，我们吃亏了。黄钰生却说，我不爱听这校那校的，我不是经常说"三校一家"吗？要好好团结，大家相处久了、熟了就好了。又半开玩笑地说："如果南开同学与南开同学吵架，各打50板；如果与外校同学吵架，对南开同学加倍打。"消息一经传出，三校同学大为震动，从而增强了团结。

1938年4月28日，旅行团抵达昆明。午后整队出发，经拓东路，梅贻琦校长等校领导都来迎接。清华同学蔡孝敏晚年在台湾撰文，尚清晰记得"旅行团将抵昆明前一日，黄太太（梅美德）特由昆明赶来迎接，全团称羡"。①此前，梅美德带领长沙临时大学的女生，经过海路辗转抵达昆明。

---

① 见司徒允《南开大学的功臣黄钰生》。

地质学家袁复礼的足迹

袁复礼教授决定加入湘黔滇旅行团的消息传出,地质学系的学生欢呼雀跃。因为袁复礼在学生心目中,是一位具有传奇色彩的科学家。他曾对中国大西北进行科学考察,这一次,从长沙到昆明,遥遥长途上,将留下他的足迹。

袁复礼(1893—1987),字希渊,生于北京,祖籍河北徐水。袁氏祖辈为官宦人家。袁复礼是袁同礼之兄、袁敦礼之堂兄。20世纪30年代的北平知识界有句话,叫"宋氏有三龄,袁氏有三礼"。地质学家袁复礼,目录学家袁同礼(曾任北平图书馆馆长),体育学家袁敦礼(曾任北平师范大学校长),一门三杰,在学术界影响深远。

1915年,袁复礼以优秀的成绩毕业于清华学堂高等科,同年获庚子赔款去美国深造。1920年获哥伦比亚大学地质学硕士学位后回国。1921年,在北洋政府农商部地质调查所任技师。这是他一生从事地质调查和地质教育事业的起点。

1921年冬,袁复礼同瑞典学者J. G. 安特生(Andersson)到河南渑池仰韶村发掘新石器时代遗址。他和安特生等人用锄头刨开了覆盖在中国史前文化之上的沉积土,发现了以彩陶为特征的仰韶文化,这标志着中国考古学的萌芽。

1927年5月到1932年5月,袁复礼参加中瑞合作的中国西北科学考察团。

这是中外科学家首次在中国大范围综合性地考察，获得了丰硕的成果，其中袁复礼教授贡献卓著。中瑞两国组织的西北科学考察，实际上主要由中国科学家完成，瑞方团长斯文·赫定和中方团长徐炳昶于1928年12月先期回北平，从1928年冬开始，袁复礼任考察团代理团长。袁复礼靠驼运和步行，在"今夜不知何处宿，平沙万里绝人烟"的险恶环境中考察。一方面要战胜狂风暴雨、洪流严寒，另一方面还要与新疆的军阀周旋，获得支持和通行证。1931年2月，袁复礼在冰天雪地挖掘奇台天山龙，脚被冻坏，经手术之后三个月始愈。

1927年袁复礼在西北考察时测绘

袁复礼先后发掘到各类爬行动物化石72具，震惊了全世界的地学界和古生物学界。在新疆发现以他名字命名的"袁氏三台龙、袁氏阔口龙"等恐龙化石，受到国际学术界的高度赞扬。斯文·赫定在世界各地演讲，谈到西北科学考察团的功绩时，总是把袁复礼的发现放在第一位。袁复礼为此获得了瑞典皇家科学院的"北极星奖章"。

这枚奖章为中国科学家赢得世界性的荣誉。"北极星奖章"只有12枚，专门奖给当时最有成绩的科学家在世时佩戴，逝世后需交还瑞典科学院。据袁复礼回忆，大概是在1934年由外交部转给清华大学梅贻琦校长授予他的。"文化大革命"时期奖章一度丢失，后来有幸找到。后来，袁复礼先生90岁大寿佩戴奖章摄影留念时，想起50多年前在新疆科学考察，往事历历，如前尘旧梦，感慨万千。

仰韶考古发掘开石器时代文化考古之先河，随后袁复礼和李济发掘了山西夏县西阴村仰韶文化遗址，地质学家袁复礼和考古学家李济双剑合璧，这是中国学者第一次独立发掘石器时代文化遗址，出土76箱陶片、骨器、磨制石器等文物。1927年1月10日晚，清华研究院举行茶话会欢迎李济、袁复礼从山西考古归来，梅贻琦、梁启超、王国维、陈寅恪、赵元任和助教、研究生们都出席了，茶话会一直开到11点。当天夜里，梁启超点着蜡烛给梁思永写信说："他们所发掘是新石器时代的石层，地点是夏朝都城安邑附近的一个村庄，发掘的东西略分三大部分，（一）陶器；（二）石器；（三）骨器，此外他们最得意的是得着半个蚕茧，证明在石器时代已经制丝。"

由于这些经历和贡献，袁复礼成为中国考古事业的先驱之一。

在西北长达五年的科学考察，使他在国际学术界占有一席之地。从西北到西南，袁复礼选择加入湘黔滇旅行团是必然。有这样大师级的人物加入，难怪地质学系的学生激动、兴奋。这一次，他们可以陪伴袁复礼先生用脚步丈量3500里漫漫长路。

据杨式德《湘黔滇旅行日记》记载，1938年2月26日，旅行团抵达常德，在常德中学住宿。当晚，旅行团开了一个联欢会，李继侗教授讲授湘黔一带的农作物种植。袁复礼应邀讲话，以他自身的经历，提醒同学们在漫漫长途中需注意的要点。"袁复礼教授讲旅行回忆，说他在中国旅行已十七年了。他主张记日记，并要科学地记载，并鼓励同学们沿途多多考察，随处皆可有所收获，如山的高度，地名，地质构造，化石搜集，气候的记载都是有用的。"

袁复礼先生和学生们一起，每天早晨6点起床，草草盥漱就食用早餐，食物粗劣，难以下咽，但必须强吞干饭两碗。他们几乎每天都要步行30多公里。晚上在阴暗潮湿的农舍睡地铺。在长达两个多月的艰难跋涉中，他们的宿营地只能是学校、礼堂、戏园子、马店、榨油坊、仓库……

在长途跋涉中，学生们非常佩服已经45岁的袁教授，他的精神是那样乐观，终日脸庞带着笑容，不见他埋怨一句。他的精力是那样充沛，学生们经常看到他手持地质锤，腰系罗盘，不时敲打着岩石的露头，有时还在小本子上记录和画图。尤其是他每天都能画出一条路线地质图，让学生啧啧赞叹。

在路上，好学的学生跟着他，每天都能收获很多。遇到不懂的地质地貌，学生们七嘴八舌问长问短，他总是耐心解答。

路过贵州侗乡，袁复礼带领学生参观了一个汞矿，了解矿工如何用土法炼出朱砂。步行三千里，处处是课堂。地质学系的学生收获很大，感受社会风情，了解西南民生，强健了体魄，锻炼了意志。沿途敲打了所有时代的地质剖面，找到了不少化石。湘西的板溪群和红层、黔东的寒武系、滇东的志留泥盆系、黔西的二叠三叠系；著名的喀斯特地貌和岩峒；壮观的盘江峡谷和瀑布，都给旅行团地质学系的学子留下终生难忘的印象。每一处壮丽河山与地形地貌前，都有袁复礼教授指导学生的身影。

袁复礼有一部照相机，沿途的主要景点和旅行团的活动，都被他用照相机记录下来。闻一多、李继侗、黄子坚等教授的合影照片上，唯独缺少袁复礼先生，因为他是旅行团的摄影师。

在贵州镇远，袁先生组织地质学系的同学们交流各自在沿途观察的记录本，以及采集到的化石。到昆明后，师生们举办了一次展览，把标本、速写、照片、日记、记录本等陈列出来。展览中各学科的成果，见证了中国教育史上的伟大"长征"，这次展览极大地鼓舞了学子的士气。

闻一多参加步行团

对于闻一多参加步行团的行为，当时长沙临大的学生也十分疑惑，曾有学生就此问闻一多："闻先生，你大可照学校的规定坐车、乘船经广州、香港、越南，舒舒服服到昆明，何必受这个罪呢？再者，你这么大年纪，吃得消吗？"闻一多面孔很清瘦，额上又刻着几条深长的皱纹，再配上乱蓬蓬的头发，显得很苍老。学生们都以为他是50岁以上的老年人，其实当时的闻一多才刚满40岁。对学生们的这一问题，闻一多淡然回答："国难期间，走几千里路算不了受罪。"由此看来，共赴国难是闻一多参加步行团的一个重要原因，这一点当为实情，也符合他的情感逻辑。

闻一多先生在一封给他父母亲的信中说：

……第五日行六十里，第六日行二十余里，第四日最疲乏，路途亦最远，故颇感辛苦。……如此继续步行，六天之经验，以男等体力，在平时实不堪想象，然而终能完成，今而后乃知"事非经过不知易"矣。至途中饮食起居，尤多此生未尝过之滋味。每日六时起床（实无床可起），时天未甚亮，草草盥漱，即进早餐，在不能下咽之状况下，必须吞干饭两碗，因在晚七时晚餐时间前终日无饭吃。……前五日皆在农舍地上铺稻草过宿，往往与鸡鸭犬豕同堂而卧。

旅行团在途中休息，席地而坐者为闻一多，右侧是李继侗
袁复礼摄　金炎提供

1938年3月7日，旅行团受阻于沅陵。当时，北平艺专已经迁到沅陵对岸的老鸭溪，闻一多渡江访艺专校长赵太侔。沈从文此时住在沅陵，特地设宴为闻一多洗尘，并安排他住在其兄刚盖起来的瓦房里。沈从文回忆："一多和旅行团到沅陵，天下起大雪，无法行进。我那时正在家，就设宴招待他们，老友相会在穷乡僻壤，自有一番热闹。我请一多吃狗肉，他高兴得不得了，直呼'好吃！好吃！'。一条破毯子围住双腿，大家以酒暖身。我哥哥刚刚起了新房，还没油漆，当地人叫它'芸庐'，我安排一多他们在芸庐住了五天。"

旅行团到盘江县城时，铺盖和炊具滞留在盘江对岸。旅行团成员又饥又饿，疲惫不堪。而县长只请旅行团中的教师和带队军官吃饭，学生的意见很大。闻一多见此，主动到学生中间坐着，不去吃饭。半夜，学生发生争吵。闻一多听见后，慢慢站起来，高声说："我今年四十岁了，我也和你们一样在这里。今天这个样子，谁要是有意弄的，谁就不该活！"他的话使学生们逐渐平静下来，有的学生哑哑嘴说："到底是学文学的。"这一夜，闻一多不吃不睡，一直陪学生坐到天亮。

尽管旅程非常艰苦，但闻一多的情绪并不低落，相反，他非常乐观和昂扬。他在给妻子的信中说："现在我可以很高兴地告诉你，我的身体实在不坏，经过了这次锻炼以后，自然是更好了。现在是满面红光，能吃能睡，走起路来，举步如飞，更不必说了。途中苦虽苦，但并不像当初所想象的那样苦。第一沿途东西便宜，每人每天四毛钱的伙食，能吃得很好。打地铺睡觉，走累了以后也一样睡着，臭虫、跳蚤、虱子实在不少，但我不很怕。一天走六十里路不算什么事，若过了六十里，有时八九十里，有时甚至多到一百里，那就不免叫苦了，但是也居然走到了。"在信中，闻一多甚至还感叹沿途风景之美和风俗之奇："至于沿途所看到的风景之美丽奇险，各种的花木鸟兽，各种样式的房屋器具和各种装束的人，真是叫我从何说起！"在旅行途中，闻一多画了多幅速写，记录西南风情。

在镇宁，有一群人参观了火牛洞，回来后异常兴奋地谈论溶洞景观，以至于包括厨师在内的所有人都去观看了。参观过程中，从洞里传来美国风行一时的"胡安妮塔"（*Juantia*）和人们喜爱的"桑塔·露琪亚"（*Santa Lucia*）的回音，两首歌都是用英语唱的。唱歌的是闻一多，他用歌声赞美大自然的奇观。他大声说："到了镇宁县，不去火牛洞，无异于背叛。"

旅行团的行程是艰难的，但也有这样轻松愉悦的时刻。对闻一多而言，旅途见闻也是对他心理上的一个巨大冲击。闻一多看到沾益破墙上歌颂红军的歌谣："田里大麦青又青，庄主提枪敲穷人；庄主仰仗蒋司令，穷人只盼老红军。"认为这是人民的心声。1940年，闻一多在给学生赵俪生的信中情不自禁地说："十余年来专攻考据，于故纸堆中生活，自料性灵已濒枯绝矣。抗战后，尤其在步行途中二月，日夕与同学少年相处，遂致童心复萌……不知者以为与曩日之教书匠判若两人，实则恢复故我耳。"

由于旅途生活简陋，闻一多开始蓄起了胡须，而且对自己的胡须甚为满意，在给妻子的信中他提及此事："你将来不要笑，因为我已经长了一副极漂亮的胡须。这次临大到昆明，搬出好几个胡子，但大家都说只我与冯芝生的最美。"因为闻一多的胡须，还成就了一段文坛佳话。到达昆明后，闻一多和友人李继侗合影留念，闻一多发誓说："这一大把胡子，是因抗战失利，向后方撤退蓄起来的，一定要等抗战胜利才把它剃掉！"后来闻一多果真一直到抗战胜利之日才剃掉自己的满面胡须。当然，这都是后话。

旅行团从长沙出发时，闻一多好友杨振声曾对人开玩笑说："一多加入步行团，应该带一具棺材走。"当两人再次在昆明相逢时，闻一多笑着对好友说："假使这次我真带了棺材，现在就可以送给你了。"

曾昭抡不绕小道

　　旅行团的成员大都是身着短装,为的是旅行方便。特别是生物学家李继侗与地质学家袁复礼两位先生更是神气,他们身着皮夹克,脚上是绑腿麻鞋,手上不离拐杖,俨然两位精神抖擞的科学旅行家。旅行团并非都整齐划一,几位颇有个性的先生构成了几道别致的风景线。

　　刚逾不惑之年的闻一多先生,为明志而蓄起了长髯,声称抗战不胜利决不刮掉,一路给旅行团师生留下的印象最深。他身着长褂袍,手持一根竹竿,有三尺长,行路时充作拐杖用,休息时便作为旱烟筒,吞云吐雾,解困驱乏,可谓物尽其用,别有一番趣味。路上人看见闻一多先生,便称呼他"大胡子",闻一多总是颔首微笑,频频致意。

　　湘西是土匪出没之地,团长黄师岳为此着实焦虑过一阵。黄团长带队一个劲儿往前冲,然而学生究竟和当兵的不同,怎么也跟不上;跟在后头的那些教授,则照样有人在踱方步,因为他们压根没把土匪当回事。由于旅行团统一身着军装,有时,不知情形的居民把他们看作流寇或土匪。当旅行团进入文昌坪镇时,主要街道都是空荡荡的,家家户户大门紧闭,旅行团的成员也满脑子都是土匪。有一次,有人发出警告说,前面有一个"看起来很古怪的土匪"。大家小心走近,才发现这个"古怪"的"土匪"竟然是化学家曾昭抡。原来,因为曾教授的长衫"破绽百出",衣襟前长后短,鞋、袜也破得难以蔽足，难怪要被惊恐的人错认为"土匪"。

旅行团有一次真的碰到了土匪，不过好在有惊无险。沈从文按张治中的嘱托，事先已经和湘西的各方势力打过招呼。土匪们听说这些人是从敌后逃难来的穷学生，才没有为难他们。沈从文一直把队伍送到湘黔交界的晃县，这才回沅陵去了。

过了湘西，队伍开始松散，首尾相距竟有10多公里。为了照顾那些掉队的人，一般每天下午5点以后，他们就开始找地方宿营，饭做好后，把所有的碗集中起来，以每人盛一碗为限，先到者先吃。晚上9点以后，各队队长清点饭碗，只要碗都空了，就说明人员全部齐了，而每天最后一个到的总是曾昭抡教授。

曾昭抡是清代曾国藩之后，深得家族循规蹈矩、从不取巧的务实遗风。他与中文系的夫子们一样，同属"长衫党"，但身着的一件灰色长衫，后下襟总是有厚厚的泥浆。在路上行走，他完全沿公路大道，从不往近路小道上插。过黔西"二十四盘"山路时，所有人均走小路，由上而下，瞬息便呼啦一下直冲下山。而曾先生却不为所动，仍沿着公路往下走，比别人下山多花了十几倍的时间。

此次之行，每个人都坚持写日记。其中最有条理的是曾昭抡，每天步行结束后，无论走得多远多累，他都会在烛光下记日记。唯一能与他的毅力相媲美的是清华大三学生查良铮，他在行程开始时带了一本小型的英汉词典，一旦记住了这页的内容就把它撕下来。到达昆明时，词典已经没有了，而他记住了大量词汇，赢得同伴的钦佩。

李继侗联欢会上跳舞助兴

湘黔滇旅行团 1938 年 2 月 20 日出发。黄钰生、李继侗、曾昭抡、袁复礼组成湘黔滇旅行团指导委员会，由黄钰生担任主席，负责日常具体的领导工作。临行前，李继侗致信家人说："抗战连连失利，国家存亡未卜，倘若国破，则以身殉。"李先生当时爱国心之强烈，民族情感之深厚，对日寇之仇恨，令人敬仰。

师生上路时，李继侗和闻一多相约留起胡须，以志纪念。笔者看到的一张照片，拍摄于旅行团的行旅之中，两位教授的胡须浓密，露出乐观、自信的微笑。大概是因为李继侗想到参加旅行团可以借机考察湘黔滇植被和生物状况，沿途所见是研究生态的好机会，能指导学生采集植物标本，旅行还承担着田野考察的科研任务。

旅行团在湘西遭遇过几次土匪，所幸土匪们也还尊师重道，纷纷让路。1938 年 3 月 25 日，旅行团到达贵州炉山（今凯里市），访问苗族居住的山寨，26 日举行汉苗联欢会。苗胞跳起民族舞蹈欢迎旅行团，受到热烈欢庆气氛的影响，李继侗教授为了助兴，临时拉出旅行团的医官徐行敏与他一同表演交谊舞。头戴礼帽、脚穿马靴的李继侗，以优美的舞姿赢得阵阵掌声。

长沙临时大学时期生物系的课程在韭菜园圣经学校讲授。生物系教授会主席由李继侗担任。1939 年 6 月开始，教授会主席改称系主任，仍然由李继

李继侗（右）和闻一多在旅行途中休息
金炎提供

侗担任。在西南联合大学，李继侗讲授普通植物学、植物生态学，时常带领学生到昆明西山考察植物，把课堂安排在大自然中。

在教学中，李继侗对学生要求极严格，学生的实验报告一定要字迹工整，否则就得重写。考试成绩及格与否，从不迁就，无论学生怎样求情，不及格者仍给予不及格，即使是 59.5 分也不轻易给予及格。在叙永分校主持先修班期间，对学生更是一丝不苟，不徇私情。他儿子先后读了三届先修班，直到学习成绩达到要求才准许升入大学。

李继侗住在昆明北门街 71 号"唐家花园"。"唐家花园"是云南军阀唐继尧为庆祝自己生日修建的戏楼，楼上楼下有 20 个包厢，成为联大单身教授的宿舍。这里还住着未带家眷的朱自清、陈福田、沈同以及终身未娶的陈岱孙和金岳霖。他们组织了一个膳团，请了一对四川籍的夫妇做饭，大家推举李继侗担任膳团的总干事。据陈岱孙的回忆："我们的工资除了勉强付饭费之外，更无甚余钱。每个月初，领到薪水的当日，我们几乎把各自全部的月薪交给了这位总干事，他也就立即同厨师一起上街把本月的柴米油盐和其他厨房用品购买齐全,还得余下一部分钱为每日买荤素菜肴之用。"由于物价上涨,买菜的钱也不够了。于是,他们在"唐家花园"废弃的苗圃开辟菜园子。陈福田写信给檀香山的美国亲属,从美国邮寄来菜籽。大家推举李继侗作为负责人和指导员,种菜自给。

在这样困难的生活环境下,李继侗总是尽其所能帮助学生。当曹宗巽和敌占区的家属断绝了联系,失去经济来源时,李继侗默默为他提供了一个机会——批改普通植物学实验报告,使他每月得到20元的报酬,从而完成学业。事后,曹宗巽才知道是李继侗教授暗中帮助,但李先生从未对他说起过。

由于生活艰辛,营养不良,联大的教授健康受到影响。1941年夏,李继侗的生物系同事吴韫珍教授胃病发作,住云南大学医院开刀治疗。李继侗十分关心,跑前跑后,送汤送药,还派自己的儿子和吴韫珍的弟子吴征镒轮流守护。遗憾的是,医术没有回天之力,吴韫珍病逝于云大医院。李继侗亲自料理吴韫珍后事,在盖棺前抚尸痛哭,凡在场的人无不为之动容。①

---

① 见杨立德《第一位获森林学博士学位的人——西南联大生物系主任李继侗》。

冯友兰意外出事故

1938年早春，冯友兰同朱自清、陈岱孙、汤用彤等一起乘车离开长沙，前往昆明。不料，车到离镇南关不远的凭祥县城，穿过城门的时候，冯友兰的左臂碰在了城墙上，上臂骨折。

冯友兰回忆这一段"事故"时，这样写道："一天晚上，到了南宁，说是离中国边境镇南关只有几十里了，明天一早就可以到镇南关。第二天早晨，已经快到镇南关了，经过一个县城叫凭祥县（今凭祥市），当汽车穿过城门的时候，我的左臂碰到城墙上，受伤了。幸而出了镇南关走了不多远，就到了越南的境内，那里有火车通到河内，晚上就到了河内。"

在河内一家法国医院检查的结果是左上臂骨折，这样只得住院治疗。于是，冯友兰在河内住了一个月的院。

关于冯友兰意外出"事故"的经过，在哲学家金岳霖看来，另有一番见解，按照他的说法"事故"就变成"故事"了。金岳霖对冯友兰的小女儿宗璞说：

当时司机通知大家，不要把手放在窗外，要过城门了。别人很快照办，只有你父亲听了这话，便考虑为什么不能放在窗外，放在窗外和不放在窗外的区别是什么，其普遍意义和特殊意义是什么，还没有考虑完，已经骨折了。

1935年冯友兰全家在清华大学合影

当然,这是哲学家之间的玩笑,是真正了解冯友兰的人才会有的幽默。所谓哲学家,我思故我在,大概无时无刻不在思索之中,如冯友兰。而哲学家的思维也是异于常人,能看到普通事情的独特之处,如金岳霖。

在河内住了一个月的院,冯友兰的胡子就长长了。从此,冯友兰就成了一个美髯翁。

从此,几十年间,冯友兰都留着长长的胡须,飘然若仙,又加上处子般的容颜、温柔敦厚的性格,所以有人说,他不是"儒",而是"道",其境界与其说是儒家思想,不如说是道家精神。

20世纪50年代初,以研究佛学著称的汤用彤任北大副校长,而曾任清华校务委员会主席的冯友兰却是北大的一名无任何职务的教授。哲学系的同人戏称道:"看来道家终究不如佛家呀。"由此看来,人们喜欢将冯友兰作为道家而津津乐道由来已久。

南下的旅行途中,不仅有"事故",也有"争吵"。比如周培源和夫人王蒂澂。周培源携家眷,走南线而行。国事蜩螗,人世乱离,周培源忧愤之心如汤似沸,心绪不免烦乱,原有的好脾气,也变得烦躁起来。他们山一程、水一程，一路走走停停，生活无序，饭食无着。王蒂澂看着饥饿不堪哇哇直哭的两个小女儿，便不顾是否卫生，向铁道边挑担的小贩买了两碗现煮的米线。周培源看见后，一股无名火陡然升起，勃然大怒，随手把米线丢到车窗外，大叫："怎么能乱买东西吃，那么不干净，生病了我们一点办法也没有！"王蒂澂也不示弱，把他买来的甘蔗也丢出窗外。这是周培源夫妇数十年中罕见的一次"战争"。

周培源年轻时的照片

联大师生跑警报

何谓"跑警报"

昆明的天空,不仅有美丽的云朵,还有罪恶的炸弹,打乱了联大人平静的生活。和许多后方城市一样,春城的上空也不宁静。

沈从文在一篇文章中写道:"从抗战到胜利和平,八年中我一家四口都住在昆明,且多半住在昆明近郊一个乡村中。昆明是个被轰炸损害仅次于重庆的后方城市。有大半年时间,三十万市民就每日在跑空袭中过去。从最先一次二十八架敌机轰炸,作为学生平民的死亡起始,以及最后一次七十六架敌机冒险来临,在晴日当头七千尺高空中,被盟机打下四十二架——下坠的惨败光景为止,每一回空袭我一家人都看得清清楚楚。"

有空袭,才有跑警报,并成为日常生活的一部分。

日军何时开始轰炸昆明?

据赵瑞蕻回忆,"1938年秋天,当大家稍稍安定下来的时候,日军的飞机开始袭击昆明了。1938年9月13日,我们初次听到了空袭警报的凄厉声音;9月20日(应是9月28日),九架敌机向美丽的春城疯狂地投下了炸弹,学校租来作为教职员和学生宿舍的昆华师范学校被炸了。昆师后院边上有个破落的佛殿胜因寺,被炸了一半;平日中晚两顿饭我们就在寺里围着一张破桌站着吃的"。

汪曾祺在《跑警报》一文中介绍,"警报"有三种形式。预行警报,五华山挂三个红球，五华山是昆明的制高点，红球挂出，全市皆见；空袭警报，汽笛声一短一长，大概是表示日本飞机进入云南省空境了，但是进云南省不一定到昆明来；紧急警报，汽笛连续短音，肯定是朝昆明来的。

联大的学生见到预行警报，一般是不跑的，都要等听到空袭警报——汽笛声一短一长，才动身。新校舍北边围墙上有一个后门，出了门，过铁道，就是山野了。

赵瑞蕻说，"跑警报"成了联大学生生活中一个组成部分。汉语中第一次出现了"跑警报"这个新名词。汪曾祺说，也有叫"逃警报"或"躲警报"的，都不如"跑警报"准确。躲，太消极；逃，又太狼狈。唯有这个"跑"字，于紧张中透出从容，最有风度，也最能表达丰富生动的内容。

沈从文在文章中写道："白天敌机来临警报响后，跑入村后山中去，从二丈许高的绿茵茵仙人掌道堆间，向明净蓝空注目，即可见一列列带银光的点子发出沉重轰轰声。随即是炸弹群下坠于附近飞机场或较远城区时的闷钝爆炸声，和追逐飞机去向那个成串高射炮弹的白色烟云，耳目所及让我们明白是生存于现代战争中。"

生与死对于书斋中的联大人来说，仅在咫尺之间。一天，日本飞机扔下的炸弹将梅贻琦校长的办公室连同旁边的一幢宿舍都震塌了。炸弹也将华罗庚的家炸毁了，幸好华罗庚当时在防空洞。但是防空洞也被震塌了，把华罗庚埋了大半截。"投弹百余枚，雾烟大起，火光进铄，响震山谷，较上两次惨重多多"，吴宓教授将这天的惨状写在了日记里。炸弹炸过的土由于空气的压缩，特别紧，一时不好刨，也不能用工具，最后大家硬是用手抠，把华罗庚救出来了。

1939年9月30日，紧急警报，冯至记下这次跑警报的经过："那时我住在东

赵瑞蕻　杨苡提供

西南联大校舍遭日机轰炸后惨状

城节孝巷内怡园巷，巷口对面是闻一多、闻家驷的寓所，寓所后五华山坡下挖有一座防空洞。我们便跑到闻家，与闻氏兄弟一家躲入防空洞。我和闻家驷因为同在外文系，早已熟识，闻一多，我还是初次见面。大人和小孩屏息无声，只听着飞机的声音在上边盘旋，最后抛下几枚炸弹，都好像落在防空洞附近。飞机的声音去远了，又经过较长时间，才解除警报。大家走出洞口，只见一颗炸弹正落在洞门前，没有爆炸。我们回到怡园巷家里，则是一片慌乱，我住房的后院炸出一个深坑，走进屋里，窗上的玻璃破碎，到处都是灰尘，屋里不知从什么地方飞来一块又长又扁的石头。"如果洞口的炸弹爆炸，如果他们不躲进防空洞，后果都不堪设想。

接下来，我们看一看凄厉的空袭警报响起的时候，联大的师生是如何跑警报的。

跑警报中的意外死亡

1938年9月28日,日寇飞机向美丽的春城疯狂地投下了炸弹,联大租来作为教职员和学生宿舍的昆华师范学校被炸。从此,被日寇飞机轰炸,成为昆明人民日常生活的一部分。生活在昆明这座城市的人们,生命与财产受到严重威胁,生死存亡,往往在电光石火之间。

综合各种材料,联大师生及眷属由空袭直接间接造成的人身伤亡,大约是10人死亡,10人受伤。据西南联大社会学系教授陈达的《浪迹十年》引述防空司令部的统计数据,自1938年至1941年,昆明由空袭造成的死亡数为1044人,伤者数为1414人。

据联大社会学系1942年毕业生徐泽物统计,自1940年5月2日至1941年12月24日昆明共有预行警报95次、空袭警报72次、紧急警报52次。在这些警报中,自空袭至解除,共约300小时。以联大学生而论,若每人每学期选读40学分,每周上课20次,每次40分钟,则跑警报所费时间,约等于两三周的上课时间或一个半学期。倘若我们再把此前此后(即1940年5月12日之前和1941年12月24日之后)跑警报花费的时间也算进去的话,估计跑警报所费时间相当于两学期多一点。

日寇飞机轰炸,西南联大教工和学生陷入死亡的阴影之中。浦薛凤在其回忆录《太虚空里一游尘》中详细地描写了跑警报归来目睹之惨状:

两位联大校工，即今早犹为我开饭冲茶者，均已罹难。集训大队长则炸成三段，下半身段尚在墙里网球场边，头部则飞至墙外操场上。闻所携小孩两名，一同遭劫。会所前及图书馆后之楼房屋顶，亦曾落弹，死联大学生二人。予推进自己卧室，房门已成两片，室内灰尘厚积，棋子圆厘之两厘盖，均飞地上，窗上铁键已断，天花板亦落一两块，肥皂两块如投泥土。当时心理极难形容。（浦）江清本住会所，整座塌倒，箱笼物件，尽埋木片瓦砾之中。……旋偕（王）化成出城到凤翥街（街上店铺门面均毁）马约翰先生寓所。细察落弹情况，真是间不容发，如天之福。盖警报发后，马家不以为意，尚在楼上早餐。及后闻第一次炸声，急由楼屋内奔伏楼廊下，人甫离席，楼顶天花板立即倒下。予审视一桌杯碟匙碗，均已粉碎，飞扬地上。而全家绝无发肤之伤。奇哉！运哉！

浦薛凤描写的日寇轰炸过后的惨状，今人读之，仍悲愤不已。这段历史的伤痛，一直蔓延至80年后的今日。

在日军狂轰滥炸中，西南联大教授虽然没有被炸身亡者，但外文系英籍教授吴可读，却在空袭中被汽车撞倒，跌伤膝部，随即发炎，后送至罗次，治疗无效，不幸于1940年10月24日逝世。吴可读战前就在清华大学任教，为中国的教育事业辛勤服务了17年。他虽为英国人，但始终支持中国抗战，曾表示"伟大的中华民族之神圣抗战，一定能得到最后胜利，奠定世界之真正和平，如中国不继续抗战，则世界永无和平之日"。

赵瑞蕻在《西南联大忆旧》文中写了此事。"那时生活紧张、狼狈、艰苦，时刻会遇到意外的事。我们外文系一位英籍教授，讲授但丁《神曲》的吴可读(Urquehart)先生，有次跑警报，不幸被卡车撞伤，得了破伤风不治去世了。"

我们可以从吴宓日记中了解吴可读去世的经过：

是日疏散时，遇赵瑞蕻、杨静如（杨苡）夫妇。述吴可读（A.L.Pollard-Urquhart）君，日前闻警出避，以爱犬Sally将为汽车所撞轧，急救犬。俯身，触车，伤腿，毒菌入，遂以Blood-posion殁于医院。已葬某邑之英国教堂中云。又十七日联大先修生奚家瑜在马街子被宪兵误疑为汉奸枪毙。人命真贱如丝！

生逢乱世如飘蓬，一点偶然，一次意外，就可能致命。难怪吴宓慨叹人命真贱，如微尘，如草芥。

而顽强生存的联大学人，一方面被死亡的阴影笼罩，一方面忍受着空袭过后残破不堪的生存困境。因为日寇的轰炸，吴宓的住处窗户洞开，屋顶被炸破处，寒风灌入，吹动摇摇欲坠的壁板。得知吴可读的死讯，吴宓百感交集，和吴可读最近交往的情形历历在目：9月1日访吴可读时，吴可读留自己茶叙，同吃火腿月饼；就在前几天，两人还在一起批阅英文试卷。吴可读之死，刺激着吴宓的神经，让他在寒风吹彻的夜晚无法入睡，在枕上作诗一首，题为"昆明近况"：

三年好景盛昆明，劫后人稀市况稀。
缘会难期生死讯，皈依佛理意安平。
入夜盲鸡栖密架，凌晨队蚁涌空城。
梦疑警笛鸣锣响，途践土堆瓦砾行。

有吴可读教授这样的意外死亡，也有丁佶溺水的不幸事故。

丁佶，福建人，其父是大律师。清华大学经济学系毕业后，赴美留学，获哈佛大学博士学位。1933年回国，进入南开大学商学院任教，任南开大学商学系教授，在西南联大初期任商学系教授、系主任。丁佶还创办了《今日评论》（昆明），并担任经理。

1940年10月4日，丁佶在大普吉附近水塘游泳，不幸溺水身亡，时年35岁。使"中国的社会科学界丧失了一位最有前途的研究工作者"，给中国经济学界、会计学界造成了不可挽回的损失。次日，重庆有关报纸报道了丁先生逝世的消息。

丁佶死于溺水，联大同人集会追悼之日，潘光旦送挽联曰：

同学同工，辈中长者君其选；
斯人斯厄，天下溺矣我所悲。

丁佶不幸遇难，可想而知，对联大学人产生多么强烈的冲击。查阅《郑天挺西南联大日记》，1940年10月5日记录如下：

晤杨石先，知丁佶昨日在大铺基泅水灭顶，尸身未获，闻之凄然。丁，福州人。前年在蒙自，与之比室而居，同桌而食者半年。其人勤和，尚未婚，亦吾乡后起之俊也。佶无字，前年尝问于余曰："分名为二，字曰吉人，可乎？"余曰："古人多有之，不惟可，抑甚佳也。"然未见其用。

自长沙临时大学始，从不同教授的回忆和记录来看，经常看到丁佶的身影。文法学院在蒙自时，闻一多、郑天挺、陈寅恪、刘文典、邱大年、樊际昌、陈岱孙、李卓敏、陈序经、丁佶10位教授住在哥胪士洋行。从郑天挺日记的记录来看，郑天挺与丁佶朝夕相处，"与之比室而居，同桌而食者半年"。如此亲密的同事，一朝溺亡，悲凉遍布全身。

就在这一天的日记中，郑天挺还写道："至南屏看电影，并视日前落弹之处，深广逾二三丈。"

这触目惊心的大坑，是日寇轰炸对昆明造成的历史创伤，难以愈合。而跑警报中出现的意外死亡，给联大学人留下的是无法弥补的哀伤。

金岳霖跑警报

1938年8月，西南联大文、法两学院在蒙自上完第一学期课后，奉命搬回昆明。当时昆明多数本土的专科学校，为避免空袭干扰，于是年春间陆续疏散下乡开学。于是西南联大得以借赁这些学校的校舍做教室和宿舍，并以之暂供安顿从蒙自搬来的师生。金岳霖被安顿在昆明城西北城厢区的昆华师范学校。陈岱孙则被安顿在昆华师范学校北面城外二三百米处的昆华农业学校。联大在昆师借赁的宿舍楼有三栋。南北两楼为学生宿舍，两楼中间的中楼住了部分的联大教职员。

1938年9月28日，昆明受到敌人飞机在云南的第一次空袭。空袭警报发出后，师生都按学校此前已做出的规定，四处疏散。金先生住在中楼，没有意识到危险，当时正在进行他的例行工作，没理会这警报。中楼没中弹，但前后两楼被炸的声浪把他从思考中炸醒；出楼门才见到周围被轰炸的惨景。后来，他告诉陈岱孙等人，当时他愣住了，木然不知所措。

空袭时，陈岱孙躲避在农校旁边的山坡上，看到了这次空袭的全过程，注意到昆师中弹起火。敌机一离开顶空，陈岱孙和李继侗、陈福田两位教授急忙奔赴昆师，看到遍地炸痕，见到金岳霖和另两位没跑警报的联大同事，才将悬着的一颗心放下。金岳霖站在钟楼的门口，手上还拿着他一直没放下的笔。

后来，金岳霖跟随陈岱孙、李继侗等人一起跑警报。没有警报的日子，他又恢复了旧习惯，除上课外，每日上午仍然是他雷打不动的研读和写作时间——但他答应遇有空袭警报，他一定和同事一起"跑警报"。在陈岱孙的记忆中，金岳霖的力作《论道》一书就是在这环境下写出来的。

一有空袭警报大家纷纷拿着贵重的东西跑向防空洞：做衣服的师傅扛着缝纫机跑，老板带着账本跑，教授们带着书稿跑。金岳霖抗战时写完了一生的代表作《知识论》一书，有一次空袭警报时，他把书稿包好，跑到昆明北边的蛇山，自己就坐在稿子上。警报解除后，他站起来回去，把书稿忘在那里，等到记起来时再回去找，已经找不到了。后来，他只好把几十万字的书又重写了一遍。

事实上，不少联大学者的著作，都打上了战争的烙印。甚至有的著作是在跑警报的间隙写出来的。蒋梦麟作为联大三常委之一，他在跑警报时，用英文写作自传《西潮》。郑天挺在跑警报时，写作《清史探微》。1945年4月12日，郑天挺撰写的"叙目"称："独念南来以还，日罕暇逸，其研思有间恒在警报迭作、晨昏野立之顷，其文无足存，而其时或足记也。"

跑警报时，互相扶持。不跑警报时，同样见证了联大学者同生共死的友情。1943年1月26日，郑天挺为罗常培《恬盦语文论著甲集》所作的序言中说："余与莘田生同日，长同师，壮岁各以所学游四方，又多与共，知其穷年兀兀殚竭之所极；每深夜纵论上下古今，亦颇得其甘苦。……病中三逢警报，余固莫能走避，而莘田亦留以相伴，古人交情复见今日，序成归之，有余愧焉。"这种同生死、共患难的友情，着实令人敬佩。

今人翻开这些著作，纸上浮现出的，是局促的警报声，以及那份让人热泪盈眶的真挚情谊。

林徽因在致费慰梅的信中说："日本鬼子的轰炸或是歼击机的扫射像是一阵暴雨。你只能咬紧牙关挺过去。……可怜的老金，每天早晨在城中有课，常常要在早上五点半就从这个村子（龙头村）出发，而还没来得及上课空袭就开始了，然后，就得跟着一群人奔向另一个方向的一座城门、另一座小山，直到下午五点半，再绕许多路走回这个村子，一天没吃、没喝、没工作、没休息，什么都没有！这就是生活！"

　　这样的生活，也不是没有一点乐趣。汪曾祺写的《跑警报》一文中，有一段和金岳霖有关，读后令人莞尔一笑：

> 　　跑警报，大都要把一点值钱的东西带在身边。最方便的是金子，比如，金戒指。有一位哲学系的研究生曾经做了这样的逻辑推理：有人带金子，必有人会掉金子，有人丢金子，就会有人捡到金子，我是人，故我可以捡到金子。因此，跑警报时，特别是解除警报以后，他每次都很留心地巡视路面。他当真捡到过两次金戒指！逻辑推理有此妙用，大概是教逻辑学的金岳霖先生所未料到的。

梅贻琦跑警报

1941年5月，梅贻琦去重庆教育部跑联大的教育经费，在日记中记录了敌机轰炸重庆的情形。重庆的警报和昆明的警报略有不同。5月20日，梅贻琦记录下重庆的空袭警报标志。

早八点至八弟家时，闻已有△挂出，盖表示有敌侦察机来，是较昆明又多一预报之预报矣。以后之经过则如下：

9：30，挂一气球，医院中及市民开始移动。

10：30，两气球，放警报，人民走向防空洞，医院中人移物入洞，洞即院后，故尚忙，洞颇大且坚，故尤不现恐慌。

12：10，紧急警报，双球降下，大家入洞，洞颇大，人不多，八弟等且备有藤椅，尤觉舒适矣。

2：05，双球升起，出洞稍息，至后山上看紫霞元君庙。

2：35，双球又降下，大家再入洞。

2：45，长响解除。

6月2日，梅贻琦在重庆经历了一次敌机轰炸，他详细地记录了轰炸后的场景，令人触目惊心。是日早晨7点多，又挂气球矣。梅贻琦的弟弟梅贻宝匆匆离去。恰好，和梅贻琦同来重庆出差的联大教授郑天挺、罗常培，还有张充和，来到梅贻琦处。9点半发警报，10点紧急，10时15分听到轰炸声，由远而近，六七声后有大声四五下，紧接至头上最后一下，空气似由顶上打下，感觉颇奇怪，洞内油灯皆为震灭，妇孺有惊叫声，张充和坐在梅贻琦旁边，亦吃惊不小。郑天挺、罗常培教授抖了抖身上的灰尘，互道"躬逢其盛"。11时20分警报解除，众人走出防空洞，则见医院大楼正中处被炸弹击中，楼梯处以及左边一部分被炸毁，楼后的小房烧完。大门前，山洞上方都有敌机投掷的炸弹爆炸的痕迹。梅贻琦淡淡地写道："无怪乎洞中空气震动如此之烈矣。"

1941年暑假，日军疯狂轰炸昆明的西南联大，8月14日联大遭到轰炸。《吴宓日记》中写道："见女舍东邻崔书琴等寓楼全毁，成一大弹坑。西仓坡梅校长宅亦同。翠湖北路亦中数弹。"联大校舍损毁甚巨，学生都以为不能如期开学。梅贻琦"亲自提着汽油灯，日夜赶修，卒能如期开课，可证明他们办学的精神了"。经校方人员的多方努力，仅仅一个多月的时间，劫后创伤已全部修理完竣，屋宇焕然一新，而学校当局原定的开学日期，得以如期进行。

何兆武先生回忆，梅贻琦拿一把张伯伦式的弯把雨伞，走起路来非常稳重，跑警报时，他不是跟着人们拥挤在一起跑，而是疏导人群，很有绅士风度，穿戴整齐，不失仪容。梅贻琦临危不惊、镇定自若的风度，在他的日记中也可见一斑。1941年1月29日，敌机轰炸西仓坡一带，"寓中门窗及室中零物又有损毁，但不如上次之甚。幸已于前日移住乡间，否则虽自己无所畏惧，将使照看之人勉强留守，而又遭此一番震动，太觉抱歉矣"。

当然，并不是每一个人都能像梅贻琦先生这样有风度，也有"逃警报"的例子。据吕文浩采访何兆武先生，联大历史系一位政治上很激进的教授跑起警报来十分仓皇，十分狼狈，在小山坡上连滚带爬的。这一幕给何兆武留下深刻的印象，使他认识到，面临生命危险时能否从容应对，与这个人的政治觉悟没有关系，也许与人的本能有关。何兆武还记得有一次紧急警报来时，一位同学仓皇之间，竟然钻到他的腿下，也许情急之下，这位同学本能地觉得那是一个安全的地方。

跑警报时能够做到泰山崩于前而不变色，是一种底气！无所畏惧，更是一种人生境界！联大不少师生对日军的轰炸无所畏惧，置生死于度外。

从梅贻琦日记可以得知昆明遭到空袭的细节。1941年12月18日，上午9：30至下午2：30有空袭警报，敌机轰炸昆明东门，死伤百余人，联大职员高以信夫妇及孩子被炸死。面对敌机的猖狂轰炸，我方也并非束手无策。12月20日，上午9：30至下午2：30虽有空袭警报，但敌机未进入昆明上空，原来是"在桂、滇被击落三架"。

1939年梅贻琦一家在昆明合影

刘文典大呼"保存国粹"

联大师生跑警报有近有远，最近的就是铁路后面的白泥山，位于驿道东侧，这片地方即今天昆明理工大学的教工宿舍区，那里至今保留着这一片难得的小森林。稍远的，就沿着驿道上坡，下苏家塘朝左上小虹山。刘文典跑警报，经常往这两个地方跑。

某一天，日军轰炸机来袭，昆明城内拉响了紧急警报，西南联大的教授和学生四下散开躲避。刘文典跑到中途，忽然想起他"十二万分"佩服的陈寅恪身体羸弱，视力不佳，行动更为不便，便匆匆率领几个学生折回来赶赴陈的寓所，一同搀扶陈往城外躲避。学生要搀扶刘文典，他强撑着不让学生扶他，大声叫嚷着："保存国粹要紧！保存国粹要紧！"让学生们搀着陈寅恪先走。

1940年10月28日，这天早晨联大刚上课不久，7时15分，警报大作。吴宓、陈寅恪及联大师生一起跑警报，北行至第二山（小虹山）。12点半，九架敌机呼啸而至，轰炸圆通山未中，在东门扫射。轰炸时，陈寅恪和吴宓坐在一起，吴宓正在闭目养神打瞌睡，远处传来的轰炸声打搅了他的清梦。下午3时至4时，吴宓到了第一山（白泥山），遇到刘文典夫妇，与他们交谈。吴宓写了一首祝寿诗，请刘文典过目，让他给润色。

刘文典对这种跑警报的生活看得开，很豁达，他写信给远在美国的胡适，

刘文典

在信中风趣地汇报:

> 所堪告慰于老友唯有一点,即贱躯顽健远过于从前,因为敌人飞机时常来昆明扰乱,有时早七点多就来扫射,弟因此不得不黎明即起,一听到警报声,飞跑到郊外山下,直到下午警报解除才回寓。因为早起,多见日光空气,天天相当运动,都是最有益于卫生,所以身体很好。弟常说,"敌机空袭颇有益于昆明人之健康",并非故作豪壮语,真是实在情形。

在动辄炮火连天的状况下,为了保证家人的安全,刘文典不得不经常变换住所,四处搬家,从早期的一丘田五号到龙翔街七十二楼,最后不得已又搬到了位于滇池之滨的官渡西庄。

搬到官渡西庄以后,尽管要跑很远的路程才能赶到联大上课,但每日走出房屋,南边便有流水松竹,郁郁林木,淙淙流水,声声鸟鸣,让刘文典暂时忘却了尘世间的战乱。独坐林下,捧一卷古籍在手,读一段文字,呷一口清茶,再极目眺望远方,真是一种难得的桃源意境:

> 西庄地接板桥湾，小巷斜邻曲水间。
> 不尽清流通滇海，无边爽气挹西山。
> 云含蟾影松阴淡，风送蛩声苇露寒。
> 稚子临门凝望久，一灯遥识阿爷还。

月明风清、小桥流水、天伦之乐，在刘文典的笔下，浑然一体，宛如一幅美丽的山水画卷。只可惜，这种惬意与放松永远是短暂的。作为一位自始至终牵挂国家命运的传统文人，刘文典根本无法做到"躲进小楼成一统"，他时刻惦念的依然是天下苍生的疾苦：

> 绕屋松篁曲径深，幽居差幸得芳林。
> 浮沉浊世如鸥鸟，穿凿残编似蠹蟫。
> 极目关河余战骨，侧身天地竟无心。
> 寒宵振管知何益，永念群生一涕零。

官渡距离昆明城十几公里，一般要坐火车去。刘文典从家里到火车站要走半个小时，下了火车后到学校还有五公里的路程，也是靠步行。有时候，他走在路上，突然遇到防空警报，得赶紧先找个地方躲一躲，等稍微安稳些后再继续赶路。

冯友兰躲进城墙洞

在昆明受到的直接战争威胁是空袭，从1938年9月开始，日军的飞机频繁轰炸昆明。对于联大师生而言，最危险的事情是西南联大成为日寇轰炸的目标。珍珠港事件爆发后，日军侵占香港、越南、缅甸，原来是大后方的昆明成为前方。不过，由于美国卷入第二次世界大战，成为同盟国，美军的空军飞虎队驻扎昆明，和来犯敌机空中作战，日军的空袭渐渐消失了。

日军刚开始空袭时，有些人过分夸大空袭的危险，说像昆明这样大的城市，用五百磅的炸弹，四角各扔一个，这座城就全完了。冯友兰回忆，于是人们开始考虑新的居住地，要分散，不要集中，要远离军事目标。人们就开始向城外迁移，用当时的话说，叫"疏散"。

冯友兰在《三松堂自序》中写道：

我们刚到昆明时租的房子在登华街，接近闹市，因为要疏散，就搬到小东城角，这是小东门内靠近城墙的地方。雇人把城墙挖空，里面架上木料，就成了一个防空洞。这个防空洞还可以通向城墙外边，城墙内外各有一个洞口，如果一个洞口被堵塞了，还可以从另一个洞口出去。人们一看都说很好，只要不是直接命中，是很保险的。修好以后，我们全家，左邻右舍，一听见空袭警报，都钻进这个防空洞。不过有了这个防空洞，还得保护它，这就不是一家的力量所能做到的了。其中的木料往往被人偷走，渐渐地就剩下一个空土洞了。这就考虑要疏散到城外乡村里去。先疏散到离城七八里的村子。后来又疏散到离城十七八里的村子，叫"龙头村"。

时过境迁，冯友兰一家曾经藏身的昆明老城墙，估计早已消逝在历史的烟云中，找不到一点遗迹了。

陈达教授坐坟头讲课

一日,社会学教授陈达讲人口学课,讲着讲着,忽然响起了警报声,可同学们正听得津津有味,有人提议到郊外躲空袭兼上课,陈达欣然同意。他们来到小山上,找一片茂密的树林,十余人有序坐下,把笔记本放在腿上,边听边记,陈达则坐在一个土坟上讲课,历时一个半小时,吸引得其他疏散的人也站在一旁听他讲课。

陈达(1892—1975),
社会学家

1946年,陈达根据过去和当时的日记,整理成自传性随笔《浪迹十年》一书,书稿杀青于呈贡县文庙后寓所。这本书记录了作者战时在昆明的工作和生活,不仅反映出西南联大的教学和科研等重要问题,而且折射出这时期云南的社会问题和战时云南教育状况。就在这本书中,陈达对跑警报时坐坟头讲课一事有详细记录:

昆明北门外联大新校舍一八甲教室内,学生络绎来到。准备上人口问题课，时为晨十时三十五分，忽闻空袭警报！有人提议到郊外躲警报兼上课，余欣然从之。向北行，偏西，过苏家塘及黄土坡，见小山充满树林，前面海源寺在望，此地离北门约六里。学生十一人即在树林里坐下，各人拿出笔记本，余找得一泥坟坐下，讲 C. gini 氏及 Pearl 与 A.M. Carrsaunders 氏的人口理论，历一小时半有余。阳光颇大，无风。在旷野树林下讲学，大家认为难得的机会。其他疏散人等路过此地，亦站片刻听讲。有些人是好奇，有些男女乡人，更不知其所以然。小贩吆喝声，叫卖糖果与点心，稍稍扰乱思路。不然，可以调剂屋内上课的机械生活与沉闷。

跑警报改变了正常上课的形态，也拉近了师生之间的距离。据陈岱孙回忆："警报一响，师生一起跑出去，敌机飞到头上时，大家一起趴下，过后学生抬头一看，原来是某某老师，相视一笑。"在这种处境下，以前高立讲坛上不可接近的教师和谦卑遵从的学生前所未有地亲密起来。

另据曾在联大就读的李希文（现任云南大学外语系教授）回忆，冯友兰先生曾站在炸弹坑里上课。宗璞在《漫记西南联大和冯友兰先生》文中感慨地写道："并不是没有别的教室，而是炸弹坑激励着教与学，这种不屈不挠的精神，上昭日月。"

跑警报的幽默和浪漫

西南联大的师生一听到空袭警报,就停下课来,老师学生都往山林疏散,往防空洞里跑——所谓"跑警报"是也。对于跑警报的经历,陈寅恪也曾写过一则趣联:"见机而作,入土为安。""机"指来空袭的飞机,"入土"指进防空洞。紧急中不忘幽默。

当时陈寅恪居住的靛花巷楼下空地上有一个防空洞,但经常水深盈尺,陈寅恪带着椅子跑警报,以便能在水洞中坐下,一直到空袭警报解除。

傅斯年、汤用彤、罗常培等也住在这栋楼房,3层,共18个房间。每次警报一响,大家都往楼下跑,甚至跑出北门。但傅斯年晃动着肥胖的身躯,从楼下跑到三楼,气喘吁吁地通知陈寅恪跑警报(陈寅恪有睡午觉的习惯)。危急之中,傅斯年把陈寅恪搀扶到防空洞,才会安心。

潘光旦先生在联大学生中格外引人注目,他最显著的身体特征是缺了一条腿,那是他在清华读书期间踢足球意外造成的。他拄着拐杖走路。但跋山涉水,不异于常人。有一次跑警报,到达山里时,他对学生和同事自嘲地说道:"看,我跑警报不比你们慢吧。"

联大师生是善于苦中作乐的,跑警报是事关生死的大事,气氛紧张,心里惊慌,但他们会找另一种方式来寻求解脱,以幽默来缓解精神的紧张,作为生活的润滑剂。跑警报反而成了一种别样的"乐趣"。费孝通在《疏散——

教授生活之一章》中写道:"昆明跑警报,在跑得起的人,即便不说是一种享受,也决不能说是受罪。"

昆明虽然警报常有,但真正投弹轰炸的次数不多。昆明不像重庆那样有优良的防空洞,警报来了,大家跑到郊外,轰炸时钻进深不及三四尺的壕沟,大部分时间享受着野外清新的空气、温暖的阳光,的确"有自身不太讨厌的引力"。而重庆则是另一番情景,重庆作为陪都,是敌机轰炸的主要目标,警报远较昆明频繁,一大群人待在又热又闷又潮、点着灯的山洞里,一点舒服也谈不上。正是在这样的景况之下,昆明人民不但不惊惶、不恐惧,甚至还展开想象力遐想一番,造出一些"传说"来。费孝通写道:

> 昆明这种跑警报除了心理上的安慰外,我是不相信有什么效用的。这一点,大概很多人也感觉到了的,所以当时有很多传说,敌人来轰炸昆明是练习性质,航空员到昆明来飞了一圈跑回去就可以拿文凭,是毕业仪式的一部分,所以谁也不认真。又说,东京广播里曾提到为什么不扫射暴露在山头上群众的原因,"你们这些在郊外野餐的青年男女们连一点隐蔽也没有,破坏你们的豪兴,似乎太不幽默。"这些传说显然是昆明人自己编出来的,但也能够说明跑警报时的空气了。

从费孝通笔下的情形来看,这种缓解轰炸紧张情绪的自我想象和打趣,的确让跑警报"有自身不太讨厌的引力",显然是对日寇空袭轰炸战术的一种藐视。因此,这种空袭轰炸不仅没有吓坏联大人,反而为他们的生活带来别样的"乐趣"。

在跑警报特殊的大环境下,促成了不少男女恋爱的机缘。这是跑警报跑出的"浪漫"。费孝通说:"警报帮助了不少情侣,的确是事实,我想实在讨厌这种跑警报的人并不会太多。昆明深秋和初冬的太阳又是特别的可爱。风也温暖。有警报的日子天气也必然是特别晴朗。在这种气候里,谁不愿意在郊外走走。"

从汪曾祺《跑警报》一文中,可以看到跑警报如何演绎成我们今天想象不到的"浪漫的事"。汪曾祺写道：

> 跑警报是谈恋爱的机会。联大同学跑警报时，成双作对的很多。空袭警报一响，男的就在新校舍的路边等着，有时还提着一袋点心吃食，宝珠梨、花生米……
>
> 他等的女同学来了，"嗨！"于是欣然并肩走出新校舍的后门。跑警报说不上是同生死，共患难，但隐隐约约有那么一点危险感，和看电影、遛翠湖时不同。这一点危险感使两方的关系更加亲近了。女同学乐于有人伺候，男同学也正好殷勤照顾，表现一点骑士风度。正如孙悟空在高老庄所说："一来医得眼好，二来又照顾了郎中，这是凑四合六的买卖。"从这点来说，跑警报是颇为罗漫（曼）蒂克的。有恋爱，就有三角，有失恋。跑警报的"对儿"并非总是固定的，有时一方被另一方"甩"了，两人"吹"了，"对儿"就要重新组合。

所以，在联大师生躲避轰炸的古驿道土山上横断的山沟里，发现一些关于恋爱的对联就不足为怪了。这些防空洞表面光洁，有人用碎石子或碎瓷片嵌出图案，缀成对联。其中有一副对联给汪曾祺留下很深刻的印象。联曰：人生几何，恋爱三角！

这大概是跑警报的"对儿"重新组合后，某一失恋者创作的。这如同当今大学公共教室的"课桌文学"，使人看过后不禁莞尔。

不跑警报

联大师生也有不跑警报的。先看不跑警报的学生。

何兆武回忆说,他知道有一位姓杨的同学就不跑警报,有一次他正在喝茶,炸弹落在附近,震翻了茶杯,他不但没有害怕,还捡了一个弹片作为纪念。这位镇定自若的同学叫杨南生,后来成为火箭专家、国际宇航院院士。

杨南生,福建人,他的二舅萨本栋曾任清华大学教授,后任厦门大学校长。舅舅撰写的《普通物理学》,将他引向科学王国。1937年七七事变爆发时,杨南生在北平读北师大附中,是一位运动健将。伏萍在《杨南生的科学救国路》一文写道:"一次英语课上,燕京大学毕业的刘老师突然向同学们报告了一个坏消息:南京沦陷了!说完便呜呜大哭,老师的感情感染了杨南生和这批高二学生,全班哭作一团,抗日的火种在他们心中燃烧起来,那年杨南生还不到16岁。"

1939年,杨南生考入西南联大机械工程系。他在努力学习之余,如饥似渴地读世界文学名著。到了晚年,仍可以背出《约翰·克利斯朵夫》《荆棘鸟》等名著中的许多经典名句。

杨南生极具音乐天赋,后来在从事火箭研究的过程中,不断地收集音乐唱片。他收藏了近400盘各国古典音乐的CD和磁带,一天听一盘,差不多一年能听一遍。他还把百位外国音乐家按姓氏及其作品,全部用英文编排成目录，记在一红一黄两个大本子里。本子的扉页上，用英文艺术字体，似字似画，绘着"Music"字样。

开合、天福、茂林撰写的《固体火箭专家杨南生：他从神秘王国走来》中记录了这样一个故事："1978年，杨南生随谷牧副总理出访欧洲，一天中午，在西德莱茵河河畔的一家餐馆用餐，杨南生看到大厅有一架钢琴，于是来到琴前，即兴弹奏了19世纪德国著名作曲家勃拉姆斯的《第二钢琴协奏曲》。曲终，矜持的德国人和代表团的成员一起报以赞美的掌声。"

杨南生在日寇飞机飞到昆明轰炸时，正聚精会神地读《约翰·克利斯朵夫》，脑海里回旋着贝多芬的交响乐。

再来看不跑警报的其他学生。汪曾祺说他知道的有两个人："一个是女同学，姓罗。一有警报，她就洗头。别人都走了，锅炉房的热水没人用，她可以敞开来洗，要多少水有多少水！另一个是一位广东同学，姓郑。他爱吃莲子。一有警报，他就用一个大漱口缸在锅炉火口上煮莲子。警报解除了，他的莲子也煮烂了。"这位同学叫郑智绵，后来成为云南大学物理系教授。

有一次，日本飞机炸了联大，昆明（华）北院、南院，都落了炸弹，这位郑老兄听着炸弹乒乒乓乓地在不远的地方爆炸，依然在新校舍大图书馆旁的锅炉火口镇定自若地搅和他的冰糖莲子。李芳芳编剧并执导的电影《无问西东》中，有这样一个桥段：昆明空袭的警报一拉响，沈光耀就逆着跑警报的人流，从容地端着大搪瓷杯来到锅炉房，煮枸杞冰糖莲子。这个情节，就是来自汪曾祺的记录。沈光耀牺牲后，沈光耀的两个同学上沈家报信，并说也要奔赴战场。米雪饰演的沈母，端出来一碗冰糖莲子汤为之饯行。这一碗冰糖莲子汤，带有历史的温度、人性的美好、家国的情怀，令人柔肠百转，潸然泪下。

杨南生同学、郑智绵同学，颇有大将风度，临危不惧，想来令人心折和叹服。

詹锳在西南联合大学毕业后在中文系任助教，曾抱着闻一多先生的《唐诗大系》手稿跑过警报。"但是闻先生从来不跑警报，他怕跑警报耽误时间，在自己的院子里挖个防空洞，日本飞机来时，下防空洞躲一躲就算了……"

联大师生跑警报

1940年6月，沈从文、孙毓棠、卞之琳同住在翠湖北面的文林街师范学院宿舍。沈从文每周有三天在联大上课，每逢进城上课时，就在此休息。有一次，日本飞机轰炸。沈从文跑警报回来后，远远地发现竟能看见自己房子里的景象，走近了才知原来空袭时房子有一面墙壁已经在轰炸中倒塌，而坐在房中的卞之琳竟还浑然不觉地在里面看书，一直没有发现墙壁已经倒塌。

能在轰炸之中，聚精会神地读书，忘记自己和周遭的不止卞之琳一人。吴宓教授因为痴迷读《红楼梦》不跑警报。他觉得读《红楼梦》比跑警报有意思多了。沈师光在《有关吴宓教授两三事》一文中就记录了吴宓不跑警报的经过。有一次警报解除后，联大学子沈师光顺道去看看吴宓先生回来了没有，推门进去，沈师光大吃一惊。吴宓先生正襟危坐地在读《红楼梦》。沈师光问他："吴先生，您没跑警报吗？"他说："没有。读《红楼梦》比跑警报有意思多了。"沈师光说："您这太危险了。"他像个小孩儿做错事似的说："嘘，别告诉人家……"吴宓告诉沈师光，他已熟读《红楼梦》四十遍。沈师光文中还提到，吴宓经常把自己比作《红楼梦》中的妙玉，"这是联大学子人所皆知的逸事"。

1944年7月，纪念抗战七周年时，闻一多在昆华中学讲了一个"不怕炸"的故事。事情发生在日机轰炸昆明最频繁的年头，城中人心惶惶，但武成路有家牛肉店却挂出了醒目的"不怕炸"招牌，叫"不怕炸牛肉店"。这小饭馆很有骨气，代表了中华民族的气节，为了表示对这家店铺的敬意，闻一多特意去喝了一碗美味的牛肉汤。一个小饭馆连轰炸都不怕，还会跑警报吗？

跑与不跑，正像汪曾祺在《跑警报》一文中所说，不在乎！

事实上，从抗日战争的大背景来看，西南联大师生是"不跑警报"的。自1938年9月，日军飞机频繁在昆明轮番空袭，西南联大教职员宿舍亦有被炸毁的，造成人员伤亡。1941年，日军又侵入云南边境，战况激烈，当时抗战形势危急，但联大岿然不动，校内维持正常教学秩序，学生依旧勤奋读书，整个学校处变不惊，体现了中华民族艰苦卓绝的伟大精神。

终结跑警报的日子

西南联大师生回忆起昆明的生活，总会想起昆明那湛蓝、清澈又高远的天空，还有那白如雪的木香花，从篱边走过，香气绕身，经久不散。最刻骨铭心的记忆，当数跑警报的日子。

日军空袭时间是从1938年秋天到1943年秋天，其中1940年至1941年最为强烈和频繁。昆明的天空失去了原有的美丽与宁静，之后用了5年的时间才恢复往日的样子。被疏散到乡下的联大学子习惯了那些呼啸而来、凌厉投弹的日军飞机。仰望天空时，愤恨中还夹杂着一丝熟视无睹。

1943年的一个秋日，联大学生冯诚柏站在山顶上和同学们数着日军的飞机，一共27架。"美国飞机就是穿梭，上上下下，上上下下；日本飞机始终保持队形。可是一会儿你就看到，啪，掉下来一架。那一次打下七架。我的印象比较深的是，那一次以后，日本飞机再也不敢来了。它伤得太厉害了。"

让日军闻风丧胆的是美国陈纳德将军率领的"飞虎队"，从1941年开始在中国上空作战数百次，成为令日军胆寒的"空中猛虎"。而这一次的打击，使日本飞机从昆明上空销声匿迹了。

周培源先生的夫人也忆述过美国飞虎队击落日军空袭昆明的飞机一事。那时，周培源一家被疏散到昆明郊区山邑村，周培源的女儿周如苹写道："一次母亲站在院子当中看着美国飞虎队追打日本飞机，眼看日机变成一团火，直落进滇池，大家那个兴奋就别提了，Blackie(周培源家养的一只英国猎犬)也跟着又蹦又跳。"

联大师生的饮食

联大学者的饭局

2018年1月,中华书局出版了上下两册《郑天挺西南联大日记》,引起学界的关注。郑天挺的日记,是学术富矿,也具有日常生活之美。教学之余,西南联大教授的衣食住行、娱乐休闲等,都可以在郑天挺的日记中找到生动、细腻的记录。这些记录,对于研究全面抗战时期学者的生活史,大有裨益。

仅从教授如何吃饭这个问题来看,随手翻看郑的日记,便可找到答案。

日常的吃饭方式有食堂和包饭。首先说食堂。学校当然有食堂,去食堂吃饭或许是师生们最常选的一种方式。郑天挺先生的日记里也写到去食堂吃饭,"至平津小食堂食面""十二时偕矛尘、汇臣至西南食堂午饭""十二时在友谊食堂食炒饭一盂""雪屏来,同至昆华食堂食鱼"。吃食堂之外,还可以包饭。1942年7月1日日记记载:"今日起复加入靛花巷公舍饭团。"

所谓包饭,就是请厨工上门包一段时间的伙食。教职工住在一起,大家一同包个小厨房,按月结账,定个几荤几素的标准,保证基本的营养。可从《吴宓日记》中,获得更丰富的信息。除此之外,大家有时会去师友家蹭饭,自己也会请客。

总之,在物价尚未飞涨之前,教授们的饮食还有保障。后来,物价飞涨,教授们的生活质量直线下降,到了"饭甑凝尘腹半虚""既典征裘又典书"的窘迫境地。

郑天挺的日记就记录了他洗衣服洗破了手以及自己缝补衣服的事情。

因为有了这些教学和生活的细节，让战火纷飞的岁月有了温度，可以让我们触摸得到，也感受到了联大学者的风度。他们的学问与人格，让我们追忆缅怀。

除了日常的饮食之外，从联大学者的日记中可以看出他们的饭局和应酬，是个很有意思的话题。

浦江清的《清华园日记》和《西行日记》，虽然没有《吴宓日记》那样厚重，但囊括了朋友社交、孝悌亲情、学府风光、恋爱结婚等，丰富多彩；它更是一个人几十年活生生、信得过的生活实录，不假修饰，婴儿般赤裸袒露。

学者钱定平在读《浦江清日记》时发现，当时大学文、理各科同人鸡犬相闻，不存芥蒂，经常往来，没有樊篱，常常聚在一起把酒言欢。根据钱的粗略统计，这种目的的大宴小酌，日记中竟有七十次之多。

> 他们的聚会，不是酒囊饭袋的麇集，而是睿智雅怀的聚合，大有植、白古风。其中有说过名言"大学者，非有大楼之谓，有大师之谓也"的梅贻琦校长，还有陈寅恪、冯友兰、吴雨僧等一大批文化大师的音容笑貌，也可一睹熊庆来、赵忠尧、沈有鼎、杨武之等大匠的格致风采。即使在抗战中的昆明，虽然极端艰苦，有机会也要聚一次。这是一种心灵契合，山水交汇，岂俗人所能攀附？①

《吴宓日记》中记录的联大教授的宴饮、聚餐就更详细了，吴宓习惯性地把每次宴饮的菜品、菜金都写得清清楚楚，当然和谁在一起宴饮，谈的什么话题，座中女性着装、打扮，自然也会收录笔端。1939年9月3日，是吴宓46岁生日。早在8月16日，吴宓的弟子周珏良等人（多为椒花诗社成员）要作诗庆贺其生日，吴宓闻知，先作一首《赋谢诗》。吴宓生日这一天，周珏良、李赋宁、郑侨、王德锡各作一律为祝，"步宓八月十六日《赋谢诗》韵"。

---

① 见钱定平《浦江清日记的境界》。

1932年8月，朱自清与陈竹隐在上海合影

1948年，朱自清与陈竹隐及幼女朱蓉隽摄于颐和园

这天晚上，吴宓请客，客人有徐芳、张敬、李天真三小姐，艺专校长滕固、联大同人毛子水等人，以及周珏良、李赋宁、郑侨、王德锡等人。

《朱自清日记》中，也会对菜的味道、好坏做简单评价，席间谈论的话题，如果是学术性的，对朱自清有启发，就会详细地记录下来。以1939年12月为例，朱自清多次参加聚餐会。12月17日，应妻子陈竹隐的建议，和联大吴达元夫妇、余冠英等人去妙高寺野餐。此次旅途非常愉快，寺庙内有两株参天古杉，驻军已撤走，环境整洁幽静。他们野餐后，玩桥牌助兴。29日，历史语言研究所的李方桂应罗常培邀请，为联大中文系教授讲课，朱自清在日记中记录道："着重讲了语言学与语音学的不同……他提醒我们汉语中'老婆'一词在英美语言中就没有相等的词……"晚上，朱自清参加了答谢李方桂的晚宴。30日，朱自清邀请雷海宗夫妇晚餐，"交谈甚有趣，并暴露余甚无知"。

联大学者日记记录的饭局，虽表面看来多是穿衣吃饭、交流谈天，但也折射出一些其他的东西。

梅贻琦的酒量

《梅贻琦日记》中有关西南联大学者的宴饮记录，只是简单地交代学者的姓，这可能和梅贻琦公务繁忙有关，记录从简，如果读者不熟悉联大的教授，会看得一头雾水。但他一直坚持写日记。

梅贻琦是联大常委，在校内，他和联大学者有不少饭局；在校外，他要和重庆国民党政府、教育部打交道，还得与云南地方政府、军队、士绅往来；在公务上，也少不了和美国驻昆盟军、英美访问学者打交道。所以，梅贻琦的饭局特别多，而且他酒量颇大，擅饮酒，酒德佳。

梅贻琦之子梅祖彦忆及其父，曾言："先父在外表上给人印象严肃拘谨，非对熟人不苟言笑，实际上他对生活仍是充满热情的。例如他喜欢喝酒，酒量很大……"考古学大师李济回忆："我看见他喝醉过，但我没见他闹过酒。这一点在我所见过的当代人中，只有梅月涵先生与蔡孑民（蔡元培）先生才有这种'不及乱'的记录。"梅贻琦嗜酒而不酗酒，在这一点上堪称"君子"，以至于被酒友们尊称为"酒圣"。

小事情上的处理方式，可看出一个人的修养和境界。1942年6月，梅贻琦和郑天挺由重庆去叙永联大分校考察工作，叙永当地政府招待梅贻琦。《梅贻琦日记》中记道："菜颇好，但馕肉馅者太多，未免太糜费耳。"还有一次，在出席了重庆英国使馆的便宴后，梅贻琦感慨人家"饭菜极简单，以视吾国人之奢靡，殊有愧尔"。

相对于不得不喝的"公务酒"，梅贻琦很享受与同事、朋友在一起共饮的"生活酒"。在这样的酒桌上，梅贻琦心情很放松，和同事、朋友增进了感情，又缓解了时局与校务的沉重压力。喝了酒，他最喜欢的"余兴节目"是谈诗、听曲（昆曲／大鼓）、独自赏月、看竹（麻将）、打 bridge（桥牌）。梅贻琦出差到重庆时，有过两次难忘经历，一次是老舍邀请他听评戏，还有一次是张充和为他清唱昆曲。

梅贻琦、罗常培来西南联大演讲。有一段时间，老舍在昆明居住。梅贻琦在演讲之后会为老舍摆盛宴，也请老舍到家中享用家常便饭。中秋节即将到来时，老舍提议，中秋之夜，租一条船，大家带着酒食、月饼、果品，泛舟滇池。想法很美妙、很浪漫，但考虑到雇用船工以及租船费用不菲，且有安全隐患，只好作罢。梅贻琦并不知道老舍的想法，但在一次月夜，他们不期而遇——于翠湖之畔月光下小酌。

根据罗常培先生的文章记录，可以还原"梅月涵月下访友"这一幕。

一天晚上，皎洁的月光洒向春城昆明每一个角落，翠湖荡漾着月辉，闪着银光。阮堤上，铺满了轻纱一样的月华。青园（青云街靛花巷北大文科研究所别名）中，诸友陪老舍从街上归来，穿过湖滨，一边步月，一边闲聊，大家沉浸在这溶溶月色之中。刚转过玉龙堆和翠湖北路的转角，忽然看见一个人在月光底下，提着一个布口袋，低着头，踽踽独行。眼尖的人仔细一看，是梅校长！他的口袋里装着一瓶绍兴酒，因夜深了找不到下酒的菜肴，只买到一些花生米和豆腐干儿，原本打算到青园与老舍对酌。遇见了大家，便在翠湖边的一块空旷之处，团团围坐，对月饮酒。这一来把月夜点缀得更风雅、更可爱了。这下酒的花生米和豆腐干儿的滋味与绵长的酒香，相得益彰。老舍有了酒助兴，打开了话匣子。直到月影西斜，大家带着一点儿酒意，踩着一地月光，尽兴而归。罗常培将这一幕写作"梅月涵月下访友，舒老舍酒后聊天"。

梅贻琦与老舍月下饮酒，颇有古代文人雅集之意趣。

梅贻琦也有喝高的时候，清醒时少不了责怪自己。一次，张充和请客，梅贻琦赴饮夜归，步抵寓所犹晕晕乎乎，等到清醒时，已多走一大段冤枉路；又有一次，云南名流缪云台请客，梅贻琦"甫离席即欲睡"，被人搀扶上床，"已自不知不切矣"；还有一次，史学家傅斯年在饭后请他鉴赏新购的古董，显然因为酒多力猛，把玩间，梅贻琦竟将一柄铜剑的尖端"扳返"，窘得他内疚了好长一阵子……①

1945年10月14日，梅贻琦和家人、朋友在东月楼食烤鸭，饮"罗丝钉"，酒甚烈，"又连饮过猛，约五六杯后竟醉矣，为人送归家"。酒醒后，梅贻琦告诫自己"以后应力戒，少饮"。

梅贻琦晚年在台湾病逝，他的儿子梅祖彦认为因梅贻琦的过量饮酒而影响了其健康。

---

① 见方一戈《梅师原来酒亦好》。

抗战胜利后的饭局和时局

抗战胜利两个月后，1945年10月28日上午10点半，梅贻琦与清华服务社委员会讨论公务，会后聚餐，梅贻琦为答谢诸君的努力，"饮酒约廿杯"。这天晚上，梅贻琦赴章矛尘（章廷谦）之约，同座有傅斯年、杨振声、樊际昌、钱端升、周炳琳、汤用彤，皆北大同人。"食螃蟹，为汉口带来者，余菜亦颇精美。"大家在饭局谈论时局以及学校将来的问题，谈得非常热烈。受所谈问题的影响，这天，梅贻琦在日记中写道："盖倘国共问题不得解决，则校内师生意见将更分歧，而负责者欲于此情况中维持局面，实大难事。民主自由将如何解释？学术自由又将如何保持？使人忧惶！深盼短期内得有解决，反而非但数月之内，数年之内将无真正教育可言也！"梅贻琦的忧虑，针对时局而发，他已经预测国民党要打内战，故有此言。而联大师生也面临着两条道路的选择，随后的"11·25"那个晚上在联大校外响起的枪声，以及"12·1"惨案引发的民主运动浪潮都证实了梅贻琦的判断。

1945年11月5日，晚上6点，梅贻琦应闻一多、闻家驷兄弟以及曾昭抡、吴晗的约请，在昆南宿舍潘光旦家，和傅斯年、杨振声一起吃饭。席间，大家喝了9斤多的酒。饭后，大家谈政局以及校局问题颇久，至12点始散。当时，闻一多、曾昭抡、吴晗、潘光旦都已加入了中国民主同盟，闻一多、吴晗倾向共产党，有人把闻一多叫作闻一多夫，把吴晗叫作吴晗诺夫，把罗隆基叫作罗隆斯基。对于闻一多的转变,冯友兰不理解,当面问他为何当共产党的尾巴,闻一多说,他曾有加入中国共产党的要求,甘愿做共产党的尾巴。梅贻琦对联大教授的思想动态非常清楚,他想持中间立场,这一天,他在日记中写道:"余对政治无深研究,于共产主义亦无大认识。对于校局,则以为应追随蔡孑民先生兼容并包之态度,以克尽学术自由之使命。昔日之所谓新旧,今之所谓左右,其在学校应均予以自由探讨之机会,情况正同。此昔北大之所以为北大,而将来清华之为清华,正应于此注意也。"

此时,"12·1"惨案很快就要到来了,从某种程度上说,这是联大教授左中右派最后的晚餐,"12·1"惨案之后,再无这样坐下谈论时局的机会。

学者的饯行宴

西南联大的学者非常重视友情,常以聚餐、宴饮的方式,为远道而来的朋友接风洗尘,或者为出国远行者饯行。在战争阴霾的笼罩下,师友弦歌在春城,随着时局的变化和各自人生道路的岔开,萍聚又星散,相忘于江湖。

1939年春,英国牛津大学敦聘陈寅恪为汉学教授,并授予英国皇家学会研究员职称。陈寅恪因不习惯昆明的高原气候,时常生病,又希望与旅居香港的家属团聚,决定于夏天离开联大赴英国讲学。吴宓特意在昆明市的"海棠春"为其饯别,时值端阳,吴宓赠诗曰:

> 国殇哀郢已千年,内美修能等弃捐。
> 泽畔行吟犹楚地,云中飞祸尽胡天。
> 朱颜明烛依依泪,乱世衰身渺渺缘。
> 辽海传经非左计,蛰居愁与俗周旋。

笔者查阅《吴宓日记》,未找到这次请客的记录。有一个注释:1939年4月10日至6月28日的日记,在"文革"被抄没,未归还。

1944年春,联大历史系何炳棣在联大新校舍遇到其师闻一多,此时何炳棣在大西门外昆华中学兼课已半年多,有一间宿舍。闻一多想在昆华中学兼课，希望获得两间宿舍，以免城里、乡下奔波之苦，何炳棣将闻先生的这个意愿告诉给李埏（云大文史系讲师，兼任昆中教务主任），李埏和昆华中学校长徐天祥喜出望外，慷慨地给予闻一多专任教师的待遇。报酬是每月一石（100斤）平价米和20块云南通行的"半开"（两块"半开"合一个银元），并将楼上两间医务室腾出，安置闻一多一家住宿。

何炳棣在《读史阅世六十年》书中回忆：

> 这20块"半开"的待遇是我们一般兼课的人所没有的，银元在当时是非常"顶事"的，更何况闻先生已开始以篆刻收入补家用，所以那时闻先生全家的生活并不是像一般回忆文章里所说的那么困难。

何炳棣已考取清华第六届庚款留学生，不久将出国（后成为海外著名的历史学家），"闻师及师母预先为我饯行，准备了一顿非常丰盛的晚餐"。主菜是用全只老母鸡和一大块宣威火腿炖出的一大锅原汁鸡火汤，其醇美香浓，使何炳棣终生难忘。闻先生告诉何炳棣："我们湖北人最讲究吃汤。"何炳棣说，年少时曾听到有些前辈说，饭饱不如菜饱，菜饱不如汤饱，确实很对；湖北的吃文化是很深厚的。何炳棣想起自己的一段经历：1943年他由上海兜大圈子、越秦岭过成都时，曾问成都当地居民哪种汤菜最实惠最有名，回答是："原锅子汤。"问及用料，以"肘子、猪心、整棵莲花白"对。何炳棣请教闻先生，这种大的锅菜是否源自湖北？闻先生说很可能是，因为明末张献忠屠蜀后，江西人入湖北、湖南，两湖人占据四川，把大锅汤菜传统带进四川，这是非常合理的推测。

学人的饮食、宴饮，也和常人不一样，笔者喜欢看这样的席间琐屑谈资。人在放松时，三五师友，天南地北地聊天，总会无意间流露出他们的才情和性情。

1944年9月15日晚，梅贻琦在家宴请联大的同事莫泮芹夫妇、陈梦家夫妇、冯友兰夫妇、王力夫妇、吴宓、闻一多、吴晗（字辰伯）。这天晚上梅贻琦的夫人韩咏华因为患痢疾，未能陪坐。梅贻琦这次请客，是饯行宴，为陈梦家夫妇和吴宓送行。陈梦家和赵萝蕤要去美国留学,对于这个决定,其师闻一多并不赞成,认为这是抗战最关键的时刻,应该留在昆明,但去美国留学是陈梦家梦寐以求的事,有了机会,自然不能错过。吴宓休年假,要赴四川成都度假,因为好友陈寅恪在成都,任教于燕京大学,此次之行是想和陈寅恪朝夕相处,此外,吴宓还有亲属在成都,也是他去成都的原因。这天晚上天气阴沉沉的,似乎要下雨的样子,客人散去时,梅贻琦庆幸没有落雨,不然,他会心有不安。由此可见,梅贻琦宅心仁厚,有儒家君子仁爱之风度。

朱自清的饮食与胃病

抗战爆发后，朱自清于1937年7月7日夜挥笔疾书"壮志饥餐胡虏肉，笑谈渴饮匈奴血"，在署名右边加了一句"时远处有炮声"后，即刻跋山涉水，从北平辗转到长沙。1938年2月，由长沙出发，经广州、香港，借道越南海防，到西南联大任教。在昆明，朱自清一方面教书育人，培养了王瑶等大批人才；一方面以笔为枪，进行文人抗战。这一时期，由于物价上涨，联大教授的生活质量严重下降，朱自清产生了沉重的家庭负担和冻馁之忧。

1941年3月8日，朱自清在日记中写道："本来诸事顺遂的，然而因为饥饿影响了效率。过去从来没有感到饿过，并常夸耀不知饥饿为何物。但是现在一到十二点腿也软了，手也颤了，眼睛发花，吃一点东西就行。这恐怕是吃两顿饭的原因。也是过多地使用储存的精力的缘故。"饥一餐，饱一顿，朱自清习惯地多食，导致胃病发作，在他的日记中常常看到"胃病发作""胃痛，抽搐""每日呕水"等文字。我们能想象到朱自清先生清冷而孤寂的身影：因胃部感到寒冷不适，夜间坐在那里难以入睡。想来不禁令人心酸。长期的粗劣伙食使他的胃病加重，状况恶化，最终导致了朱自清先生英年早逝。

显然，朱自清的胃病是战时恶劣的饮食起居导致的，但还有一个不容忽视的原因：朱自清经常进食过量，加重胃的负担，长期如此，导致严重的胃疾。从他的日记中，随处可看到这样的记录：

在乔治家吃晚饭，食物好消化，但我吃得太多，以致胃又难受。（1939年12月1日）

天冷，贪食致胃病复发。（1939年12月10日）

吃得太多，肠胃消化不良。（1939年12月31日）

沈夫人（沈从文夫人张兆和）做酒酿鸡蛋，我感到很新鲜，味道也好。（1940年1月25日）

戴太太午饭时给我们吃了馒头，因为一共吃了七个，致胃病发作。（1940年2月22日）

遇孟实（朱光潜），发现他酒量甚大，较我尤能豪饮。我们在盛开的梅花树下用餐，阳光融融，温暖宜人。我们拗不过冯将军盛情，饮酒十余杯，但愿此举于我无害。（1941年2月7日）

午餐、茶会上均食过量。午餐系大学里的人请客。在茶馆吃面条后，胃部立即抽搐。（1941年11月23日）

今日两餐皆吃胡豆饭，不觉逾量。（1942年3月21日）

早晨很冷，三时醒来不能再入睡。勉力出席八时的课程，回到宿舍时像个软体动物。读钱基博（钱锺书之父）的《明代文学》。午睡后额外食月饼一块，致胃不适，当心！是收敛的时候了，你独居此处，病倒了无人照料，下决心使自己强健以等待胜利。（1942年12月11日）

读朱自清日记中关于饮食和食物的部分，隐约觉得，朱自清多食，是为了免于饥饿的恐惧，但也有生活习惯的成分。也许在他的潜意识中，吃得饱，吃得好，这不仅是每个人的生活本能，更是有精力授课、做学问、写文章的保障。朱自清作为大学教授收入不薄，但扛不住飞涨的物价，朱自清夫妇多病，又出身贫寒之家，子女多，负担重。生活质量无法保证，有时他吃一块又黑又粗的面包，蘸点盐就是一顿。接受宴请时，遇到丰美的菜肴，自然会多吃一点。朱自清总归是一介寒儒，在昆明的几年，辗转流离，箪食瓢饮，筘吹弦诵，潜心向学，孜孜不倦。

　　日记中关于饮食的真实记录，还原了一个人间的朱自清，多食是导致其胃病的主要原因，更接近历史真相。这样的判断无损朱自清的光辉形象，而且避免了将其神化的完美色彩。笔者觉得，日记中的朱自清更让人觉得可亲，日记中清晰地呈现出了他的一饮一啄、喜怒哀乐。

　　朱自清熬过了抗战最艰难的时刻，但也付出了沉重的代价，严重的胃病使得其健康状况急遽下降。1945年夏天，抗战临近胜利，47岁的朱自清已经衰老得令老友吃惊。吴组缃见到他的时候，这样写道："等到朱先生从屋里走出来，霎时间我可愣住了。他忽然变得那样憔悴和萎弱，皮肤苍白松弛，眼睛也失去了光彩，穿着白色的西裤和衬衫，格外显出瘦削劳倦之态。……他的眼睛可怜地眨动着，黑珠作晦暗色，白珠黄黝黝的，眼角的红肉球凸露出来；他在凳上正襟危坐着，一言一动都使人觉得他很吃力。"

　　西南联大复员后，朱自清返回北平，仍在清华大学执教。此时，国共内战的炮火在东北打响，北平的民主运动一浪高过一浪，朱自清不可能像抗日战争爆发之前那样，只做一名兢兢业业的教授。他在反对国民党独裁和腐败的宣言、通电、声明上签字，以示抗议。闻一多之死对朱自清的刺激非常大，再加上身边的朋友吴晗等人的转变，《荷塘月色》里苦闷的知识分子，也被卷入此起彼伏的民主运动大潮之中。1947年5月26日日记："下午吴晗来访，见呼吁和平宣言草稿，渠盼努力请多人签署；内容上可视为对学生六月二日反内战运动之劝告，余愿尽力为之。即访新林院北院诸友征求签署，并遭严词拒绝。"从一个被征集签名的对象，变成一个动员别的教授签名的"跑腿者"，这个变化是巨大的。

　　1948年6月18日，朱自清在拒绝"美援面粉"的声明上签字。这是一次"自清"的签字，他把自己的人格和尊严签在了他的名字中。他在日记中写道："此事每月须损失六百万法币，影响家中甚大。但余仍决定签名。因余等既反美扶日，自应直接由己身做起，此虽为精神上之抗议，但决不应逃避个人责任。"

　　吴晗起草了拒领美国"救济粮"的声明，并由他征集签名，他回忆道：

"年纪大一点的教授多半是归我跑腿的。我拿着稿子去找朱自清先生。这时候,他的胃病已经很沉重了……但是他一看了稿子,毫不迟疑,立刻签了名。他向来写字是规规矩矩的,这次也不例外,他用颤抖的手,一笔不苟地签上了他的名字。"

这个声明于6月19日在平津各大报纸上刊登出来。在声明上签字的还有张奚若、金岳霖、邓以蛰、吴晗、陈梦家、李广田、余冠英、钱伟长等110位清华教师。

朱自清在签字声明见报后,退还本月的面粉配给证和面粉票。这一行为让这个清贫的家庭雪上加霜,由于营养不良,朱自清多年的胃病复发了。1948年8月1日,朱自清在给朋友的信中说:"半年来胃病发作三次,骨瘦如柴……"几天后,吴晓铃来到朱自清家,捎给朱自清一件衣服,他看到病重的朱自清,心中一阵酸楚,他记下了朱自清病逝前的一幅肖像:"面庞消瘦得只剩下骨头,脸色苍白,说话声音细弱,穿一件整洁的睡衣。"

1948年8月10日,弥留之际的朱自清对妻子陈竹隐断断续续地说:"我……已……拒绝……美援,不要……去……买……配售……的……美国……面粉。"而这句话,成为他的遗言。

8月13日,清华、北大师生为朱自清送行。午11时出殡,前为灵车,李广田等人护灵。王瑶记录了当时的场景,无比沉痛的怀念,倍感凄凉的送别:"就在这个荒凉的古寺里,将棺木安置在那个嵌着'五蕴皆空'的匾额的砖龛中,用泥和砖封起前面来,龛顶上有一个烟筒;在冯友兰先生主祭,大家举行了一个简单的仪式后,开始在下面举火了。就这样完结了一个人的最后存在;那在社会上活动了多少年,产生了多少成果的形体。"几缕青烟消逝,自清精神仍存。而一个病入膏肓的时代也在加速毁灭。

两年前,清华师生在昆明送别闻一多,如今在北平送别朱自清。冯友兰的挽联是:

人间哀中国,破碎山河,又损伤《背影》作者;
地下逢一多,心酸论语,应惆怅清华文坛。

毛泽东在《别了，司徒雷登》文中如此赞扬朱自清："我们中国人是有骨气的……朱自清一身重病，宁可饿死，不领美国的'救济粮'……我们应当写闻一多颂，写朱自清颂，他们表现了我们民族的英雄气概。"朱自清以生命的代价维护了那个时代知识分子的民族尊严。朱自清的胃病也是经历十四年抗战之后中国学者的后遗症。

朱自清留下了大量的作品，其学术贡献与研究成果，散文名篇与普及著作，对照他的饮食与胃病，最后的悲惨命运，让人百感交集。"青灯黄卷，焚膏继晷，吃的是草，挤的是奶，生命不息，工作不止，中国知识分子的命运大抵如此。"

冯友兰的家宴

西南联大文法学院在云南蒙自的时候,由于战争缘故许多教授的家眷还没到蒙自,冯友兰的夫人任载坤便在星期六轮流请老师们到家里吃饭。一般是炸酱面、摊鸡蛋皮、炒豌豆尖等家常菜。宗璞回忆,之后到昆明再也没有吃到那样好的豌豆尖了。宗璞说:"母亲的手很巧,很会做面食。朱自清曾警告别人,冯家的炸酱面好吃,但不可多吃,否则会胀得难受。"

老舍在昆明时,冯友兰请他到家中吃饭,罗常培作陪。罗常培写道:"芝生家那一餐河南薄饼最为丰盛。那时候我还没有病,陪着他(老舍)把肚皮都吃胀了,尤其欣赏末了儿那一碗糊涂甜汤。"冯友兰的家宴,自然是河南风味。品尝过冯家家宴的联大同人,都对此印象深刻。

宗璞在文章中回忆,冯友兰先生喜酒,但从不多饮。31岁时曾和三位先生,一夜喝了十二斤花雕,这是少有的豪放了。哲学教授们自称为"哲学动物",有时用哲学开玩笑。冯友兰很幽默,他在家时常给他们讲笑话,比如柏拉图买面包。①

---

① 注:嘲笑哲学家的故事。柏拉图差人去买面包,店老板说,讲抽象的柏拉图买面包吗?我们只有这个面包、那个面包,没有抽象的"面包"。于是柏拉图饿死了。

燕卜荪请客论诗

在昆明时，英国诗人、联大外文系教授燕卜荪和法国教授邵可侣（Reclus）同住在北门街一座西式的楼房里。邵可侣是法国军事代表团驻昆办事处新闻室主任。房子非常漂亮，三四间明亮宽敞的房子竖立在一片小山丘青紫的岩石上。房子的周围是一个秀丽的大花园，有堆积迂回的精巧假山，有雅致的亭台曲径。

1939年5月的一天下午，燕卜荪邀请联大外文系喜爱诗歌的学生来这里做客。室内的陈设和装饰是法兰西的风格，洞开的明窗上低垂着草绿色的纱帘子；右手边，摆着一架大钢琴，琴上面的白墙挂了一张19世纪法兰西一代风流美人瑞嘉米叶夫人的半身画像。在赵瑞蕻的记忆中："里面各有一个书架子，堆了许多法文书籍。壁炉静静地矗立着，像叹息自己过时的命运；有一只肥大的暹罗猫蜷卧在壁炉底下，做着异国的清梦。"

那天，燕卜荪非常高兴，为赵瑞蕻等学生准备了不少茶点、红茶、香烟和两瓶云南土产杂果酒。师生一起喝茶、吃东西。燕卜荪讲了不少西洋文艺与哲学的故事，他对于西洋文艺的掌故以及每个作家的生平和逸事都烂熟于心。燕卜荪告诉赵瑞蕻，他喜欢读约翰·邓恩、布莱克和勃朗宁等名家的诗。法文诗中，他最推崇的是波德莱尔（Charles Baudelaire）。他还能够背诵出《恶之花》集子里的许多诗篇。燕卜荪优雅、风趣，谈诗歌，论艺术，像一块磁铁，深深地吸引了联大的学生。那天，燕卜荪为学生即兴朗诵了济慈的名作《秋颂》。

冯文潜典卖衣物请客

冯文潜是西南联大哲学心理系教授,同时和陶云逵一起负责南开大学边疆人文研究室。陶云逵主持研究工作,冯文潜负责后勤工作。冯文潜在筹建研究室时最为卖力,"他对南开大学有极深厚的感情,事业心非常强烈。他在边疆人文研究室不担任职务,而以'为他人作嫁衣'的精神,包下了研究室的一切后勤事务。与石佛铁路筹备委员会打交道的是他,与联大有关方面打交道的也是他"。除此以外,在研究室成立之初,为开创研究条件,冯文

1916年8月,冯文潜(左)
送黄钰生(右)赴清华就学合影

潜不辞劳苦地奔忙,采购笔墨,租借房屋和用具。最终,南开大学边疆人文研究室在西南联大西门外的新校舍附近"落地生根"。虽然冯文潜没有具体参与边疆人文的研究,却是边疆人文研究室的灵魂人物。

1944年1月,陶云逵因病去世后,冯文潜便成了研究室同人的主心骨。此后的三年间,冯文潜依然默默地为邢、高、黎等人做着"幕后"工作,虽然困难不断、压力不减,但是用冯自己的话讲,"有一个知心的庆兰(即邢公畹),有一个可爱的(黎)国彬,什么都担得起,担子根本就不是个担子了"。

冯文潜提到的邢公畹,1942年8月到南开大学边疆人文研究室工作。作为陶云逵的同事和学生,邢公畹、黎国彬、高华年等人的调查足迹也遍及云南的山山水水,而且他们大都单枪匹马地从事工作。邢公畹把自己调查经历作为素材,写成极为吸引人的纪实体小说,行文看不到刻意雕琢之笔,而笔尖流淌出的却是他对西南各族人民的深切同情。我们不妨了解一下,边疆人文研究室的学者在什么样的生活状态下工作。邢公畹和妻子曾一连好几天吃不上菜。有一次,邢公畹手捧一块豆腐回家,使妻子喜出望外。

据邢宁《旧历亲闻——南开边疆人文研究室邢公畹先生在昆明》一文,国民党中央政府在昆明举办"盟国译员训练班",以培训翻译人员。训练班的主管找到冯文潜,动员他去教德文,据说报酬不菲,还是美金。"可是先生却淡淡地说:君子安贫,不想拿美金。"冯文潜一家五口,要靠他的工资生活,非常困难,在这种艰难的情况下,他仍经常请客——请边疆人文研究室的同人打牙祭。冯文潜经常借演讲问题为名,将大家召集到文林街的住所里,由冯夫人亲手烹制酱牛舌、烧牛尾等,让边疆人文研究室的年轻学者饱餐一顿。钱是冯文潜夫人教家馆、做刺绣甚至典衣卖物来贴补、拼凑的。

潘光旦吃鼠肉真相

易社强在《西南联大：战争与革命中的中国大学》一书中写到潘光旦烹煮老鼠肉以飨宾客，这位美国汉学家在采访中获得的资料，可能是被访者添油加醋，演绎出的故事：

> 潘光旦从来不会因为创造性的解决方法而不知所措。老鼠吃人们做的任何东西，而安然无恙，还有，当地的老鼠又肥又大，于是他开始张夹设笼捕捉，把它们吃掉，还把它们的皮像战利品一样挂在房间里。潘家的日常饮食一旦众所周知以后，被他邀请去吃饭的朋友都不免战战兢兢。

这样的描述与史实相差甚远，由于潘光旦鼠肉宴客的逸事被传得离谱，潘光旦先生的女儿潘乃穆撰文《关于潘光旦吃鼠肉的故事》披露事情真相。

1939年，潘光旦家住在昆明青莲街学士巷1号（翠湖东边，俗称逼死坡之下）。从外地迁居昆明的人都觉得当地的老鼠特别多、特别大。有的人家养猫，有的人家则设老鼠夹子捕鼠。

潘乃穆文章写道："一天我家的老鼠夹子夹到一只比较大的老鼠。我父亲生性不拘泥于常规，遇有机会，对新鲜事物有兴趣去尝试或探讨，在食物方面也是一样。这次他决定尝试一下吃鼠肉。"

听到潘家要吃捕捉到的这只老鼠，同院住的沈履、庄前鼎、赵世昌（均为清华大学教职员）三家邻居反应都不积极，其中以庄前鼎教授夫人周撷清的负面反应最强烈。她听说后惊呼起来，表示她绝对不要尝一口，逃回自己家去。

潘光旦平时教育子女，吃饭不要挑剔，在饭桌上什么都得吃。孩子们对吃老鼠肉没有什么意见。潘乃穆在文章中说："我的老保姆温闰珍平日煮饭烧菜，这次也毫无怨言。她处理了这只鼠，剥皮去内脏，收拾得很干净，切块红烧。我们全家人分而食之。我感觉和吃鸡肉、兔肉差不多，并无异味。吃过之后也没人因此害病。"

潘家只吃了这一次鼠肉，但传闻非常多。有一个版本这样描述：

> 1939年，潘光旦为了证实老鼠肉究竟是不能吃还是人们不愿意吃，说服家人做个试验。昆明的老鼠又肥又大，一次他捕杀了十几只，将肉洗净，用香油辣椒拌炒，请来客人共餐，先不说明，等客人吃了以后赞美时才揭秘。这件事经媒体曝光，一时震动了整个昆明。后来听说有位教授因吃了潘家老鼠肉，其夫人威胁要和他离婚，不知确否。

冯友兰先生在《三松堂自序》中也提及这件事："还有潘光旦吃耗子肉的事，也盛传一时。他的兄弟是个银行家，在重庆，听说他吃耗子肉，赶紧汇了一点钱来，叫他买猪肉吃。其实潘光旦并不是为了嘴馋，而是为了好奇。"看来还是冯友兰了解潘光旦。

潘乃穆也在文章中辟谣："至于有人说什么捕得硕鼠十多只、邀来研究心理学的同事和学生数人分享，为了学术研究、夫人勉为其难等等情节，就全属于传闻，失实了。"

潘光旦太太请客

20世纪30年代,清华大学图书馆"活字典"唐贯方,曾负责搬运清华大学珍贵古籍南迁。在昆明时,他们一家疏散到离城20里外的昆明西北郊的梨烟村(梨园村)。梨烟村的东北方约四五里,是大普吉,两地相隔着大片农田。那里新盖有一院住房,是清华理科各研究所的所在地。附近还有个小普吉,因此合称为普吉。和大普吉隔街斜对过的是陈家营,是另一个清华家属疏散地。在陈家营,散居有黄子卿、闻一多、余冠英、华罗庚等教授家,可能还有其他一些人家。潘光旦一家疏散到大河埂。

唐贯方经潘光旦先生介绍,在昆明图书馆兼了一份差,每月可以得到几斗米,生活条件有了改善。在唐贯方之子唐绍明的记忆中,清华大学的家属非常团结,谁家有好吃的,都会送给同事分享,在炮火纷飞的年代,这样的场面非常温馨:"母亲常拿米磨成米面,做广东糕点送人,其中最受欢迎的是'萝卜糕',闻起来怪怪的,吃起来很香。潘光旦太太对人和善,样样为人设想,常从大河埂到梨烟村来串门,每次都带来一些江南小吃。任之恭太太和我母亲也常来往。1945年我们家先搬回城,任太太特地送来一笼屉热气腾腾的包子,为我们送行。"

潘光旦的太太赵瑞云请清华大学家属和孩子们聚会,给唐绍明留下了深刻的印象:

难忘一次大河埂聚会。主人是潘光旦太太，专门邀请李家院子全体家属，包括大人和孩子，去她家做客。那是一个独院，位于大河埂十字路口的西北角，坐北朝南，院子北边是一座二层木楼，他们住在楼上，前面是院子。这一天，原本不大的院子挤满了人，小孩子更是闹成一团。潘太太准备了各种菜肴，大家自己动手做着吃。我还是头一次看到面筋是怎样从面粉中做出来的，感到新鲜和好奇。潘太太还事先向门前田主买下田里一茬蚕豆，这时发给每个小孩一个篮筐，领着大家到田里摘蚕豆。我们专拣嫩的摘，不管是生吃还是做菜，都特别香。①

　　随着时光的流逝，唐绍明对这段记忆愈加清晰。晚年，唐绍明回首昆明艰难岁月时，感慨万千：这种抗战"牙祭"，既饱了大家的口福，还增进了彼此的友谊。这是同甘苦、共患难的友谊，是平等的真情，是战时艰苦环境的产物，这无论在战前或战后都是不多见的。

---

① 见唐绍明《我心中的"金三角"——抗战时期疏散生活琐记》。

教授种菜

陈达（字通父）教授及其同人在昆明从事过中国较早、规模较大的人口学调查研究。1938年秋，清华大学成立金属、无线电、航空、农业和国情普查五个特种研究所。国情普查研究所旨在"收集关于本国人口、农业、工商业及天然富源等各种基本事实，并研究相关问题，以期对于国情有适当的认识，并就研究结果贡献于社会"。陈达参与了该所的筹划并受聘为研究所所长。据陈达的记载，该所原址设在昆明青云街169号，"临翠湖，颇幽静"。学校和研究所重视人口研究。在经费极其困难的情况下，学校每年拨款4万元支持研究。国情普查研究所的一项研究课题选择在呈贡县开展，得到当地的支持。于是，该所为了避免日寇飞机轰炸，迁到呈贡文庙，陈达教授一家也随之疏散到呈贡。

战时生活困难，陈达教授为养家糊口，率领妻儿荷锄戴月种植蔬菜。他在回忆录《浪迹十年》中写道：

今年余家在文庙后开辟菜地八块，崇圣祠前两块，每块不过宽一丈，长一丈六尺。略述如下：（一）厨房后种白薯和刀豆，刀豆由余和旭清（陈达之子）下籽，成绩不佳，白薯尚好，谅可收七成。（二）西门内种刀豆及荷包豆，荷包豆种籽由李悦立县长送来，共四十粒，出苗者五粒，目下开花即已结实者仅二棵。（三）西门内往东，种刀豆、包谷、洋芋，成绩不如去年。（四）李福昌旧种烟草地，今年余改种萝卜、茄子、辣子。茄子恐不能结实，辣子不到三成，萝卜仅出十五棵。（五）往东，种刀豆，成绩甚佳。（六）往北，种黄豆，被马吃过两次，今虽又长，但恐收成不佳。（七）北墙边，每年余种西红柿……今年由莫刚老师增秧五十，种后先由松鼠偷食其茎，结实后松鼠又食其果……（八）屋东，种西红柿及南瓜，西红柿今年有黑病……南瓜为毛虫所食……（九）屋南即崇圣祠前，种西红柿及冬苋菜……几乎全军覆没。（十）屋东南，雨季中，函高逸鸿兄买冬苋菜籽，寄到后即在此下籽，无出者……

陈达教授种的蔬菜，不是不出，就是被动物偷吃。教授为了生计种菜，收成不好。食物匮乏，现在的年轻人很难想象。

种菜种粮，自力更生，不仅陈达教授一家，还有更专业的。

从1941年开始，美国陈纳德将军率领的"飞虎队"在中国的上空作战数百次，成为令日军胆寒的"空中猛虎"。1943年的秋天，昆明的空袭威胁解除了。此后，联大教师陆续搬回到城里居住，但是中国战场的情况并不让人乐观。1944年，中国军队在战场上一溃千里，大批外来人口又一次涌入昆明，人口的激增导致了昆明城物价的再次飞涨。

即便是住在唐家花园终身未娶的单身教授（陈岱孙、金岳霖）和未带家眷的单身教授（陈福田、朱自清），也开始为生计发愁。由于物价上涨，连买菜的钱都不够了。于是，他们在唐家花园废弃的苗圃开辟菜园子。陈福田写信给檀香山的美国亲属，从美国邮寄来菜籽。大家推举李继侗作为负责人和指导员，种菜自给。植物学家李继侗当种菜组组长，这是最佳选择，生物系有个讲师沈同当"种菜助理"。所有的教授出力，浇水，施肥。昆明的天气非常温和，菜长势喜人。菜丰收了，大伙开伙做菜，吃起来格外香。

除去唐家菜园，那时，联大的许多人家都有一个这样的小小菜园，用来供应食物。而化学系的高崇熙教授善种花，就种植了一大片唐菖蒲（剑兰）来卖。

谁动了教授的米面

1938年春,经过一个多月的颠簸,周培源一家终于抵达昆明。周家从郊外租借了被称作"马家花园"的住宅。房东是一位马姓团长,西式宅院,堪称豪华。宅院宽大,一家住宿颇为阔绰。于是,周培源夫妇便邀请新婚不久的任之恭、陶葆桎夫妇入住。

1936年,任之恭与陶葆桎订婚时合影

1945年，任之恭、陶葆柽与女儿竣明和竣玲在昆明合影

　　这里提一下任之恭、陶葆柽的特殊婚礼。七七事变之后，北平笼罩在紧张的气氛中，他们于1937年7月28日在北平结婚，冯友兰为其主婚。就在这一天，宋哲元的军队撤退，北平失守。当天晚上，城门关闭了，他们在清华预备的新房还没来得及用，北平就沦陷了。喜庆与惊恐同时发生。这个特殊的婚礼给宗璞留下了深刻的记忆，她将这个情节写入她的小说《南渡记》。

　　周、任两人均是清华大学赴美留学返校任教的物理学家，他们经历相似，志趣相投，患难之际，共处一院，相濡以沫，其乐融融。后来，任之恭在回忆这段生活时，苦难里不无欢悦：

　　　　房子的生活设施极好。不仅如此，周是一个南方人（即来自中国的南部），而我的妻子碰巧也是南方人。结果，两个南方人非常能干而且勤劳，而北方人（我和周的妻子）只能坐享我们的两位"吃苦耐劳"者提供的安逸。后来我们甚至有了一个很不错的厨子。他烹饪的猪肉我们非常喜欢吃。他烹饪的方法是在地上挖个坑，在坑的两头支上木棍，架住乳猪，用一种原始但有效的旋转方法来烧烤。我们享受着他做的美餐，但到后来我发现他"欺骗"我们的技巧不亚于他的烹饪天才，让他买来，他把其他东西垫在米桶底部,上面再放上米。看起来好像很满,从而将其余的钱侵吞。后来我们把他解雇了。①

任之恭还遇到一次比失窃更糟糕的经历:从昆明回大普吉的路上被人抢劫。

那时,清华特种研究所的教授,同时也是西南联大的教授,他们兼顾着科研和教学的重任,经常在大普吉和城边学校之间的道路上奔波。虽然有公路,但他们无车可乘或无钱坐车,进城上课主要靠走路,要从大普吉步行到黄土坡才能搭上马车,当时有自行车的是极少数人。治安很差,回来晚了有危险。

1943年某日,任之恭下课后,天已经很黑了,在路上不幸遇到了两个散兵,他们不仅抢走了任之恭的自行车和为家中买的一袋面以及其他水果、蔬菜等所有物品,还把任之恭捆绑起来后逃走,任之恭的双手被绑在背后,只好慢慢地走回家。

---

① 见任之恭《一位华裔物理学家的回忆录》,山西高校联合出版社1992版。

游国恩：米让挑夫挑走了

1942年暑假，游国恩（泽承）先生应好友罗常培先生邀请，到昆明西南联大兼北京大学中文系执教。游国恩是《楚辞》研究专家，1926年就出版研究专著《楚辞概论》。游国恩在西南联大任教时，主要讲授"中国文学史"。

由于当时日军飞机经常来犯，联大教师多住在乡下。游国恩住在离城10公里的龙头村。乡间住宅条件差，有时甚至漏雨，他曾多次搬家，直至1945年7月才搬进城去住。

住在乡间时，游国恩进城上课都须步行(后期有一半路可乘马车)，他的课都集中在一两天内上完，授课期间在城里学校的教师宿舍住一两天。由于通货膨胀严重，物价飞涨，薪水入不敷出，游先生当时还兼了两个差，一是在留美预备班讲课，一是在云南大学附中教国文，教学任务极为沉重。不仅如此，向来不过问家务的他还要负责买米和买柴炭。

游先生每逢发了薪水，就从城里买两袋米，请肩夫挑回乡间家中。有一次他随着肩夫走到

20世纪30年代
游国恩先生在青岛大学任教

游国恩与家人合影

大西门,肩夫竟故意在乱哄哄的人群中快步行走,走得不知去向。游先生丢了米,就买了两根甘蔗扛回家。夫人问他:"米在哪里?"游先生笑着说:"让挑夫挑走了。"但他随即又说:"他比我更需要。"关于这段艰苦的生活,游先生曾写过一首《昆明大西门外口号》的诗,可作为当时情况的写照:"先生墨者儒,一生得枯槁。栖栖牛马走,仆仆沮洳道。持此衰病躯,犯死换温饱。摇摇战风霜,城上有劲草。"①

---

① 见游宝谅《游国恩先生在西南联大》。

吴大猷夫妇相濡以沫

吴大猷先生早年留学美国密歇根大学，他的博士学位论文《多原子分子的振动光谱结构》，对现代物理学影响十分重大，东西方的许多物理学家在走上诺贝尔物理学奖领奖台时，都会不约而同地想到这位从未去过斯德哥尔摩的东方物理大师。

吴大猷的妻子患有严重的肺病，在美国留学的时候，吴大猷听说喝牛肉汤能够治这种病，便每天到菜市场买牛肉来熬汤，送到女生宿舍给他的未婚妻当药喝。吴大猷的执着，打动了那位病中少女的芳心，回国以后，两人马上结为终身伴侣。

然而，到了昆明以后，教授们的生活越来越拮据，吴大猷的薪水，再也买不起一碗牛肉汤了。为了病妻的身体早日康复，有时吴大猷不得不化装成贫民，到菜市场上去捡剩下的牛骨头回家给妻子熬汤，当地的回民们得知吴大猷捡剩牛骨头是为了给妻子治病，都很感动，常常专门为他留

年轻时的吴大猷。吴大猷历任北京大学物理学教授、西南联合大学教授，李政道、杨振宁、李远哲（三人都是诺贝尔物理学奖获得者）均为其学生

着一些剩牛骨。然而，当地的回民们哪会知道，这位常常来捡牛骨头的广东青年，当时已经是一个一只脚踩在诺贝尔物理学奖门槛上的大科学家了。

有一次，日军飞机轰炸昆明，把吴大猷夫妇赖以栖身的小茅屋震倒了大半边，土墙倒下来，压碎了吴大猷夫妇装粮食用的瓦缸，瓦缸里的半缸面粉和泥土、碎瓦块混在一起。吴大猷夫妇再没有一分闲钱去买米买粮，他的病妻只好把碎缸里的面粉捧起来，用洗面筋的办法，把泥沙和淀粉洗掉，把洗剩的面筋留下来，做后半个月的口粮。

英国友人李约瑟先生曾这样评论当时这些中国教授："他们中间的许多人，常常闻名于欧美而不得一饱。"

姜立夫、叶楷碾米

1937年，日军侵华，国土沦陷，举国上下，内忧外患、风雨飘摇，国民政府为了避免战火，决定将北方大学南迁。

同年，姜立夫因为夫人胡芷华（胡敦复、胡明复、胡刚复的小妹）分娩期近，没有随同南开师生离开，暂时停留在天津等待夫人生产。9月，儿子出生，半百得子，让姜立夫非常高兴，给儿取名"伯驹"（姜伯驹后师从江泽涵，成为拓扑学专家，中国科学院学部委员，誉满中西）。1938年8月，北方局势恶化，姜立夫带着全家迁到上海，11月，姜立夫的第二个儿子出生，取名"仲骎"。当时，北大、清华、南开三校已经在昆明组建成为西南联合大学，要求姜立夫回校。

姜立夫牵挂着内地的广大师生，把妻子和尚在襁褓中的两个儿子留在上海，自己义无反顾地前往联大。此一别，八年不能相见，直到抗战胜利后，姜立夫一家才在上海团聚。

姜立夫只身一人在昆明，幸好有侄女姜淑雁、侄女婿叶楷一家相伴，生活上相互照顾。叶楷1933年留学美国，1936年获哈佛大学博士学位。曾任北洋大学、清华大学教授。抗战时任清华大学无线电研究所教授，西南联大电机系教授、系主任。1943年，西南联大数学系缺数学教师，姜淑雁到数学系任教。抗战期间，姜立夫夫人胡芷华则在上海大同大学任教。

1936年，姜立夫（右二）、陈省身（右一）摄于德国汉堡车站

在昆明，姜立夫任西南联大算学系教授，除了教学工作，他主要从事两项重要的活动。

一是成立"新中国数学会"。这个学会是因抗日战争时期，交通不便，中国内地的数学家们鉴于当时西南的科学氛围相当浓厚，原在上海成立的"中国数学会"与西南各省无法联络而成立的。成立会1940年在西南联大召开，选举姜立夫为会长，理事有熊庆来、陈建功、苏步青、孙光远、杨武之、江泽涵、华罗庚、陈省身等人，陈省身任文书，华罗庚任会计。

二是受命担任"中央研究院"数学研究所筹备处主任，在陈省身的协助下开始筹建工作。中央研究院成立于1928年，因国内现代数学研究基础薄弱，当时未能成立数学研究所。后来在姜立夫、熊庆来等人的努力下，条件成熟，研究所渐成气候。1940年底，"中央研究院"拟增设数学研究所，聘姜立夫为筹备处主任。当时他患病已久，在1940年12月25日致傅斯年的信中，他写道："十二指肠内有疮，年来时发时愈，医生谆嘱节食静养，教课之外，不许旁骛。"但是，为了现代数学在中国的发展，他毅然受此重任。1941年3月，经"中央研究院"评议会通过，数学研究所筹备处在昆明成立，姜立夫为此倾注了大量的心血，他对数学所研究人员的延聘、研究工作的开展、图书资料的积累、经费的筹措、机构的建设乃至所址的选取等问题进行了周密的思考与论证,并很快投入极大的精力克服面临的困难。陈省身先生在《立夫师在昆明》一文中指出:"立夫师任筹备处主任。他洞鉴了当时中国数学界的情形,只求切实工作,未尝躁进,树立了模范。"

当时联大教授承担着繁重的教学和科研任务,而生活没有保障,大学者也要为吃穿劳神费心。

姜淑雁在《怀念慈爱的叔父姜立夫教授》中写到:姜立夫、叶楷领"公米"和碾米的故事。因为物价飞涨,为维持最低限度的生活,政府发给联大教授一种价格低平的所谓"公米"票,凭票可领取一种极粗的糙米。可是,管这种"公米"的人,也往往凭借这点小小的权力刁难人,给领米的人不必要的难处,领米之人得花费许多时间气力才能把米领到手。因为米质粗糙,难以下咽。姜立夫先生患胃溃疡、十二指肠出血症,更不宜食用糙米,于是,必须将糙米送往碾米厂加工。从米仓到碾米厂,还有一段路程,所以不能肩负,就得雇马车。这已够难的了,尤甚,碾米的人很多,总是排着长长的队,一个接一个地把米袋提上碾机,机器唰唰地开动,你就得张开米袋,等着碾过的米从斗中倾入。这样一份工作,必须眼疾手快。姜立夫和叶楷都不是这方面的"能手",经常把米撒了一地,还没来得及拾捧,后面等着的人们就上来了,撒落的米就只好白白地丢掉。为了每月能领到这点"公米",要花费一整天的时间,还有大量的精力。可是,费了这番工夫,最后往往只剩半袋米。

朱德熙初品干巴菌

干巴菌，是昆明的土特产，是昆明人待客的上等佳肴。它生长在阴暗潮湿的松树松毛多的地方。干巴菌不同于一般菌子是圆扁的，而是一坨一坨的，那模样像腐朽的棺材板，也可以说像一坨干了的牛粪，一句话，样子不好看。笔者觉得用牛粪来形容干巴菌，有点亵渎这人间美味，可是看到干巴菌的照片，肖其形，像极了。

汪曾祺是怎样描述干巴菌呢？"有一种菌子，中吃不中看，叫作干巴菌。乍一看那样子，真叫人怀疑：这种东西也能吃？！颜色深褐带绿，有点像一堆半干的牛粪或一个被踩破了的马蜂窝。里头还有许多草茎、松毛，乱七八糟！可是下点功夫，把草茎松毛择净，撕成蟹腿肉粗细的丝，和青辣椒同炒，入口便会使你张目结舌：这东西这么好吃？！"

朱德熙在西南联大求学时，一次，听到唐兰先生讲的古文字学，产生浓厚的兴趣，从物理系二年级转到中文系，师从唐兰先生专攻古文字学和甲骨学。朱德熙和汪曾祺就是在这个时期，结下了深厚的友谊。两人一生的友情，可谓君子之交淡如水，而他们的友情也洋溢着干巴菌的清香滋味儿。

在朱德熙的夫人何孔敬的回忆录中，我们可以多次看到关于昆明干巴菌的记忆片段。朱德熙的老师唐兰先生是美食家，在西南联大的老师中，恐怕只有唐先生家知道如何拣除干巴菌的松毛，松毛拣不干净，吃到口里如同针

1946 年或 1947 年，汪曾祺在上海

扎。朱德熙第一次吃干巴菌，就是在唐兰先生家吃到了用干巴菌做的打卤面，味道非常鲜美。

一天，朱德熙到唐先生家里去，见到唐先生和师母在屋檐下聚精会神地挑拣干巴菌中夹杂的一根根烂了的松毛。唐兰先生看到朱德熙来了，故意问他见过这东西没有。朱德熙还以为是什么新发现的古物，看着朱德熙大惑不解的模样，唐先生很得意地哈哈大笑："我估计你也不会知道，这就是昆明野生菌子干巴菌，样子很不好看，吃起来非常好吃。"唐先生留朱德熙吃师母做的面。朱德熙吃过，大饱口福，意犹未尽地对当时的未婚妻何孔敬说："奇怪，唐师母做的打卤面真鲜，好吃极了。"

朱德熙难忘干巴菌的美味，结婚前对何孔敬说："看样子真可怕，想不到吃到口里有股子清香味，味很鲜，很好吃。孔敬，等我们结了婚，把汪曾祺、施松卿叫来，你给我们做回干巴菌吃，好不好？"

结婚后，何孔敬真的给恋爱中的汪曾祺、施松卿做了肉丝炒干巴菌，以飨好友。汪曾祺吃了赞不绝口，认为干巴菌是菌子中味道最鲜美的。他曾写下过这样的顺口溜："（前两句记不清了）人间至味干巴菌，世上馋人大学生。"

何孔敬在她的晚年回忆录中特意详细说明了干巴菌菜谱。干巴菌里不但

汪曾祺

朱德熙

汪曾祺与夫人施松卿。施松卿，
毕业于西南联大外文系

朱德熙与何孔敬

藏有松毛，且有红泥沙土。先把干巴菌里的烂松毛一根一根地剔除出来，然后撕成一丝一丝的。在汪曾祺的印象中，只是螃蟹小腿肉粗细的丝丝。撕成小丝，放在清水中浸泡，泡到没有红泥沙土为止。"配料肥瘦肉丝各半，红绿辣椒丝少许，猪油、素油皆可。先把油炝热了炒肉丝，放少许好酱油，炒到光了油，再放上干巴菌、辣椒丝，一同炒一炒，就好起锅上盘了。"

汪曾祺这样的美食家回忆初次品尝干巴菌时："入口细嚼，半天说不出话来。"这话真妙，可以想见干巴菌之美。汪曾祺还说："干巴菌是菌子，但有陈年宣威火腿香味、宁波油浸糟白鱼香味、苏州风鸡香味、南京鸭胗肝香味，且杂有松毛清香气味。干巴菌晾干，加辣椒同腌，可以久藏，味与鲜时无异。"

20世纪80年代，汪曾祺从昆明出差归来，带回北京一大包干巴菌，从机场送到朱德熙家。朱德熙正在北大上课，何孔敬接过这包菌子，由衷地说道："千里迢迢，大老远地给德熙送来干巴菌，多不好意思。"汪曾祺说："我和德熙没有什么不好意思。"

如果说西南联大那一代人的友情清淡时如水，浓烈时如酒，那干巴菌的味道中隐藏着多少"没有什么不好意思"，又蕴藏着多少代表着情谊的"意思"。那一代人的青春岁月留在了昆明，干巴菌成了他们战时清贫生活最好的犒赏，成为风云激荡之中美好生活瞬间的一个符号标志，干巴菌上留存着的是西南联大学人的逝水年华和青春印记。

汪曾祺与云南的菌子

冯至在联大任教时,有一段时间被疏散到昆明杨家山林场,他以优美的文笔,在一篇《一个消逝的山村》的散文中,写采菌子:

> 雨季是山上最热闹的时代,天天早晨我们都醒在一片山歌里。那是些从五六里外趁早上山采菌子的人。下了一夜的雨,第二天太阳出来一蒸发,草间的菌子,俯拾皆是:有的红如胭脂,青如青苔,褐如牛肝,白如蛋白,还有一种赭色的,放在水里即变成蓝的颜色。我们望着对面的山上,人人踏着潮湿,在草丛里,树根处,低头寻找新鲜的菌子。

汪曾祺也在文章中多次写云南的菌子。"雨季一到,诸菌皆出,空气里一片菌子气味。无论贫富,都能吃到菌子。"野生菌可以说是上天赐予的人间美食,联大师生对各种各样的菌子感情很深,面对摆上餐桌的大自然的馈赠,心生感激之情。汪曾祺的文章中印象很深的三种菌子是牛肝菌、青头菌、鸡㙡。

先来看牛肝菌,色如牛肝,生时熟后都像牛肝,有小毒,不可多吃,且须加大量的蒜,否则食后会昏倒。这种菌子是联大食堂里的一道菜。有个女同学吃多了牛肝菌,竟至休克,可能是大蒜放少了。在汪曾祺的印象中,牛肝菌滑、嫩、鲜、香，很好吃。菌香、蒜香扑鼻，直入肺腑。

牛肝菌价极廉，而青头菌比牛肝菌略贵。青头菌菌盖正面微带苍绿色，菌褶雪白，烩或炒，宜放盐，用酱油就不好看了。这种菌子炒熟了也还是浅绿色的，格调比牛肝菌高。

今人普显宏在《人间至味野生菌》（《食品与生活》2007年第5期）文中这样描述青头菌："青头菌也长得漂亮，美丽的绿斑如一幅染出来的水彩画，浅一块深一块很诗意地印在凹凸有致的菌盖上，活像一位头戴瓦帕的彝族妇女。想不到野生菌也有绿色的！我每次见到这种带点绿色的青头菌，就会想到那墨绿可爱的新鲜蔬菜，就有了想吃这种菌子的欲望。"

鸡𱊊，野生菌中名贵者。菌盖小，菌把粗长，吃这种菌主要就是吃形似鸡大腿的菌把。在汪曾祺看来，鸡𱊊当为菌中之王，其味正似一年的肥母鸡，还有过之，因鸡肉粗而菌肉细腻，且鸡肉绝无菌子的特殊香气。

普显宏在《人间至味野生菌》一文中详细描述了鸡𱊊的做法："放点腊肉或火腿肉片炒一下，放水煮出来，那汤汁白白的，浓浓的，味道与鸡汤一模一样，又鲜又甜。就算不放火腿肉，鸡𱊊炒出来照样像鸡肉一样鲜美可口。更高级的吃法是油炸鸡𱊊，吃起来香味扑鼻。炸时放点花椒，把鸡𱊊用油炸到七八成干后浸泡在香油中，可贮藏一年不坏。这种油鸡𱊊我们只舍得用来做佐料，煮面条、米线时放一点点，早餐就变得十分可口了。但这种山中美味，数量极有限，你就是翻几座山头有时也不一定能找到一窝鸡𱊊。"

我们从汪曾祺的文章描述可知，西南联大在昆明时，这种菌子在云南并不难得。汪曾祺讲了一个笑话：有人从昆明坐火车到呈贡，在车上看到地上有一棵鸡𱊊，他跳下去把鸡𱊊捡了，紧赶两步，还能爬上火车。这笑话意在说明昆明到呈贡的火车之慢，但也说明鸡𱊊随处可见。

岁月推移，菌味依然。只是，西南联大那个时期的精神和风流，永远定格在历史水云间了。时空转换，当年在西南联大求学的大学生，如今健在的，都已到耄耋之年。回看人生，他们更加怀念云南的人间草木。

汪曾祺擅饮酒，微醺时，爱画几笔。他在西南联大时期的校友巫宁坤写信向他要画，"要有昆明的特点"。汪曾祺想了一会儿，画了一幅：右上角画了一片倒挂着的浓绿的仙人掌，末端开出一朵金黄色的花；左下画了几朵青头菌和牛肝菌。题跋曰："昆明人家常于门头挂仙人掌一片以辟邪，仙人掌悬空倒挂，尚能存活开花。于此可见仙人掌生命之顽强，亦可见昆明雨季空气之湿润。雨季则有青头菌、牛肝菌，味极鲜腴。"

菌中岁月，纸上滋味，味中风云。笔者为写这篇小文，多次查阅汪曾祺的著作，每次沉浸其中掩卷之时，恍惚之间，想到这样一位极品的老头儿，已经仙逝二十余年，思之怅然。

费孝通品烤茶

1943年1月,驻大理的国民政府第十一集团军司令宋希濂因办滇西战时干部团的需要,请西南联大、云南大学9位学者前往讲学。这些学者是:罗常培、潘光旦、曾昭抡、费孝通、燕树棠、蔡维藩、张印堂、陶云逵、张文渊。另有《旅行》杂志主笔孙福熙,还有清华大学近期毕业生王俊陶。28日,一行抵达大理,1月30日至2月4日讲学。讲课毕,因慕东南亚佛教圣地鸡足山之名,前往鸡足山。

这些教师中的费、罗、潘、曾、孙5人,由宋希濂陪同,于2月5日从大理东门出发,当晚睡在洱海边的船上。从费孝通的《鸡足朝山记》第二节"洱海船底的黄昏"中,可知当时的情形。"风声,水声,橹声,船声,加上船家互相呼应的俚语声,俨然是一曲自然的诗歌。这曲诗歌非但是自然,毫不做作,而且是活动的。船身和坐客就在节奏里一动一摆,一俯一仰,顺着这调子,够人沉醉。"潘光旦和费孝通坐在船上,两人闭眼静坐,享受这半个黄昏。但两人相对默然又不免煞风景。是烟和茶打破两人的沉默。费孝通写道:"潘公常备着土质无牌的烟丝,我也私自藏着几支香烟,可以对喷。"两人对着一船风声吞云吐雾,为增加兴致,问船家要茶。船家低了头,手里拿着一个小土罐在炭上烤。烤什么呀,为何不去拿茶壶?费孝通感到纳闷,又有点不耐烦。可是,不久,顿觉茶香弥漫,满船春色。潘光旦很得意地靠着船板,笑眯眯地用云南话说:"你家格是在烤茶乃?"

何谓烤茶?费孝通以简洁而不失雅致之笔墨娓娓道来。大理之南,顺宁之北，出一种茶叶，看上去很粗，色泽灰暗，香味也淡，绝不像是上品。可是装在小土罐里，火上一烤，过了一会儿，香味就萦绕。香味一来，就得立刻用沸水注入。小土罐本来已经烤得很热，沸水冲入，顿时气泡盈罐，稍等片刻，即可飨客。因为土罐量小，若是有两三个人，每人至多不过分得半小杯。味浓，略带一些焦气，没有咖啡那样烈，没有可可那样腻。烤茶清而醇，苦而沁，它的味在舌尖上，不在舌根头，更不在胃里，宜于品，不宜于饮；是用来止渴，不是用来增加身体水分的。

费孝通在云南呈贡有名的魁阁读书时，以好茶名于朋侪间，品了烤茶之后，"才恍然自悟三十年来并未识茶味"；而潘光旦尝了以后说"庶几近之"，意思是他还领教过更好的。费孝通对洱海船头的烤茶很满意，并发感慨："可惜的是西洋人学会了喝茶，偏偏要加白糖。近来同胞中也有非糖不成茶的，那才是玷污了东方文化。"是呀，茶，原本极接近天然的滋味，得天地精华之原味。茶生在中国，自然是和中国的琴棋书画连在一起的，是经过儒释道之水浸泡过的，这滋味西方人难得其妙处。

汪曾祺对云南的饮食描写细腻，美食之中有悠长的文化韵味。查其《寻常茶话》一文，有对烤茶的描绘，但语焉不详。"我在昆明喝过大烤茶。把茶叶放在粗陶的烤茶罐里，放在炭火上烤得半焦，倾入滚水，茶香扑人。"20世纪80年代，汪曾祺在大理的街头看到有烤茶罐卖，犹豫了一下，没有买。若买了，放在煤气灶上烤，感觉别扭，也不会有那样的味道。

饮烤茶，讲究的是情境和氛围，要么像潘光旦和费孝通两位先生，在风生水起的船头，听欸乃声声，看暮色四合，苍山洱海渐渐被水汽和雾霭氤氲。要么像汪曾祺和知己二三子，在昆明淅淅沥沥的雨季，泡在茶馆，闲敲棋子，或者谈一谈联大的文艺演出……此情此景，品烤茶，可暂时从抗战的硝烟和炮火中解脱出来，浮生偷闲，可抵一枕黄粱美梦。

联大学者鸡足山之游之后，收获了三种学人游记。罗常培的《鸡足巡礼》《记鸡山悉檀寺的木氏宦谱》，收入《苍洱之间》一书；潘光旦写的《苍洱鸡足行程日记》分两次刊登在《自由论坛》上；费孝通的《鸡足朝山记》共7篇，是年5月在《生活导报》连载后受读者欢迎，即以"生活导报文丛之一"出版单行本，4个月后再版。这书有潘光旦作的序言。

联大学子的"八宝饭"

联大的食堂工作人员当年由学生们轮流兼职。上海师范大学退休教授、1939年入学的联大学生李宗渠对此记忆犹新:"整个女生食堂一顿饭大概开20桌,烧菜只用10两油(相当于现在的半斤多)。烧饭用的水是井水,米汤酸得跟醋一样,所以要找食堂很容易,哪里有股酸味就往哪里去。"

国民政府教育部次长顾毓琇访问西南联大,同学们在食堂门口贴了一副"春联"表示欢迎:"望穿秋水,不见贷金,满腹穷愁度旧岁;用尽心机,难缴饭费,百般无赖过新年。"横批"天官赐粥"。

愁肠百转,不见天官来赐粥。联大食堂有的只是"八宝饭"。

联大学生食堂不仅伙食质量极差,而且很长一段时间每天只能吃两顿饭。很多学生因无钱购买早点,肚子又饿,甚至没力气去上头两堂课。早上一般是稀饭,晚上才能吃米饭。但因政府供给的"公米"是劣质米,陈米非常粗糙,且米饭里有沙石、老鼠屎、糠屑等,学生们戏称为"八宝饭"。联大的学生对此有生动的描述:"八宝者何?曰:谷、糠、秕、稗、石、砂、鼠屎及霉味也。其色红,其味冲,距膳堂五十步外即可嗅到,对牙和耐心是最大的考验。谨将享用秘方留下:盛饭半满,舀汤或水一勺,以筷猛力搅之,使现漩涡状,八宝中即有七宝沉于碗底,可将米饭纯净度提高到九成左右。"

有人为"八宝饭"编了一首歌:

"八宝饭"味道香，
八种成分"营养高"，
沙石稗谷泥壳汤，
黄霉素配鼠屎汤，
感谢上帝的"恩赐"，
我吃"八宝"你喝汤，
谁知熬到何年月，
八宝也许难吃上，
十儒九丐啼饥寒，
百代盛世莫悲伤。

一位不愿意披露真实姓名的中科院院士C在回忆西南联大时说，当年他写给在重庆的恋人丽芸的信中，真实地描绘出当时的生活状况，其中提到"八宝饭"：

刚来的时候，吃得还算好，可现在物价涨起来了，一顿只能喝上几勺清水白菜汤。还有恼人的"八宝饭"，丽芸你知道什么是八宝饭吗？就是砂子、稗子、糠皮、老鼠屎与大米主食混在一起的一种抗战时期的特殊食品，奇怪的是吃这种难以下咽的八宝饭，居然有人把老胃病给吃好了，你说奇怪不奇怪？也许是我们颠沛流离感动了上帝，耶和华大人要让我们坚强地活下去，为了这个苦难的民族。

同学们都在发奋学习，准备将来报效国家。丽芸，和南京街头那些惨遭屠杀的同胞相比，我们能够逃出来，并且能够坚强地活下去，一切都应该知足了。八宝饭虽然太难吃，可对于一个顽强的生命来说，那同样是上帝的赐予，我会坚强地活下去的，不要为我操心。

正是这封信中流露出的坚强、乐观、感恩之心，促使着联大学子发愤图强。八宝饭填不饱青年学子的肚子，却养育了坚韧忠贞的灵魂，后来新中国的各条战线上的专家，就是从这里起步的，大多有过吃"八宝饭"的经历。

联大学者的住所

联大师生离不开汽油箱

战时物资匮乏，汽油箱大显身手，其用途被发挥得淋漓尽致。西南联合大学在艰苦的条件下办学，学生宿舍中，每人可放一张木板床，并领到四五个原装两桶一加仑汽油的木箱作为书桌、书柜和座凳。

1938年5月30日，胡适的大儿子胡祖望已经转入西南联合大学，在给胡适的信中说："我来到昆明已将一个月了，学校也上了两个礼拜的课了，学校搬来昆明后，诸事较前振作，功课虽然是在刚开学的几天，已很显出忙来了。尤其我们工学院的，今年每星期竟有三十五小时的课。"接下来，在给胡适的信中提到了汽油箱："我们在学校中住在一个师范学校中，教室是在农业学校，两下竟距离大约有十五分钟的路程。这里还没有电灯，我们用的是植物油灯，但因为不够亮的关系，所以在念书时还要用洋蜡。我们用的桌子是用汽油木箱和木板搭成的。柜子也是汽油箱。注册组的柜台，会计室的柜子，都是由汽油箱改造的。汽油箱的功用，在联大正显出了伟大。"

汽油箱的确在联大显示出"伟大"，战前生活比较优渥的教授，对汽油箱也格外看重，清高的教授在生活中离不开汽油箱，而且箱箱计较。

浦薛凤在《蒙自百日》中写到汽油箱："闻昆明工学院每人以洋油木箱九只作床铺，盖既便且廉，向航空学校包购，国币一角一只。予遂效法购到三只。蒙自已涨价，每只索一角五分，叠至床前，聊当小柜，顶上可置盥洗杯具，内可置些衣袜。"看来，因汽油箱需求量大，成为紧缺商品，涨价也在情理之中了。

《吴宓日记》1939年7月15日记道："晨，办杂务。11：00晤叶公超，殊为郁愤。盖宓已定迁居昆华师范楼上五室，与超及金岳霖同居。而超必俟彼去后，始许宓迁入。超近年益习于贪鄙好利。超托宓为代搜求汽油箱三十个，以供其家用，而愿以上好之铺板一副赠宓为酬。论价值，远不相抵。其后超乃以其自有之铺板床二副均移至其孝园寓宅，不我与。"

吴宓教授的满腹牢骚，皆因汽油箱而起。要知道，汽油箱是联大师生的生活必需品，可用汽油箱组合出多种家具使用。

用汽油箱还可以分割房间，形成独立的"自由王国"。西南联大的总办公室（半年后迁到才盛巷二号）位于昆明崇仁街四十六号，是一座三层的小楼，清华、北大、南开的办事处都在这里。北大办事处是三层楼上的一间三开间的屋子，只南北有墙，东西两面都是板门，假使门全开了，外面还有廊、栏杆，就很像一个亭子了。在靠西的南北两角上，各有用木板隔成的一间小房，放下床铺后，余下的空间恰好能摆上一套办公桌椅和一个衣箱，北大校长蒋梦麟和章廷谦（西南联大常务委员会秘书、北大办事处校长秘书，笔名川岛、鲁迅、周作人的好友）一人一间，章廷谦的那间是在南首，靠楼梯。后来，杨振声搬进来，在东首靠南的角上，用汽油箱垒起来，和蒋梦麟的那间并排隔了一间。三人像下围棋似的，每人各占一角。

章廷谦的《在昆明》一文中写到汽油箱的价钱和广泛的用途："这些汽油箱，原是校方以每个一角钱的代价向航空委员会买来的，除公用的外，就转让给同人。因之不但同人们的书箱，衣箱，柜子……果然都是它，还往往用三个箱子叠起来当作茶几，横摆着铺上一块椅垫便当沙发。还可以搭出其他很大方很雅致的式样，犹如七巧板，一拼凑就凑出一个花样。八年来这些木箱一直陪伴着我们，在离开昆明之前，我们也就没有舍得离开它们。"

1940年，赵瑞蕻从西南联大外语系毕业，和女友杨苡结婚了。两人的新居就在离翠湖不远的一条叫作玉龙堆的小巷子里。两人用空汽油箱做书架，用空汽油箱搭成床。在此才安顿了一个多月，遭到了日寇飞机的空袭。1940

1941年赵瑞蕻与杨苡
在昆明留影

1939年杨苡在西南联大
后门外莲花池畔

年9月30日,两人跑警报归来,一进门,就被院子里一片惨景震惊了:围墙塌了一面,满地是折断的树枝。"打开门,屋子里乱七八糟,贴了白纸带的窗玻璃全碎了,两个暖水瓶滚在书桌边破了,一个用汽油空箱堆成的书架翻倒在地上,也用汽油空箱搭成、铺着新买来的草绿色的大床单的床上满是尘土……"

汽油箱,空空如也,但盛着联大师生生活的艰辛、悲喜与哀惧。汽油箱见证了他们饱满充实、同仇敌忾的每一个日子。汽油箱伴随他们读书、写作、治学和休憩,珍藏了他们弦歌不绝的昆明岁月。

赵瑞蕻、杨苡与刚出生的孩子

吴宓钱穆合租"天南精舍"

1938年,由于昆明的校舍紧张,文、法学院设于蒙自县城外旧法国领事馆、海关、银行,花木繁盛,绿荫浓茂,称为蒙自分校。5月4日分校开学。

在城墙外面,海关区不远处,有一栋两层的欧式建筑,全部用熟铁造的阳台。这栋楼属于一位犹太希腊商人,他的名字译成中文叫"歌胪士"。联大便租用歌胪士洋行作为教师宿舍。联大的校舍都集中在小城东边,来往很方便。从女生宿舍穿过东门到歌胪士洋行,步行只需五分钟,从洋行到海关大楼也是五分钟。

蒙自人士对联大前来办学都表示欢迎并热情帮助,领事馆等房舍不够用,桂林街王姓,把两进四合院的前院让给潘光旦等教授住;大井巷杜姓,把小四合院让给冯友兰等教授住;早街周姓,让出三层楼房给女生住,楼高风大,称它为"听风楼"。易社强这样描述听风楼的来历:"一栋巨大的带有围墙的公馆是属于周柏斋一家的。周是一位富有的锡商,住在昆明。他同意把公馆的一面租给联大,用作女生宿舍。……担心着国家和自己的命运,思乡的女孩听着呼啸的风声直到远山晨曦初露,就这样度过一个个不眠之夜。于是,她们管它叫'听风楼'。"

吴宓在蒙自,同在南岳时一样,仍授"西洋文学史""欧洲名著选读"和"西方古代文学"三门课,每周八小时,吴宓和涂君共住教师宿舍347室,从4月下旬至8月9日。这个宿舍是供教授讲课休息、备课之用。吴宓有课时，晚间住在347室。吴宓和联大同事还合租一"红楼"，作为居家之所。

七八月之交，正当武汉方面撤退、政府机关全迁重庆之时，柳州中央航校拟迁蒙自，占用联大分校校舍，于是布置初妥的分校不得不提前考试放假。文学院、法学院男女学生大队于8月中旬离蒙自赴昆明参加军训；吴宓则偕汤用彤、容肇祖、贺麟、沈有鼎、钱穆、姚从吾诸位先生赁居校外以东的一幢西式楼房，吴宓称谓"天南精舍"，在此读书、游玩度假，至10月末始离开。

从《吴宓日记》中可以看到"天南精舍"的一些情形。"其时在校外之东，法国医院旁，有西式二层楼房一所，红顶、黄壁，在一有围墙的菜园中。并多花木，缤纷斑斓，景色甚美。此房俗称红楼，原系法国人造。今归李氏经管并享有。李氏兄弟，为蒙自大族。"吴宓、贺麟于4月21日与房东订立租约。月支付租金40元，红楼内有床、桌、椅等家具，厨房有餐具和日常生活用品。

入住"天南精舍"的联大教授推举吴宓为社长，浦江清为经理。他们雇请用人买菜、做饭、挑水、送信。吴宓制定了规章，房租照室分担，有每月5元、6元、7元三种房，伙食和杂费由全体入住的社员平摊。每人每月大概需要十三元。

钱穆在《师友杂忆》中回忆这段难忘的生活时说："余等七人各分居一室，三餐始集合，群推雨生（吴宓字雨僧、雨生）为总指挥。三餐前，雨生挨室叩门叫唤，不得迟到。及结队避空袭，连续经旬，一切由雨生发号施令，俨如在军遇敌，众莫敢违。然亦感健身怡情，得未曾有。"

吴宓和众教授刚入住之时，宴请蒙自分校的教授和职员来此客厅茶聚。煎咖啡、办中西糕点待客。吴宓和汤用彤曾宴请房东，十几天后，房东带着孩子来送肉和蔬菜，房东的孩子和客人的孩子一起嬉戏，欢声笑语，其乐融融。故吴宓作诗有"闲共儿童笑语哗"之句。

吴宓住在楼上南间："斜壁小窗，外望只见云天或绿野，殊似轮船中近船首或船尾之舱室也。"①

---

① 见吴宓诗《始居天南精舍》。

"天南精舍"在法国医院旁边,迁移而来的柳州中央航校即设在医院内。当时日军空袭,航空学校成为重要目标。"天南精舍"沈有鼎能占易,在他房间的桌子上,摆满《易经》八卦符号的纸片。一天晚上,大家请他试占,得节之九二,翻书一查,竟是"不出门庭凶"五字,于是,众人决定第二天早餐后即出门,择野外林石胜处,或坐或卧,拿出所携之书阅读。当时,钱穆正在撰写《国史大纲》,为了保护书稿,他每天早晨携书稿出去,至下午4时后始归。

尽管室友空前团结,但由于志趣和个性差异,室友之间有亲有疏,贺麟与吴宓过从甚密。1938年,贺麟离开西南联合大学所在的云南蒙自,前往重庆"中央政治学校"任教,吴宓"因思用其才性之所特长,以报国家社会,而有《善生》周刊之计划。……主以道德理想,指导批评一切人一切事。麟极以为当办,且自任此去随缘相机,为之游说提倡。于是日上下午,宓撰成《创办善生周刊计划书》。前半宗旨及内容,后半组织及经费预算。交麟收藏带去"。此时吴宓对贺麟的感情甚至超过了对多年老友汤用彤的感情,当时吴宓与贺麟、汤用彤、钱穆等七人同住"天南精舍",贺麟去重庆后,吴宓感叹:"自麟去后,天南精舍中,无可与谈理想志业之人。"

"何妨一下楼主人"

1938年8月,闻一多妻子高孝贞携五个孩子及帮佣赵妈来到昆明,一家人得以团聚。1939年暑假,闻一多开始了一再延迟的学术休假,全家搬迁至晋宁县。1940年6月,全家回到昆明,闻一多开始接替学术休假的朱自清任西南联大中文系主任。

抗战初期,因地处边陲,远离战火,相较于北平、武汉和长沙等地,蒙自简直就是一个动荡中的桃源。对于在蒙自的环境,无论是生活环境还是学术环境,闻一多都是比较满意的。尽管此时不时传来的都是一些战局不利的消息,但此时闻一多对抗战的前途还是比较乐观,其心境也较为平和。尽管比清华园的生活要艰苦许多,但闻一多却几乎是在延续着清华园的生活状态。对闻一多而言,作为一个学者共赴国难的最好方式就是坚守自己的岗位,潜心于学术。

1938年5月,闻一多在给友人张秉新的信中说:"蒙自环境不恶,书籍亦可敷用,近方整理《诗经》旧稿,索性积极,对国家前途只抱乐观。前方一时之挫折,不足使我气沮,因而坐废其学问上之努力也。"

自从来到蒙自后,闻一多就一直埋头于古代文化典籍的研究,"除了吃饭上课之外,难得下楼一次"。闻一多在西南联大的同事郑天挺回忆说:"我和闻先生是邻屋,闻先生十分用功,除上课外轻易不出门。饭后大家去散步,闻先生总不去，我劝他说何妨一下楼呢，大家笑了起来，于是成了闻先生一个典故，一个雅号——'何妨一下楼主人'，犹之古人不窥园一样，是形容他的读书专精。"后来文学院迁回到昆明，罗庸在一次学术讲演会上讲起这件事，结果"何妨一下楼主人"这个雅号传遍整个校园。

闻一多为何不下楼，还有一段隐情。后来闻一多在《八年的回忆与感想》谈话中回忆："在蒙自，吃饭对于我是一件大苦事。第一我吃菜吃得咸，而云南的盐淡得可怕，叫厨工每餐饭准备一点盐，他每每又忘记，我也懒得多麻烦，于是天天只有忍痛吃淡菜。第二，同桌是一群著名的败北主义者，每到吃饭时必大发其败北主义的理论，指着报纸得意扬扬地说：'我说了要败，你看吧！现在怎么样？'他们人多势众，和他们辩论是无用的。这样，每次吃饭对于我们简直是活受罪。"

抗战已经到了1938年的春天，直到这个时候，联大教授中仍然有主和派。主战派和主和派经常发生争论，有时在散步时，有时在饭桌上。浦薛凤在《蒙自百日》中有详细描述：

> 联大同人，课余饭后，对于整个民族国家之出路，尤其是对于目前战局前途，不免时常谈到。自然希望虽同，而看法不一。有时二三人散步提及，有时饭桌上彼一句此一句杂乱发言。大体说来，不外分成两种不同的观点。盖古今中外，无论任何战争，必有其准备，开始与其结束，亦必有其主和与主战两派，更必有其胜败之判别。此实无可逃避于天地之间者。今兹所谓两种不同的观点，自然只就笼统而言，姑称为甲乙两方面。甲方面是着重情感，出于主见，表示乐观，认为早应抗战，精神志气，较武器尤重要，无论如何，不可委屈谋和，必须作战到底，而且宁为玉碎，不为瓦全。乙方面则着重理智，取客观态度，持戒慎恐惧之心理，认为当初倘能拖延时日，充实准备，形势较优，倘能保持主权，虽暂时委曲，可徐图伸张，谚所谓"能屈能伸"，亦所谓"留得青山在，哪怕没柴烧"。至于国际关系与世界局势之有无变化，而如有变化，其对吾国影响之利害得失，亦难逆料。甲乙两方观点不同，论断自异。甲

方讥乙方为怯懦悲观，乙方斥甲方为鲁莽糊涂，甚或如寅恪所云，"非愚即诈"。诸友偶或谓钻研政治者当有所见。予辄谓苟向一般民众谈话，自应采取甲方立场，若关起门来，私相推测，尤其是为整个国家前途打算，则允宜力求客观，参考史例，而长期打算。

闻一多所说的"败北主义者"大概就是浦薛凤《蒙自百日》文中说的"主和派"。当时陈寅恪和吴宓对抗战时局持悲观态度，哀伤的情绪在其诗文中有所体现。浦薛凤文中的观点比较公允、客观。在浦薛凤眼中："闻一多富于情感，容易冲动，天真爽快，直言无隐，有时不免任性使气，喜欢反抗。伊在抗战初期，即高谈民主自由，反对独断专政；有时指摘现实，诋詈当局，其措词之愤激粗暴，殊越出一般教授学人之风度。"

1938年8月底，闻一多去贵阳接回家眷抵昆明，住在福寿巷三号，这是陈梦家帮助闻先生租的。院子约30平方米，正南为三间正室，东西各有两间厢房，均为两层木结构楼房，宽敞豁亮。闻一多一家住楼上三间正房及一间厢房。此时，闻一多之弟闻家驷已经接到联大外文系聘书，教授法文。闻家驷一家住在楼上另一厢房。

闻一多一家刚在昆明福寿巷三号住下来，还不到一个月，就遇到了日寇飞机轰炸。据中国社科院近代史研究所研究员、闻一多之孙闻黎明的文章：

> 1938年9月28日，昆明第一次遭到轰炸。我父亲与伯父正在小学读书，家里让保姆去接他们，没料到一去不回。祖父十分着急，自己也跑去接孩子，到了学校才知道，学校已经组织学生走了。回来的路上，飞机来了，祖父站在屋檐下，结果一片瓦片坠落，以致头部受伤。
>
> 为了防空，祖父曾与冯至以及叔祖父闻家驷全家住在一间山洞里。一次空袭中，一颗炸弹落在洞旁，幸而没有爆炸。一旦炸弹爆炸，山洞倾塌，难免将人埋在里面。有这次侥幸逃生的经历，全家搬到昆明城外，与华罗庚同居一屋。环境非常简陋。两家只隔一块布帘。华罗庚就在这里写出了《对数论》。直到1939年8月清华恢复文科研究所，祖父再次

带领家人迁居。在昆明，联大教授这样动荡不安绝非闻家一家如此。

闻黎明文中提到的闻一多、华罗庚两家同居一室是在陈家营时期，那是怎样的居住条件呢？闻一多、华罗庚两家共14口人，在一间阴湿的、只有16平方米的偏厢房里共同生活了将近一年多，人均占有空间不足1.2平方米。闻一多一家住屋子东头，华罗庚一家住屋子西头，两家中间挂一块碎花布相隔，原想互不打扰，可半夜华罗庚的小儿子尿床，可以一直湿到闻一多家这半边。雨天到来的时候，两家孩子一起把脸盆、漱口缸、饭碗、尿罐集中起来，抵挡雨漏。

在那个国难当头的岁月里，如此相依为命的，又岂止是闻一多、华罗庚两家呢？后来，华罗庚先生写了一首七言小诗，真实描绘了他们在陈家营那段时间的生活状态：

挂布分屋共容膝，岂止两家共坎坷。布东考古布西算，专业不同心同仇！

1938年，华罗庚和家人在昆明宅前留影

金岳霖陈岱孙合住戏楼包厢

1938年9月28日，昆明受到日军飞机在云南的第一次空袭。这次空袭被炸的地区恰为昆师所在的西北城厢区，中了好几枚炸弹。联大所借赁的三座楼中，南北两楼均直接中弹。所幸的是，两楼中的联大学生已全体躲避，无一伤亡。但不幸的是，有两位挤住在南楼、新从华北来昆明准备参加西南联大入学考试的外省同学，未受过空袭的"洗礼"。当敌机临空时，尚在楼上阳台张望，被炸身亡。

日寇的飞机空袭，使得联大学者的生活雪上加霜，联大师生饱尝流离失所之苦。我们可以从陈岱孙先生的回忆中看到，住所几度被炸，几度搬迁：

> 我们在昆师、农校又住了一段不长的时间。后来，金岳霖先生和我们十几个同事租了城内翠湖旁边一民房居住。但住了又不长的时间，这一座小院子在另一次空袭中中弹被毁。我们收拾余烬，和另十来个同样无家可归的同人一起迁住清华航空研究所租而未用的北门街唐家花园中的一座戏台，分住包厢，稍加修缮，以为卧室。台下的池座，便成为我们的客厅和饭厅。金先生和朱自清先生、李继侗先生、陈福田先生及我五个人合住在正对戏台的楼上正中大包厢。幸运的是，我们在这戏台宿舍里住了五六年，直至日本投降。联大结束，不再受丧家之苦。

空袭给教职员的居住环境带来了不少麻烦，使他们居住增加了不适感。《吴宓日记》有不少记述宿舍受震后的情景，兹摘录如下，以见一斑：

夜中，风。宓所居楼室，窗既洞开，屋顶炸破处风入。壁板坠，壁纸亦吹落。弥觉寒甚。（1940年10月23日）

舍中同人皆外出，宓即扫去窗上之积土，悄然安寝。寓舍仅斋顶震破数方，檐角略损，玻窗震碎。及宓归，飞落之瓦石尘土已扫除净尽矣。（1941年1月29日）

4：00抵舍，则本舍仅萧蘧小室屋顶洞穿方寸之孔。一铁片落床上。宓室中尘土薄覆，窗纸震破而已！（1941年4月29日）

我这间屋子虽不漏雨，那边F.T.（指联大外文系教授陈福田）和岱孙的房里，已经大漏特漏，雨水一直滴流到下面皮名举的房里，湿了一大块地。……你看，我们这窗子是开敞的，对面板壁上轰炸震破的宽缝，用厚纸糊着的，纸又吹破了。我的床正迎着窗口进来的过堂风，所以昨夜我受了寒。今晚，陈省身先生已经用他的行李包把窗口严密的堵起来，现在风雨一点都不能侵入。（1941年5月28日）

早在20世纪30年代，美国著名汉学家费正清初到中国时，与梁思成、林徽因夫妇以及蒋廷黻、金岳霖等人交往很深。1942年他再度来到中国，为中国知识分子因抗日战争而面临的艰难生活所震惊。他在回忆录中说："获得食物和住房，以及最起码的生活必需品，成了联大教职员工当时最主要的问题。我的朋友，哲学家金岳霖，经济学家陈岱孙，英语系的夏威夷美籍华裔教授陈福田都刚刚搬到美国领事馆隔壁的老剧场露台上住，搭起了临时的活动房屋。"接下来他描述了这些活动房屋的情景："大老鼠在纸糊的天花板上跑来跑去，几乎从上面掉下来，于是我们谈论到买一只猫，但一只猫时价为银洋200元。"[1]

---

[1] 见《费正清对华回忆录》，上海知识出版社1991年版。

冰心呈贡山上的"默庐"

抵达云南后,吴文藻任教于云南大学(联大也聘吴先生讲授社会学)。在朋友的帮助下,冰心一家定居于昆明螺峰街。不久,为躲避日军空袭,冰心带着三个孩子,迁到离昆明市区不远的呈贡县居住。而吴文藻仍留在昆明,继续人类学的讲座,同时筹建云南大学的社会学系。

冰心一家的居所建在呈贡山上,冰心把这个山居称为"默庐"。默庐"前廊朝东,正对着城墙""后窗朝西,书案便设在窗下,只在窗下,呈贡八景,已可见其三""清晨黄昏看日上,月出。晚霞,朝霭,变幻万端,莫可名状,使人每一早晚,都有新的企望,新的喜悦"。处身于大自然怀抱之中,冰心用诗一般的语言描绘说:"论山之青翠,湖之涟漪,风物之醇永亲切,没有一处赶得上默庐。我已经说过,这里整个是一首华姿华斯的诗。"此时冰心能有如此的心境,细微而又恬静地玩味着呈贡的山水,无疑是对战时苦难心灵的一种抚慰。

尽管冰心自己也认为,"回溯生平郊外的住宅,无论是长居短居,恐怕是默庐最惬心意"。但思乡之情,却也在所难免,她几乎无时无刻不在苦恋着已遭沦陷之苦的北平。"人家说想北平大觉寺的杏花、香山的红叶,我说我也想;人家说想北平的笔墨笺纸,我说我也想;人家说想北平的故宫北海,我说我也想;人家说想北平的烤鸭子涮羊肉,我说我也想;人家说想北平的火神庙隆福寺，我说我也想；人家说想北平的糖葫芦炒栗子，我说我也想。"但是，冰心也知道，她是不能回去的，她绝不能够回到那个被敌人践踏着的第二故乡，她不能看着这个在敌人铁蹄下呻吟着的美丽城市而不动愁容。

"我的心灵时刻在自警说：'不，你不能想，你是不能回去的，除非有那样的一天。'"

由于昆明的疏散，呈贡县的人口顿时骤增，呈贡简易师范学校也只得扩大招生。为了提高学校的声誉，加强师资力量，简易师范学校校长邀请冰心担任简易师范的教师，冰心欣然应承。校长怀着歉意，不好意思地谈到学校经费紧张，教师的薪酬很低……冰心笑着回答："我到学校义务教课，不要任何报酬……"任教期间，冰心还为呈贡简易师范学校写了一首校歌："西山苍苍滇海长，绿原上面是家乡。师生济济聚一堂，切磋弦诵乐未央。谨信弘毅校训，莫忘来日正多艰，任重道又远。努力奋发自强，为国造福，为人民增光。"从这歌词中，我们可以感受到中国知识分子的爱国情怀。这种异寇入侵激发出的忧患意识、爱国精神，是从杜甫的唐诗、辛弃疾的宋词中延续而来，成为民族的精神力量。

僻静的"默庐"自冰心居住之后，变得"谈笑有鸿儒"，冰心的下午茶吸引来不少联大的学者。此时西南联合大学已在昆明开办。三校教师中清华大学的最多，不少是吴文藻的老朋友，自然也是冰心的朋友。西南联大未带眷属来昆明的朋友们，每到周末，总喜欢到呈贡来过星期天。对于这些来访的朋友，冰心印象极佳，她曾评论这些朋友说："大半是些穷教授，北平各大学来的，见过世面，穷而不酸。几两花生，一杯白酒，抵掌论天下大事，对于抗战有信念，对于战后回北平，也有相当的把握。他们早晨起来是豆浆烧饼，中饭有个肉丝炒什么的，就算是荤菜。一件破蓝布大褂，昂然上课、一点不损教授的尊严。他们也谈穷，谈轰炸，谈得却很幽默，而不悲惨，他们是抗战建国期中最结实最沉默最中坚的分子。"

有一段时间，时在云南大学任教的施蛰存去冰心的家里喝下午茶。施蛰存晚年回忆抗战初期在昆明的经历时说道："冰心每周末下午，都请朋友去她的住所喝下午茶，有咖啡，也有普洱茶，还有牛肉汁茶，我下午无课也去参加过几次。"当年冰心召集的下午茶,就像一个小小的文艺沙龙。那时,昆明的外省文士学者甚多,云南大学、西南联大和"中央研究院"的教师在工作之余,大家就来往聚会。施蛰存经常参加此类活动,从1938年凤子致他的一封短笺,可见一斑。此函谓:"蛰存先生,今晚六时半,约了几位朋友在五华(华山西路口)便餐,兹特专诚奉约,希望你也能来,大家谈谈关于《诗刊》的事。也许林徽因、沈从文两位都可以到会。专此留上,蛰存施公。凤子六日三时半。"

陈省身疏散到梨烟村

陈省身,1911年10月28日出生于浙江嘉兴,11岁到天津,15岁考入南开大学,跟随姜立夫教授攻读数学。"姜先生在人格上、道德上是近代的一个圣人。他态度严正,循循善诱,使人感觉读数学有无限的兴趣前途。"[①]1930年在南开毕业后入清华大学深造。1934年赴德留学,1936年获博士学位。1937年7月离法国应聘清华大学教授,乘"伊丽莎白女王号"横越大西洋去美国纽约,旋至加拿大温哥华城,乘"加拿大皇后号"轮去上海。旅途中日

少年才子陈省身(左一)与同学张志刚合影

---

① 见陈省身《学算四十年》。

1930年，陈省身在南开大学毕业时

《陈省身与几何学的发展》封面

本侵略已达沪上，只好在香港下船，由香港至海防，然后与北京大学校长蒋梦麟及江泽涵一家结伴于1938年1月抵昆明。

到了昆明，陈省身任西南联大数学系教授。联大数学系由北大、清华、南开三校数学系合成，人才济济，名流荟萃，教授阵容强大，陈省身开设"圆球几何学""外微分方程"等高深的课程。

联大部分教师最初借住在当地一所中学内，陈省身、华罗庚和日本史专家王忠信合居一室。每人一张床、一个小书桌、一把椅子、一个书架，屋里摆得满当当的。大家心情舒畅，每天早晨起床时说点笑话，然后精神饱满地投入工作，并且各自都取得优异成绩。"虽然物质上很苦，但是生活也很有意思。"陈省身在《我与华罗庚》一文中回忆初到昆明时的情景说。

战争初期生活已很艰苦，教授们苦中作乐。每逢周末，紧张工作之余，北大物理教授吴大猷（吴大任之堂兄）会在家里组织两桌桥牌"牌战"。

1939年7月，陈省身同郑士宁结婚，证婚人为吴有训。

郑士宁是清华大学第一任算学系主任郑之蕃（号桐荪，数学教育家，1887年出生于江苏省吴江县，其大妹郑佩宜与同县著名诗人柳亚子结婚）之女，在燕京大学生物系就读，毕业于东吴大学生物学系。

陈省身是怎样与郑士宁结缘的呢？这要从他在清华研究院数学系深造时

说起。陈省身经常去数学系熊庆来、杨武之、孙光远和郑桐荪家中请教。陈省身去郑桐荪教授家次数多了,总能遇到在燕京大学读书的郑士宁。郑桐荪很欣赏风华正茂、未来不可限量的陈省身,有意招为东床。1934 年,陈省身负笈汉堡。他收到清华恩师杨武之的来信,这封信谈的不是高等代数,而是他的人生大事。杨武之在信中委婉地转达郑桐荪先生的意愿:与郑士宁通信,互相了解。陈省身晚年回忆这一幕往事,不无感激地说:"我与郑士宁的美好姻缘,是杨武之先生牵的红丝线,使我拥有了一个幸福的家庭。"

全面抗战开始,清华、北大、南开南迁。1937 年 12 月,经杨武之、吴有训介绍,陈省身与郑士宁在长沙订婚。

两人在昆明结婚,环境极端简陋,但不妨碍陈省身和郑士宁的证婚隆重举行。多年之后,许多人依然记得这则佳话。徐贤修曾经写道:"郑桐荪先生治家甚严,女公子士宁,在清华园有淑女之称。婿陈省身先生在清华为第一届研究生时即才华照人,为一出类拔萃之数学家。1937 年归国后任清华教授。郑先生选为东床,固深知陈先生必为举世皆知之数学大师。"

婚后,两人借住于昆明小西门内大富春街一座中式楼房里,过起"二人世界"的生活。这座楼房中有天井,楼上住了物理系饶毓泰教授及地质系孙云铸教授两家,陈省身夫妇住在楼下。楼下正房住了姜立夫先生及其侄女姜淑雁一家。小西门离西南联大步行约 20 分钟,途经翠湖公园。陈省身常常与

陈省身与夫人郑士宁和岳父郑桐荪

姜立夫先生同去学校，或者两人从学校一同回来，边走边谈，很是惬意。楼下厢房则住房主人陈西屏先生。陈西屏曾任云南地方官，房子建得坚固，当时也很新。1986年陈省身夫妇重游昆明时，那座楼房仍在。

不久因日寇轰炸，陈省身和妻子疏散到近郊梨烟村，与理学院院长吴有训家同住一个院里。这时郑士宁已怀孕，陈省身又不会干家务活儿，生活显得很狼狈。热心的吴有训夫人王立芬便请他俩每天到自己家吃饭，使陈省身集中精力于教学。几十年后，陈省身回忆起这段往事，称他与妻子曾当过吴先生家的"食客"，对吴夫人的盛情帮助，表示深切感谢。

翌年，郑士宁回上海父母家待产，陈省身又过起单身汉生活。他同几位没带家眷的教授合租了唐继尧家花园的一个戏台。陈省身的房间是个包厢，戏台上住着朱自清、李继侗、陈福田和陈岱孙4位教授。这段时间，陈省身在埋首教学科研之余，每到周末都要到他的好友吴大猷教授家。

1941年珍珠港事件爆发，交通中断。陈省身的妻儿滞留上海，他在昆明仍过着单身生活。此时吴大猷家的"牌战"之乐也一去不复返了——因敌机空袭频繁，吴大猷一家疏散到近郊岗头村。陈省身孑身一人，虽然孤单，却拥有充足时间苦读他的导师、法国著名数学家嘉当寄来的大量论文复印件。

战时的昆明，因为西南联大，吸引了国际学术界的目光。从昆明出发，联大的学子频繁与欧美进行学术交流。此时陈省身已是中国著名的数学家，他的工作也逐渐受到国际上的重视。但他对自己的成就并不满足，所以当维布伦(O.Ve-blen)在1942年邀请他去普林斯顿高级研究院做研究员时，他不顾世界大战正在进行中，毅然决定前往，他乘坐军用飞机用时7天才由昆明到达美国！

直到抗战胜利后的1946年春天，陈省身在上海与分离多年的妻儿见面团聚。此时，儿子伯龙已经6岁了，第一次见到爸爸。别后重逢，面对家人悲喜交集的泪水，陈省身许诺："从今以后一家人永不分离！"

陈省身在1946年春天回国，很快担当重任。当时"中央研究院"决定成立数学研究所，由姜立夫任筹备处主任。姜立夫聘陈省身为兼任研究员，但姜立夫很快离国去美，故筹备工作落在陈省身的身上。1948年秋天，"中央研究院"举行第一届院士选举，共选出 81 人，陈省身是最年轻的一位。

又一次出国进行学术交流的机会降临。陈省身接到普林斯顿高级研究院院长奥本海默 (R.Oppen-heimer) 的电报。他当即决定，与妻子儿子一起赴美国。陈省身全家于 1948 年 12 月 31 日离开上海，在普林斯顿高级研究院度过了春季学季。

1949 年夏，陈省身被聘为芝加哥大学教授。在芝加哥大学的 11 年里陈省身指导了 10 个杰出的博士生。他于 1960 年离开芝加哥去伯克利加州大学，一直到 1979 年退休。

晚年的陈省身落叶归根，他把晚年的事业放在南开，立志为祖国培养第一流的数学人才。他把在南开的居所命名为"宁园"，意义也许是双关的。一则他以"宁静致远"自励，一则表达了对夫人郑士宁的绵绵深情。

在西南联大的诸多教授之中，陈省身的人生经历是完美的。这完美不仅在学术层面，还在家庭中。1978 年陈省身在《我的科学生涯与著作梗概》中写下了如下的话："在结束本文前，我必须提及我的夫人在我的生活和工作中所起的作用，近 40 年来，无论是战争年代抑或和平时期，无论在顺境抑或逆境中，我们相濡以沫，过着朴素而充实的生活，我在数学研究中取得之成就实乃我俩共同努力之结晶。"

2004 年 12 月 3 日 19 时 14 分，陈省身在天津医科大学总医院逝世，享年 93 岁。就在他逝世前的一个月，他的名字已经化为宇宙中的一颗星。2004 年 11 月 2 日，陈省身公开展示出"小行星命名证书"。当日，国际小行星中心正式发布第 52733 号《小行星公报》通知国际社会，将一颗永久编号为 1998CS2 号的小行星命名为"陈省身星"，以表彰陈省身对全人类的贡献。

如今的昆明，我们难以寻觅陈省身的踪迹。仰望星空，冥冥之中，我们会感受到这位大师的存在。人生几何？浩瀚宇宙，是陈省身永恒的居所。

古庙安家

战争是长期的,人们难免会产生抱怨,心生倦怠。相反,西南联大的师生精神上都是昂扬的,坚守战时教育教学的岗位,做出了最突出的贡献。

生物学家蔡希陶在黑龙潭的一所小房子里开设了植物研究所,从事云南植物种类研究。

光学专家严济慈率领北平物理研究所的员工在黑龙潭一座古庙里安了家,立即接受了当时军政部兵工署所需的仪器生产任务,为前线制造了500架1500倍的显微镜、1000多具无线电发报机与用于稳定波频的水晶振荡器等多种军需用品。

建筑学家梁思成、林徽因夫妇住在一座潮湿的尼姑庵中,坚守他们创建的营造学社的工作,哪管空袭警报,哪管病体拖身,在极端艰苦的条件下,团结同人,坚持对古建筑的考察、测绘、研究,致力于学术,半年之内走访35个县,费正清称之为"献身科学的典范"。

梁再冰在《我的妈妈林徽因》文中回忆:"我们在麦地村住在一个尼姑庵中。庵里供着菩萨的大殿就是营造学社的画室。其侧室是刘致平先生的卧室。我们一家住在同这个大殿呈直角的一间半房子中。妈妈带着我和弟弟住较大的一间,另外的半间(约六七平方米)被一分为二,后半部为外婆的卧室,前半部就是全家所在的起居室。"

联大学者的住所

1942年，美国外交官费正清到昆明看望清华大学的老朋友。他发现清华大学的政治学家张奚若全家住在秦家祠堂。"他（张奚若）睡在供满灵位的祠堂正殿里，殿外四周是一个绿树成荫的幽静园子"。费正清对自己的见闻感到无比震惊："他们正在开展一场顽强的斗争，但是难以持久地坚持下去。你可以想象此种处境——绝望、贫穷、苦撑门面、相互支援，以及行动的渐次削弱。"通货膨胀产生令人惊愕的反常现象，费正清说，把一支自来水笔送给一位中国教授，胜似送给他一年薪金。①

机械工程学家刘仙洲虽是"部聘教授"，过的却是"一室之中，同住人猪鸡狗；十天之内，历经春夏秋冬"的日子，常年一件粗布长袍、一双黑布鞋，用着简陋的床、衣箱、书桌，但他严谨治学，笔耕不辍，著名的《热工学》一书就是在跑警报期间完成的，他的爱岗敬业精神被誉为"爱国公真陆放翁"。

社会学家陶云逵（后加入云南大学社会学系）调查边疆社会，足迹遍全滇，在少数民族地区研究人类学，测量数千个个案体质，从社会经济、民情风俗、语言分布、宗教信仰及地理环境的调查中获得第一手资料，获得大量文献、文物、图片等，创办了边疆人文研究室和《边疆人文》杂志，被誉为西南边

费孝通居住过的呈贡县魁阁

---

① 见《费正清对华回忆录》。

费孝通在魁阁

疆社会研究的拓荒者。在陶云逵的影响下,"魁阁"成了一个研究边疆人文的社会学派。

费孝通先生在《物伤其类——哀云逵》中回忆,抗战时期,他和陶云逵等人同在云南呈贡的魁阁社会学工作站从事研究,常常因学术见解不同而论辩、切磋。"云逵住在龙街,我在古城,离魁阁都有一点路程,可是不论天雨泥泞,我们谁也没有缺席过。"由此可见,那一代学者在战时一刻都没有放松学术研究。

关于魁阁,还得从敌机轰炸昆明的文化区说起。陶云逵的陋室恰巧在炸弹旁边,炸起来的土把栖身之所变成了一个小土丘。陶云逵找费孝通,费家也被炸得面目全非。他们见面,轻松地说:"等了很久了,我们可以变一下了。"费孝通说,"感谢"敌机,如果没有这次轰炸,云南大学的社会学研究室也不会搬到乡下。陶云逵把边疆人文研究室安置到他曾经住过的古庙中去,费孝通说"魁阁成了我们研究室的绰号"。

晚年费孝通在其自述中,也提到在怎样的情形下到了魁阁。他回忆说:"1940年冬,由于日军飞机的轰炸,在昆明城里跑警报的次数越来越多,'实地调查工作站'不得不疏散到城外去。搬到什么地方呢?经吴文藻的介绍,我们选定了呈贡县古城村外的魁星阁。"魁星是中国神话中主宰文章兴衰的神,主文运,在科举时代,魁星具有重要的地位。即使在乡村,也建有魁星阁供读书人祭拜。

战争让一群从事社会学研究的学者聚集在这里,冥冥之中,魁星保佑着他们,完成自己的学业和学术研究。1941年至1944年,谷苞和史国衡在云南大学与燕京合组的社会学研究室工作,研究室就设在魁星阁。魁星阁有3层,下层是厨房和洗脸间,中层是有6个桌子的办公室和图书室。顶上一层是谷苞和史国衡的宿舍,每天晚上,一个如同鬼怪一般的泥塑魁星和他们做伴。"那时没有电灯,夜晚就在菜油灯下读书或写作。"虽然日子很苦,但很充实。从魁星阁走出了一批社会学栋梁之材。

1945年11月,云南大学教员宿舍,费孝通与女儿费宗惠合影

60年后,社会学教授潘光旦的女儿潘乃谷著书《重归"魁阁"》,她强调,"魁阁"加了引号,因为这已经不是一时一地,而是代表了一种精神。

朱自清的住所

1939年9月6日,朱自清和妻子陈竹隐去梨烟村看房子,在外语系教授吴达元先生家用了丰盛的午餐。然后,朱陈夫妇访魏先生(房东),他分给朱自清楼下三间房子,带一个厨房及一个女仆用的小房间。13日,朱自清将家搬到梨烟村,共用了七辆牛车和五个搬运工,因汽车挡路导致延长五小时。

1940年夏至1941年夏,按西南联合大学规定的教师"轮休"制度,在此校任教的朱自清可以带薪离校休假一年。朱自清可以有一段完整的时间,从事早已酝酿成熟的对中国经典文献的学术研究。但昆明物价高得惊人,身为知名教授,亦难养家糊口。计议再三,终于决定迁家到夫人陈竹隐的故乡成都。1940年上学期,一放暑假,朱自清就离开了昆明,8月4日到达在四川成都租得的、夫人及孩子已搬至此处的家——成都市东门外宋公桥报恩寺内的旁院三间没有地板的小瓦房。

朱自清在成都休假这一年,编写了两本教学的教材。

叶圣陶说:"1940年夏天开始,我在四川教育科学馆担任专门委员。工作任务是推进中等学校的国文教学。实在没有多大把握,除了各县去走走,参观国文教学的实际情况,跟国文教师随便谈谈,就只想到编辑一套《国文教学丛刊》。丛刊的目录拟了八九种。其中两种是《精读指导举隅》跟《略读指导举隅》,预先没有征求佩弦的同意,就定下主意我跟佩弦两个人合作。

因为1940年夏天到1941年夏天佩弦轮着休假，在成都家里住，可以逼着他做。去信说明之后，他居然一口答应下来，在我真是没法描摹的高兴。于是商量体例，挑选文篇跟书籍，分别认定谁担任什么，接着是彼此动手，把稿子交换着看，提出修正的意见，修正过后再交换着看：乐山跟成都之间每隔三四天就得通一回信。1941年春天，我搬到成都住，可是他家住在东门外，我家在西门外，相隔大概二十里地，会面不容易，还是靠通信的时候多。两本东西写完毕，现在记不起确切时日了，好像在那年暑假过后他回西南联大之后，写的分量几乎彼此各半，两篇'前言'都是我写的，两篇'例言'都是他写的。"

1941年4月30日，四川省教育厅教育科学馆办《文史教学》，朱自清、叶圣陶、顾颉刚、钱穆担任编委。

朱自清休假结束返回联大任教，仍然住在梨烟村，但妻与子仍在成都。过了不久，朱自清由梨烟村迁居至司家营清华文科研究所，和几个同事一起，住清华大学单身宿舍。此时，朱自清已经辞去联大和清华大学的行政职务，专心从事教学和研究。沈从文多次到朱自清的单身宿舍，在他的印象中，朱自清这位严谨而清寒的学者，缺食少衣，除参与联大和同事的活动，生活有点寂寞："就在那么一种情形下，《毁灭》与《背影》作者，站在住处窗口边，没有散文没有诗，默默地过了六年。这种午睡刚醒或黄昏前后镶嵌到绿茵茵窗口边憔悴清瘦的影子，在同住七个老同事记忆中，一定终生不易消失。"①

闻一多、朱自清居住过的司家营61号

---

① 见沈从文《不毁灭的背影》。

梁思成林徽因建房子

1938年1月中旬，林徽因经过39天的长途跋涉到达昆明，租居于翠湖边巡津街尽头的昆明前市长寓宅"止园"。梁思成的背脊椎关节炎硬化症复发，病倒约半年。

2月，林徽因女儿梁再冰、儿子梁从诫就读于恩光小学，后转进许地山办的两广小学。林徽因在给费慰梅的信中描述家庭生活："思成笑着、驼着背（现在他的背比以前更驼了），老金正要打开我们的小食橱找点吃的……"林徽因还给费慰梅描述了孩子们的情况：梁再冰常常带着一副女孩子娴静的笑容，长得越来越漂亮，而小弟是结实而调皮，长着一对睁得大大的眼睛，他正好是我期待的男孩子。他真是一个艺术家，能精心地画出一些飞机、高射炮、战车和其他许许多多的军事发明。

1939年秋天，梁思成林徽因迁居昆明郊外麦地村的尼姑都走空了的兴国庵。由于兴国庵里入住了营造学社以及研究中国古建筑的同人，房子非常紧张，梁思成一家三代，挤在一间半房子里。1940年5月，林徽因迁居离麦地村两里的龙头镇龙头村，并在龙头村设计、监制了自己和钱端升两家比邻的住房。林徽因在致费慰梅的信中介绍：

我们正在一个新建的农舍里安下家来。它位于昆明东北8公里处的一个小村边上。风景优美而没有军事目标。邻接一条长堤，堤上长满如古画中的那种高大笔直的松树。我们的房子有三个大一点的房间，一间原则上归我用的厨房和一间空着的用人房，因为不能保证这几个月都能用上用人，尽管理论上我们还能请得起，但事实上超过了我们的支付能力（每月70美元左右）。

出乎意料地，这所房子花了比原先告诉我们的高三倍的价钱。所以把我们原来就不多的积蓄都耗尽了，使思成处在一种可笑的窘迫之中（我想这种表述方式大概是对的）。在建房的最后阶段事情变得有些滑稽，虽然也让人兴奋。所有在我们旁边也盖了类似房子的朋友（李济、钱端升），高兴地指出各自特别啰唆之处。我们的房子是最晚建成的，以致最后不得不为争取每一块木板、每一块砖，乃至每一根钉子而奋斗。为了能够迁入这个甚至不足以"避风雨"——这是中国的经典定义，你们想必听过思成的讲演的——屋顶之下，我们得亲自帮忙运料，做木工和泥瓦匠。

无论如何，我们现在已经住进这所新房子，有些方面它也颇有些美观和舒适之处。我们甚至有时候还挺喜欢它呢。但看来除非有费慰梅和费正清来访，它总也不能算完满。因为它要求有真诚的朋友来赏识它真正的内在质量。

林徽因设计、监制的这栋房子至今犹存。云南师范大学教授余斌先生曾到龙头村探访。"正房为一排三间平房，坐西朝东，室内均有地板和天花板。客厅靠西窗安装有壁炉。"这样一栋独立的房子，有花园彰显主人的生活情调。"前庭为花园，郁郁葱葱。宅院后不远有金汁河缓缓流过。"①

在战争年代，远离了空袭，有了属于自己的房子，拥有一方独立而自由的家园，多年的漂泊顿时安定下来。林徽因的诗意萌发："天气开始转冷，天空布满越来越多的秋天的泛光，景色迷人。天空中飘满野花香——久已忘

---

① 见余斌《林徽因："太太客厅"的余波》。

1939年秋，林徽因与女儿梁再冰在
昆明龙泉镇麦地村自家设计建造的房屋前

却的无数最美好的感觉之一。"

良辰美景，也需良友相伴。梁思成林徽因的房子建成不久，金岳霖又在龙头村建房与梁思成林徽因比邻。林徽因在致费慰梅的信中说："这个春天，老金在我们房子的一边添盖了一间耳房，这样，整个北总布胡同集体就原封不动地搬到了这里，可天知道能维持多久。"

果然，刚刚安居了几个月，教育部的调令来了。中国营造学社再次随中国历史语言研究所一起迁到四川。11月29日，梁思成一家和中国营造学社，不得不告别昆明的大批朋友，和有十几年交情的朋友分离，真是难舍难分，而后，他们要搬到一个远离大城市环境、完全陌生的小镇——李庄。

陈梦家赵萝蕤的"楷庐"

1937年七七事变爆发，战争的枪炮声震碎了卢沟晓月，也震碎了清华园学者的生活。

这年8月，赵萝蕤与丈夫陈梦家携母、弟南下避难家乡——浙江省德清县新市镇。从此，居无定所，在辗转流离之中，足迹留在大地，墨迹留在岁月，从故乡德清一直漂泊到昆明。

在德清生活的日子，是宁静的乡居。江南水乡物产丰富，无衣食之虞。赵萝蕤和陈梦家游览江南小镇，坐船到周边的菱湖、善琏、塘栖、德清。眼前的安稳与平静，好似一个幻梦，陈梦家关心在北平诸位师友的动向。一想到平津沦陷之后，战火不断向南方蔓延，他就忧心如焚。这位曾经的新月诗人观赏江南水乡旖旎风光，毫无诗兴。而赵萝蕤则写了一些文章，记录在故乡的生活状况。"傍晚，在市梢石板桥头纳凉，看黄橙的月亮从桑树头上出来，看远远一条矮矮的山缘渐渐地暗去，但月色留下了一片灵智的光明。"

11月，陈梦家接到恩师闻一多的信函，邀请他赴南岳长沙临时大学文学院任教。陈梦家赵萝蕤以及赵萝蕤的弟弟一行，来到了衡山。

初到衡山，见到闻一多等诸位师友，陈梦家心情爽朗起来。在游览衡山时，他饶有兴致地给内弟赵景伦讲起衡山这名字是怎么来的。据战国时期《甘石星经》记载，因其位于星座二十八宿的轸星之翼，"变应玑衡""铨德钧物"，犹如衡器，可称天地，故名衡山，又名南岳。

南岳山中，一条红泥小路的尽头，有一户姓旷的人家。门前有一棵枝繁叶茂的大楷树，高耸入云。屋前是一片打稻的地。陈梦家赵萝蕤夫妇租住旷家的房子。房东旷先生热情好客，带领他们参观各个房间。旷先生的家里，有画桌、太师椅、文具、老树根的笔筒，可见不是普通的山居人家，而是有着文化的底蕴。更特别的是，旷家还藏有永和九年的晋砖，让陈梦家欣赏。旷老先生将日用器具和文房四宝都给了陈梦家夫妇用。住的问题解决了，放眼向门外望去，高大的楷树在湛蓝的天空下，在山风的吹拂下，极具美感和诗意。陈梦家赵萝蕤夫妇将此住所命名为"楷庐"。

清晨，金色的阳光在楷树跳跃，鸟儿在楷树上鸣叫。黄昏，楷树在柔和的夕照之中静穆，在静谧之中，有几分神秘。房东旷老先生照顾周到，待客殷勤，旷太太贤惠斯文，女仆旷嫂子直爽勤快，而四周环境幽雅，山树葱葱，溪水潺潺。陈梦家赵萝蕤携手在上封寺看日落日出，也到过方广寺、水帘洞。每次游览归来，本是寄居在楷庐，却有一种家的感觉。

短暂的山中岁月，安宁的楷庐乡居。教书之余，陈梦家专心治学，在楷庐完成了《五行之起源》，发表在1938年12月的《燕京学报》（第二十四期），并由燕京大学哈佛燕京学社出版单行本。

楷庐虽好，但不是久居之地。国民政府教育部决定将临时大学迁往昆明。陈氏夫妇从长沙到香港，由香港至越南海防的轮船上，由海防到昆明的火车上，吴宓与陈氏夫妇同行。吴宓有昔日弟子赵萝蕤相伴，一路畅谈英美文学。赵景伦等家人，也随着陈氏夫妇到了昆明。

从赵景伦《我的姐姐赵萝蕤》一文可知，初到昆明，住在圆通山。

第一次自己管家，就闹了笑话。赵萝蕤一边用小火炉烧饭菜，一边读书。结果是一锅焦饭，一锅焦肉。赵萝蕤还以此为题，写了一篇文章，发表在香港《大公报》上。

后来，陈氏夫妇搬到平政街10号，跟西南联大文学院院长冯友兰和理学院院长吴有训住同院。赵景伦说："冯家的小妹钟璞和小弟钟越，吴家的大妹小妹都叫我'三哥'。隔壁胡同里住着闻一多。我曾经教过他的儿子立鹏和立鹤几天英文。当时，闻先生忙着跟凤子演出曹禺的《雷雨》。"后经考证，赵景伦的记忆有误，闻一多和凤子演出的是曹禺的名剧《原野》。

在与吴有训同院居住时，陈氏夫妇与吴有训夫妇结下诚挚的友谊。吴有训的女儿吴湘如认陈梦家赵萝蕤为干爹干妈。赵萝蕤送干女儿衣料作为礼物。后来，陈氏夫妇去美国留学，吴有训与陈梦家通信联系，还附上女儿吴湘如写给干爹干妈的信。从吴湘如的这封信来看，即使陈氏夫妇远在美国，也没有忘记干女儿吴湘如。钱端升从美国回国，给吴湘如捎回来干爹干妈送的小礼物——一枚别针头饰。吴湘如高兴极了，别在头上。"真是美丽"，这封回信写于1945年4月28日，当时吴湘如读联大附小二年级，并给干爹干妈汇报学习成绩，"考得很好"。吴有训则在信中说，已经搬入联大在西仓坡新盖的宿舍，家住17号，还说及昆明的物价、租房价格；并让陈梦家"给内子代购手表或派克笔"。这些信函之中的家常话语、生活的琐事，还有贯穿其中的友情和亲情，读来令人温暖。

西南联大继承了清华的一个传统——夫妇不同校；陈梦家在职任教，赵萝蕤就不能在同一学校任课。赵萝蕤只好在云南大学附中教英文，有时兼做钢琴家教。当年的燕京校花，在战争年代成为家庭"煮妇"。但她在烧饭之

1946年6月，闻一多全家在西南联大西仓坡宿舍前合影　赵沨摄

时，腿上仍然放着一本狄更斯的英文小说。教书，操持家务，又能挤出时间读书写文章，赵萝蕤真是令人佩服。钱穆先生回忆当时情形说："其(梦家)夫人长英国文学，勤读而多病。联大图书馆所藏英文文学各书，几乎无不披览。"这多病的柔弱身躯，在战争环境的磨炼下，变得坚强，她学会了种菜！

1940年前后，陈氏夫妇为了躲避日寇轰炸昆明，疏散到昆明北郊。家搬到桃园村，住在起凤庵的楼上。这本是一座尼姑庵，尼姑都走了。赵萝蕤搬进来住下。在桃园村，陈梦家赵萝蕤夫妇与周围村民相处融洽。他们经常与农民闲聊，夜话桑麻，晨说庄稼。赵萝蕤，这位英美文学专家为了开辟小菜园，放下身段，撸起袖子，虚心向农民请教怎么种菜、怎样施肥。她与热心忠厚的村民张发留成了好朋友。让我们跟随文字"参观"一下昔日燕京大学校花的小菜园：

> 他（张发留）劝我种荷包豆，教我栽茄子秧、和粪使肥、盖灰、浇水、搭豆棚瓜架，由于他一人的指示，居然没请别的帮手，就在菜园中建树了日产数斤的刀豆，已结了两大条瓜的黄瓜，四十斤的癞瓜走着路，一丘开白花的泡谷辣，一丘也是开白花的贴谷辣，一丘什么花都没有开的灯笼辣，一打竹竿的荷包豆，一打竹竿的丝瓜，两丘将要开花的茄子，和五十株亭亭的番茄。

赵萝蕤在报纸上发表文章，写菜园总顾问兼种菜导师张发留怎样教她种菜。庄稼一枝花，全靠粪当家。这位大家闺秀施肥也真是不含糊：

> 昨天大雨后，是我们赤了脚挽了袖，做初次的施大粪。施完后自己连声地喊："不难，不难，容易，容易。"那粪缸就是张发留检查过，淘过，认为可用的，而他那时常发皱的鼻梁并未因粪而发皱，故而在我们自己的鼻梁也不十分发皱时，又感谢张发留的好榜样了。

赵萝蕤没有丝毫教授的清高，愿意与农民打交道。陈氏夫妇是怎样认识张发留的呢？他们刚到桃园村，遇见村民吃喜宴，陈梦家"难免被拖了坐下喝一盅酒夹一块红肉"，村民也热情地要求赵萝蕤入席。入乡随俗，后来，夫妻参加张发留孙子的喜宴，吃八大碗。连吃三天喜宴，由此结识，也就不足为奇了。

陈梦家赵萝蕤夫妇与桃园村的村民融合得很好，对于一些教授来说，这很新奇，有的人则有几分不解，赵萝蕤写文章说：

> 所认识的人中很多觉得乡下人坏的，并且有人向我说过："听说你很罗曼蒂克，和乡下人交得很好。"罗曼蒂克则我岂敢，然我确认为乡下人的坏的总和加起来是远远赶不上城里人的。同时又有人向我说："你真有耐心，和乡下人敷衍，我可受不了。"敷衍则我岂敢，因为我对于城里人已尽力设法减少敷衍，对乡下人又何用其敷衍之甚？

仅从这一段，就令人刮目相看。赵萝蕤在桃园村客居时，非常接地气，这源于她心中的温柔与慈悲。美丽的心灵中不仅有浪漫情调，也有乡土情怀。

1941年春，梁思成、林徽因一家随中国营造学社转到四川李庄。他们在龙泉镇建造的房子，迎来了新的主人——陈梦家、赵萝蕤夫妇。新主人将这栋宅院叫"楷庐"，以此怀念南岳山中的乡居岁月。

赵萝蕤女士撰文称：楷庐为前后两院所抱，后院是厨房下房，前院是莽丛兼花草。前院有大丽花、灯盏花、金银花、万里红、萱草和玉簪，还有两株梅树、一棵玉兰。前人栽树，后人乘凉。她由衷地"感谢前人的经营"，"使楷庐拥有黄泥与木板所能奉献的精洁、幽美"。

当年南岳山中高大的楷树换成了尤伽俐树、忘忧萱草，"我们有了客厅卧室和各人的一间小小的书斋"，陈氏夫妇沉潜在学术的天地之中。但他们和西南联大的知识分子一样，关注抗战，心系民生，抨击时弊。面对国难，面对残酷的现实，赵萝蕤很清醒，发出沉痛的叹息、独立的声音。

1944年5月，云南七凸坡发生哄抢钞票事件。火车脱轨，堕下山崖，燃起火势，许多乘客被压在车底，车上运载着"中国银行"的钞票。没有受伤的人们忘记了救火,忘记抢救受伤的乘客。在火光之中,他们只顾追逐钞票,对呼喊救命者置若罔闻……

在七凸坡山崖下,焚去了9节列车,也焚去了1000多个不该死的灵魂。一场事故,暴露出国民心理的阴暗面;一场灾难,拷问了人们的良知。赵萝蕤作为一个乐观主义者,在面对这样的事件时,心情黯淡,哀叹国运,愤怒人性的贪婪和自私。《现实的憧憬》和《七凸坡》两文留下了赵萝蕤的思考。

1941年春至1944年秋,由于陈梦家经常去昆明给西南联大的学子上课,

陈梦家与赵萝蕤在美国

孤独的花园,孤独的房舍,孤独的赵萝蕤伴着孤灯,在灯下笔耕不辍。1944年秋天,陈氏夫妇离开昆明,去美国留学。从此一别,楷庐成为陈氏夫妇人生旅程中的一个记忆符号。

王力的"龙虫并雕斋"

1940年秋,昆明城常遭敌机空袭,联大的教授都搬到郊区租农民的房子住。王力休假从越南回来,近郊的民房都被租完了,他只好到东北郊龙泉镇龙头村租一间民房。这是一间很矮小的破房子。当地农民习惯人畜同居,小小的房子分为两层,上层住人,下层关猪牛。这房子的主人搬了家,房子空了,楼上楼下的面积算起来还不到20平方米。楼下是关牲畜的,又脏又臭,四壁发黄,斑斑驳驳。王力觉得在战争时期,有个安身之所就行。他稍事修葺,买点石灰粉刷了一下,就搬进来住下了。房子的门低得能碰头,屋顶的瓦片能见日光,雨天漏雨,冬天透风。门外猪牛粪遍地,臭气熏人。王力和妻子夏蔚霞刚开始很不适应,时间长了,安之若素。王力在大门两边贴了副春联:"闲招白云鹤千里,静读黄庭香一炉。"他进门时,总爱念一遍字迹漫漶的春联,道一声:"君子居之,何陋之有?"聊以自慰。

龙头村离昆明10多公里。王力每周要到联大上一次课。他每逢进城那天,就提个书袋,穿上夫人给他做的布鞋,徒步上路。一般是当天进城,第二天早晨上课,下午转回龙头村。

1941年1月,王力和夫人夏蔚霞的儿子王辑志出生在这个小房子里。宗璞在回忆其父冯友兰的文章中提到这件事:"王力夫人的头生儿子,是母亲(任载坤)接生的。王夫人夏蔚霞告诉我,王先生进城上课去了,她要临产,

王力一家合影

差人去请冯太太，冯先生也来了。后来是母亲抱着她坐了一夜，第二天孩子才落地。"

王力教授写过一篇名叫《灯》的小品文。为了避免空袭的危险，疏散到乡下，告别了电灯，点起了煤油灯。后来因为煤油太贵了，买不起，于是又改点菜油灯。在乡下住了一年多，他听到村里有装电灯的机会，欣喜若狂，但是装电灯的代价实在不小，显然是被菜油灯搞得困苦不堪，王力居然破费装了一盏电灯。他写道："我住的房子距离电线木杆五十公尺，该用电线二百余码，计算装电灯的费用，是房租的百倍。我居然有勇气预支了几个月的薪水以求取得这一种既不能吃又不能穿的东西。于是瓮牖绳枢，加上了现代的设备。一到了黄昏，华灯初上，我简直快乐得像一个瞎了十年的人重见天日。那个一年来的良伴菜油灯，被我抛弃在屋角上，连睬也不去睬它了。"战时学者的居住条件急遽下降，清贫至此——对教授来说，装一盏电灯，都是经济难以承受之重。省吃俭用装上电灯后，难免欣喜若狂。

1943年，广东人在昆明办的粤秀中学聘请王力兼任该校校长。王力把家搬到这所学校，居住条件较之以前大为改善。他的住所前面有个小院，院子里有两棵挺拔的棕榈树。此时，王力经费孝通介绍，一面为《生活导报》开专栏"龙虫并雕斋琐语";一面又应《中央日报》增刊之约,为该刊写小品文。这个专栏叫"棕榈轩詹言"。詹言出自《庄子·齐物论》,指的是小言,以示自谦。

王力在龙头村居住时,就开始为报纸写专栏。那时,他为《星期评论》撰写小品文,专栏名为"瓮牖剩墨"。"瓮牖"指他在农村居住的陋室,"剩墨"指业余之作。

王力业余时间致力写小品文,闻一多曾直言提出批评,认为王力作为语言学家不该写那些低级趣味的文章,消磨斗志。王力并不认为轻松有趣的小品是无聊乃至堕落。"龙虫并雕斋"是说,他在书斋既"雕龙"也"雕虫"——"龙"指他的学术著作,"虫"指非学术性的文学作品以及普及性的文章。

笔者曾阅读过王力的《龙虫并雕斋琐语》,仅仅看题目就可略知一二,既有直切时弊、关注民生的文章,如《路有冻死骨》《战时的物价》《疏散》等,也有描摹个人见闻、世情百态的小品文,如《辣椒》《劝菜》《西餐》等。王力的小品文,题材广泛,涉及抗战时期社会生活的方方面面,包括衣食住行、生老病死、风俗教化、人情世态、新亭之痛、黍离之思。是了解战时昆明的社会画卷,亦可折射战时联大学者的生活窘况。

王力为何写了大量的小品文?他在文中自嘲地说"完全为了稿费",为了补贴生活,让饥寒的生活窘况稍有缓解,这是一方面。更大的原因是对国统区的黑暗进行隐讽,是一个知识分子对时局的关注和发言。从"满纸荒唐言"中可看出"一把辛酸泪"。

1983年8月,王力教授重返昆明,感慨良多,有《缅怀西南联合大学》诗云:"卢沟变后始南迁,三校联肩共八年。饮水曲肱成学业,盖茅筑室作经筵。熊熊火炬穷阴夜,耿耿银河欲曙天。此是光辉史一页,应教青史有专篇。"

费孝通为孩子出生找房子

位于昆明东南郊的呈贡魁阁，曾是费孝通《禄田农庄》《内地农村》等重要著作的诞生地，他的大女儿也是在这里出生的。

1940年10月13日的轰炸毁坏了费孝通在文化巷的住所，14日他便疏散到呈贡县古城李保长家租住，一住就是五年。李保长家正屋四开间楼房，已经有一半租给同济大学的周先生等三家人。费孝通只好租住了一间厢房，厢房下面一半是房东的厨房，一半是他们的猪圈，楼板的材料是结实的，可是板与板之间的缝却没法拼得太紧密，楼下的炊烟和猪圈里的气味可以上升到厢房里来。厢房靠院子的一半板壁还没有起，只用草席挡着风。他希望两件事：把猪圈搬开，把板壁起好。交涉了半天，只是把板壁这一件事做到半件，至于猪圈，则没有任何进展。房东说猪的收入比全部租金多好几倍，出租房子是为了交情，而且带一点救济难民的性质，并不等钱用。费孝通对房东心怀感激："他给我这炸弹不会到的房间，至少减轻了生命的威胁。"

费孝通更大的麻烦是住了不久以后，房东出乎意料地给了他一个警告：他的孩子决不能在这里出世。房东绝不是有意为难他，仅仅是为了遵照当地的风俗。据说一家人的住宅，若被别人家孩子的血光一冲，则会殃及这家人的子子孙孙。

费孝通本已请妥了一位相熟的助产士来乡下接生，这一计划不得不放弃。政府虽有明令，郊外房东不得刁难疏散居民，尤其应保护孕妇，但是乡下人碍于风俗，不准在他家生育也有他们的道理。费孝通转而求助于卫生院，不巧的是卫生院设在该县的圣地文庙，在其成立之初，就已接受了当地人的要求，决不容留产妇。此事真是急得费孝通团团转，最后不得已找到县城的一位广东太太，以 5 元一天的代价，租了一间白天黑得看不清楚钞票数字的房间，孩子总算在屋内出世了。

华罗庚：我们的钱都已经花光了

西南联大有"数学三杰"，就是指华罗庚、陈省身和许宝騄。虽然他们当时都只有 30 多岁，但都已成为名教授。

1938 年秋，华罗庚结束在英国剑桥大学的进修，回到战火纷飞的祖国。经过千里跋涉，他终于在距故乡千里之遥的昆明，找到了半年多来杳无音信的妻子和孩子。他到西南联大数学系任教，刚开始与陈省身、王信忠同居一室。随后，华罗庚一家六口与闻一多一家八口合住在一间不到 20 平方米的厢房里。

后来实在因为拥挤不堪，华罗庚只好在西郊普吉附近找了个牛圈，用最便宜的价格把牛圈上头用来堆草的楼棚租了下来。牛住下头，他们一家人住上面。这位数学家在昆明城郊农村过着"一灯如豆""危楼欲倒"的生活。

华罗庚

当时即使是昆明近郊的贫苦农民，也极少有在牛圈上面的草棚里住宿的。而数学大师华罗庚以其惊人的毅力，每天晚上拖着残腿，跋涉十几里路回家，伏案于牛圈的楼棚，潜心于他的数学专著和论文。老牛在柱子上擦痒痒，常常搞得整个楼棚地动山摇，人坐在楼棚上，那感受就像喝醉了酒或得了美尼尔氏综合征一般。华罗庚不禁感慨万千："清高教授，呜呼！清则有之，清者清汤之清；而高则未也，高者高而不危之高。"

天气热的时候，蚊子成群地在牛圈飞舞，虱子、跳蚤也来吮吸数学大师的血液。在这样的条件下，华罗庚每晚工作到深夜。从1938年到1945年这短短7年间，华罗庚为世界数学史开创了一门新学科——矩阵几何学，攻克了10多个世界数学史上的难题，写出了《堆垒素数论》和《数论导引》两本专著及十几篇论文，仅公开发表的论稿就达百万字之多。

不久，华罗庚的又一个孩子降临人世。这名大名鼎鼎的数学教授除了拖着伤残的腿艰难地往返于教室和宿舍之间，实在无力去挣额外的收入，无法将妻子送进医院分娩。他们的孩子就在这间破屋子里呱呱坠地。华罗庚望着这个生不逢时的苦孩子，辛酸而不无幽默地说："这孩子就叫华光吧，我们的钱都已经花光了。"穷困中的华罗庚常常对人自嘲："华光华光，全部花光，哈哈……"

几年以前，华罗庚在大洋彼岸追随他的英国导师，研究"华陵—哥德巴赫"这一世界数学史上的难题，为了纪念自己取得的成就，他给女儿起名字"华陵"。从华陵到华光，一女一儿两个名字，包含了这位中国数学家在那个时代所有的辉煌和辛酸！

为了教育这些孩子，华罗庚在家中采取了军事化的管理方式。每天早晨，孩子们听到哨声起床穿衣，每人拿一个小盆，排成一列纵队，由华罗庚吹哨子，带他们到河边洗脸漱口，三伏三九皆不例外。

有一次，附近的农民给华罗庚的妻子吴筱元送了两个鸡蛋，吴筱元悄悄藏了一个在床下。她见丈夫日渐消瘦，实在心疼不已。夜深人静，孩子们熟睡后，她把床底下的鸡蛋悄悄煮了送给丈夫。华罗庚看着鸡蛋，给妻子出了一道简单的数学题：一个鸡蛋重0.5公两，把它们平均分成5份，每份多少公两？妻子不假思索脱口而出："当然是0.1公两啦。"华罗庚按妻子所说，把鸡蛋平均分成5份，自己把其中的1份吃了，剩下4份留给妻子和3个在家的孩子。

妻子望着桌上剩下的那4瓣鸡蛋,眼泪不由得扑簌而下。华罗庚安慰她说:"等我这本《堆垒素数论》出版后,我们去割几斤肉,全家人美美地吃一顿。要是还剩着钱,就给孩子们添几件新衣服,再给我自己买两包烟——真想抽支烟哪……"

由于穷困,原先烟瘾很大的华罗庚,把烟酒都戒了,本来就困顿无奈的生活,又少却了一点滋味。

《堆垒素数论》的中文稿,终于在1942年年底完成,然而他万万没有想到,这部费尽2年心血才写成的30万字的巨著,在他寄给重庆的"中央研究院"后,对方拖了半年才告知:手稿已遗失。这件事惊动了联大校委,校长梅贻琦致函"中央研究院"望继续派人查找华罗庚的书稿,然而,联大方面的去函,依旧如石沉大海,杳无音信。华罗庚气得大病了一场,睡了整整半个月。大病初愈后,他又拖着病体去给学生讲课,晚上依旧在油灯下工作到后半夜。

《堆垒素数论》中文手稿丢失后,华罗庚没有马上重写第二稿。他在思考新的数学问题,很快完成了他的另一部著名的学术专著《数论导引》。完成这项工作后,在对整个数论学科进行重新认识的基础上,他论证更加严谨的《堆垒素数论》英文手稿诞生了。1944年,华罗庚的《堆垒素数论》英文版由苏联国家科学院出版。这是华罗庚在世界数学科学领域里的成名作,数论学领域的新星由此冉冉升起,当时他只有35岁。《堆垒素数论》的中文版直到1957年才和中国读者见面。

1944年,由于战争形势的变化,昆明附近很少再听到空袭的警报声,华罗庚这才告别了他在昆明西北郊普吉大河埂村住了整整3年的牛圈,回到城里,住在一间瓦檐低矮、潮湿拥挤的破平房里,继续他的群论和矩阵研究。

1945年,矩阵几何学作为一门新兴学科正式诞生。它的创始人,便是在牛圈里成长起来的中国数学家华罗庚。①

---

① 见李宏涛《精神的雕像:西南联大纪实》。

以上是华罗庚联大时期的生活细节，他的政治生活是什么情况呢？

徐利治在西南联大做学生时，便与华、陈二位数学泰斗过从甚密。在徐利治的记忆中，作为数学家的华罗庚先生还有热衷政治的一面。"华先生这个人对政治很感兴趣。他在西南联大跟我讲过这话：他四十岁以后要从政，要搞政治。我当时还是学生，听他讲这句话，我感到很惊奇。一位著名数学家，为什么对政治这么感兴趣呢？他对政治上的权位、职位很看重。他愿意做头头。如果在政治上给他职位、权位，他是愿意做的。我觉得华先生是入世派。陈省身先生也是入世派。许宝騄先生是位观世派。"①

---

① 见徐利治口述，袁向东、郭金海访问整理《我所知道的华罗庚与陈省身——徐利治先生访谈录》，《书屋》2007 年第 5 期。

联大师生的文化和娱乐

教授的"荤段子"

1937年11月1日，长沙临时大学正式开学。由于战前曾在长沙开始建造清华的部分校舍，此时还没有完工，长沙临大主要租用长沙圣经学院的校舍。因校舍不敷使用，文学院改设在南岳衡山。

潘光旦任教清华大学时，沈履（沈茀斋）曾任梅贻琦的秘书长。长沙临大在湖南岳麓山建校舍，他们是邻居。有一回，潘的朋友沈茀斋半夜有电报到，邮差误将"斋"认作"齐"字，在门外大叫："屋里有沈茀齐吗？"吃早饭时，潘对沈说："昨夜邮差大不敬，将尊兄的下半截割掉了。"同桌吃饭的人大笑不已，冯友兰先生笑得喷饭。

现存的潘光旦手稿《存人书屋拊掌漫记》保留了当时烽火连天的形势下，一群临大教授苦中作乐的生活场景记录。潘光旦记录这些生活场景，很人性化，也富有自己的特色，那就是"性"趣盎然，常常说些既谑又雅的"荤段子"。随手举几例如下：

其一：余与海宗（指雷海宗，潘光旦清华学校时期的同班同学，时任清华大学历史系主任），离平到湘后，内子与海宗夫人皆不健笔，来书甚少，余约计每月只一信，海宗则更少，四月中，所得只一函及二名片。某日与海宗晤，谈及此事，余谓亦有法使彼等多作书乎？海宗摇头曰：

鞭长莫及。余不禁大笑，徐曰：鞭字有语病！

其二：之迈（指陈之迈，时任清华大学政治系教授）成婚之夕，众大闹洞房，化成（指王化成，清华大学政治系教授）硕然长者，独不往。事后有人传语谓化成实有苦衷。化成离平来湘，亦既四五月，怨旷之余，曾求教于体育教授马约翰先生，马先生曰：可非法出精。于是非法出精之大议论，一时传遍圣经学院。之迈之婚，同人自无不见猎心喜，而化成怅触尤多，竟不入闹房之伙，同人有扣之者，则曰：闹房后归圣经学校宿舍，独自对火盆发愣，有何意味。此段问答某日传至新园，岱孙（指陈岱孙，时任清华大学法学院院长）味而善之，频点首曰：对火盆以叹息。余亟应之曰：抚孤松而盘桓。

其三：清华在岳麓山建新校舍，余与芝生（指冯友兰，时任清华大学文学院院长）、岱孙、嘉炀（指施嘉炀，时任清华大学土木工程系主任）等初次往观。其旁有农业学校，校有蚕室，占清华新址之一角，正接洽出让中。临时大学开办时，拟即以此为土木工程系之教员宿舍，余笑问嘉炀曰：公等何日可下蚕室？芝生喟然曰："是真所谓文章误我，我误妻房！"

其一中的"鞭字有语病"，运用了"鞭"字在俗语里暗指男性阳具的一层含义，造成了一语双关的修辞效果。其二说的是陈之迈和黎锦熙的女儿黎宪初长沙结婚一事，可参见《吴宓日记》，黎宪初是和吴宓一行由北平到长沙，吴宓对黎宪初曾有短暂朦胧爱意。"非法出精"一语源自佛教，指手淫；以陶渊明《归去来兮辞》里的"抚孤松而盘桓"来对"对火盆以叹息"，不仅对仗工整，也和"非法出精"的说法遥相呼应，隐喻"自慰"，十分明显。其三的"蚕室"是一个典故，唐代李贤注《后汉书》云："蚕室，宫刑狱名。有刑者畏风，须暖，作窨室蓄火如蚕室，因以名焉。"意思是说受过宫刑的人怕风，喜暖，在地下室生火养病，生火的地下室就像养蚕的暖室一样，后来就以"蚕室"来指代宫刑牢狱。这明显是以典故来引起联想，造成戏谑的效果。冯友兰所说"文章误我，我误妻房"出自《琵琶记》唱词，既是对潘光旦的回应，也巧妙地点出战争期间，妻离子散、颠沛流离的悲剧。

这样的玩笑对于发掘古典文献注释《性心理学》的潘光旦来说，是自然的，没有广博和雅致，也不会有学者意气相通的灵犀一点。

当年鲁迅作《中秋二愿》，其中之一是"从此眼光离开脐下三寸"，即使战争期间，恐怕也不容易。谁也无法把"性"和"人性"完全脱离。教授的"荤段子"，如果没有佛学、陶诗和史记的背景知识，听者准一头雾水，哪里笑得出来？今天的"荤段子"，娱乐就是"愚乐"，低俗、直白，只是围绕着"脐下三寸"，没有一点文化含量了。

师生都爱泡茶馆

"昆明有多大,西南联大就有多大",这是春城一度的流行语。联大的图书馆条件简陋,茶馆便成了联大学生延伸的课堂。联大人还发明了"泡茶馆"一词,用昆明本地话说是"坐茶馆"。"泡"是北方人的习惯用语,意指在茶馆待很久,甚至废寝忘食。许多同学的毕业论文都是在茶馆里完成的;不少老师在茶馆里批改作业;一些名家大师也是从茶馆起步的。

汪曾祺回忆联大生活曾说:"我这个小说家是在昆明的茶馆里泡出来的。"李政道打比方说,联大时期的昆明茶馆有些像20世纪巴黎的咖啡馆。赵瑞蕻说,"泡茶馆"也成为联大师生(尤其是学生)日常生活中的一个组成部分了。那时,联大附近如文林街、凤翥街、龙翔街等有许多本地人或外来人开的茶馆,除喝茶外,还可吃些糕饼、地瓜、花生米、小点心之类的东西。

联大的师生为何爱"泡茶馆"?原因有二。其一,在联大读书,没有固定的教

汪曾祺

室,自修往往要找一个僻静的地方。图书馆当然好,但常常没有空座位,那时西南联大有两三千名学生,图书馆却只能提供不到200个座位,所以每天抢占座位成了学校最热闹的事情。宿舍里光线太暗,阴冷潮湿,没有书桌,而且嘈杂。所以昆明的茶馆成为联大学生"延伸的课堂"。其二,有一段时期,昆明的电力超载很多,晚上用电高峰时间,电压常降到160伏以下,白炽灯泡微微发红,怎么能看书呢?进茶馆。

吴铭绩的《联大生活追忆》一文,生动地描述了当年联大学生进茶馆读书的情形:

> 西仓坡下有个翠湖公园,离新校舍不远,不收门票,游人不多,坐在凉亭里读书确实不坏。园里有一茶馆,饮茶的桌凳就放在湖堤旁边,桌子上常放着两碟花生瓜子,数量少而价钱很贵。不过,坐在桌旁不泡茶,不吃花生瓜子,看看书做做作业,倒也不要紧。

> 昆明的电力超载很多,后来实行分区轮流停电,轮到拓东路停电,工学院的学生吃过晚饭,赶紧夹起书包往外跑,去寻找有电的地区的茶馆。四人占一张茶桌,一人一杯清茶,打开书包做起作业来。平时觉得昆明的茶馆不少,但这时却又感到太少。有时跑了大半个昆明城也难找到一席之地。茶馆老板看到学生占茶桌很是头疼,因为学生一坐下来,不到关门是不会走的。一宵生意就这几个学生主顾了。当年的茶馆老板总算还能体谅我们这些穷学生,他们无可奈何,只是不再提壶来给你冲水罢了。不冲开水倒也不在乎,反正茶客之意不在水,而在借电灯之一缕微微光也。

"买一杯最便宜的普洱茶只要五分钱,而且有煤气灯照明,最重要的是可以占着位子坐一个晚上,读书写字十分清静。"当时的学生周锦荪说,"校园内没有供应饮水的设施,去茶馆还可顺带解决口渴问题。"茶馆的大部分老板都能理解流浪学子的苦处,有些茶馆甚至针对学生,专门提供了"喝白开水只收费三分钱"的服务。

联大学生泡茶馆读书、复习。"到了考试时,图书馆经常要很早就去占位子,后来者就每每向隅,茶馆里的生意自然就更兴隆了。"

读书,温习功课,然后,娱乐也在茶馆,在茶馆聊天、打桥牌,或者下棋。

> 茶馆也是我们的殿堂。我们一边饮茶,一边虔诚地诵读一部又一部文学经典,在茶香水气里领受心灵的洗礼。我们坠入沈从文描绘的如诗如画的"边城",倾听他那透明烛照的声音、温存的节奏和音乐,如醉如痴,流连忘返。有时竟忘了回学生食堂去吃饭,只得用花生米来充饥。何其芳的《画梦录》诱使我们作起"横海扬帆的美梦"。法国作家纪德根据《圣经》故事改写的《浪子回家》,篇幅不长,却让我对一个流浪汉灵魂的受难感同身受,便用"浪子"作起笔名来,下意识地向往于灵魂的归宿。①

> 玩桥牌是最普通的娱乐,就只有茶馆里最适宜了。一张方桌,四把椅子,泡上几杯茶,一包花生米,任你高兴的时候吵闹,牌坏的时候叫倒霉,都没有人来管你。有客人来要招待或是几个熟朋友要聊聊天,也只有在茶馆里,上至国家大事,下至教授们的怪脾气,学校里前几年的逸闻琐事,某个女同学又如何,你都能在茶馆里不劳而获。
>
> 许多同学经常坐在里边泡杯茶,主要是看书、聊天、讨论问题、写东西、写读书报告甚至论文,等等。自由自在,舒畅随意,没有什么拘束;也可以在那里面跟老师们辩论什么,争得面红耳赤(当然,我们经常也在宿舍里或者在教室里就某件事,某个人,某本书,某个观点展开热烈的辩论,争个不休)。②

联大学生把泡茶馆这一风气带到了联大四川叙永分校。叙永分校缺少图书馆和阅览室这些基础设施,茶馆仍是学生读书的地方。四川的茶馆有个规

---

① 见巫宁坤《西南联大的茶馆文化》。
② 见赵瑞蕻《离乱弦歌忆旧游》。

矩，茶客临时走开，只要把茶杯的盖子斜扣在茶杯上，茶座就被保留下来，回来可再继续喝茶。学生们就这样花一杯茶的钱，坐上一整天。有时有的学生连茶钱也付不起，就只得来碗"玻璃"（即白开水），用它来占座位，那就会变成不受欢迎的茶客了。大多数的学生宁愿选择城中的一座小公园或河滩空地作为他们温习功课和切磋学问的场所。

和学生相比，联大的教授泡茶馆则是另外一种情形。赵瑞蕻在《离乱弦歌忆旧游》一书中回忆："街上也有几家咖啡店，我记得昆师门口有一家'雅座'；北门街上那个店叫作咖啡之家，更神气点。我记得燕卜荪先生喜欢独自坐在那儿，边喝咖啡，边抽烟，边看书。"师生聊天的场所不限于茶馆，刚走出小茶馆，又在小吃摊相逢。师生们多半是走进一个小食店，随意吃碗过桥米线或者饵块（一种籼米做的白色糕，切成一片片的，配上佐料），那也是大家时常见面聊天的场所。

据当时读联大地质系的傅举晋回忆，联大师生关系融洽，常常一起泡茶馆。中文系的汪曾祺和物理学家叶企孙教授就常去泡文林茶楼。史地系的熊德基则常泡凤翥街北口那家小茶馆，地质系马杏垣（傅举晋亲切地称呼同学为老马）常去泡的也是那儿。"那条小街上遍地牛粪马尿，又狭小又肮脏，但对于经常冒风霜雨露、习惯于各种恶劣条件的地质工作者老马，怎会在乎这些呢？更何况为了获取艺术素材和深入劳动大众的生活，他要去的不正是这种地方吗？他们很少一个人去，多半是跟米士教授去。而那位穿着半旧西装的洋教授，竟也不嫌那儿窝囊，成为不速之客。我经常在那儿遇到他们，两人英语、德语夹汉语地谈论着地质学上的问题和新发现。"傅举晋提到的米士教授是联大聘请的德籍外教——米士 (Misch)，"说他在野外地质工作方面很有一套，听说还攀登过珠穆朗玛峰，不知确否"。傅举晋在"茶馆文化"的熏陶下，耳濡目染，摭拾了一些地矿知识，也学会了一些零星的德语，因为那时他正在自学德语。

泡茶馆泡久了会上瘾。汪曾祺的《泡茶馆》一文中写到了一个"泡茶馆的冠军"。这个同学姓陆，一个怪人，还是研究生，曾经徒步旅行半个中国。"他有一个时期，整天在一家熟识的茶馆里泡着。他的盥洗用具就放在这家茶馆里。一起来就到茶馆里去洗脸刷牙,然后坐下来,泡一碗茶,吃两个烧饼,看书。一直到中午,起身出去吃午饭。吃了饭,又是一碗茶,直到吃晚饭。晚饭后,又是一碗,直到街上灯火阑珊,才夹着一本很厚的书回宿舍睡觉。"这个陆同学,和今天泡网吧玩网络游戏的大学生相似,同样地痴迷,当年的陆同学是读书,今天的大学生是玩游戏,沉迷不知归途。

汪曾祺的记忆中,还有一个"茶仙"——有一姓朱的,也是研究生。他爱到处溜,腿累了就走进一家茶馆,坐下喝一气茶。昆明的茶馆他都喝遍了。他不但熟悉每一家茶馆,并且知道附近哪是公共厕所,喝足了茶可以小便,不致被尿憋死。

人分三六九等,茶馆也有大小之分。正义路原先有一家很大的茶馆,楼上楼下,有几十张桌子。都是荸荠紫漆的八仙桌,很鲜亮。因为在热闹地区,坐客常满,人声嘈杂。所有的柱子上都贴着一张很醒目的字条:"莫谈国事"。

李政道把昆明的茶馆比作巴黎的咖啡馆,是文人雅集之处,也是激发创作的地方。联大学生在茶馆写论文和读书报告,而汪曾祺在茶馆写过小说,答过考卷。有一次,汪曾祺于茶馆西墙上发现了一首诗,一首真正的诗:

> 记得旧时好,
> 跟随爹爹去吃茶。
> 门前磨螺壳,
> 巷口弄泥沙。

是用墨笔题写在墙上的。有点类似古代诗人,题诗于壁。这使汪曾祺大为惊异,他纳闷,这是什么人写的呢?

大茶馆有文艺演出,多是民间曲艺,有时唱围鼓,吸引茶客,这叫"吃围鼓茶"。茶馆里三教九流,各色人物都有,汪曾祺泡茶馆,丰富了人生阅历,在茶馆读世阅人,为以后的文学创作打下基础。没有泡茶馆的经历,恐怕不会写出汪氏独特的小说,也不会有《沙家浜》"垒起七星灶,铜壶煮三江,摆开八仙桌,招待十六方。来的都是客,全凭嘴一张,相逢开口笑,过后不思量。人一走,茶就凉"这样脍炙人口的唱段。

泡茶馆对联大学生有些什么影响?汪曾祺总结答曰:第一,可以养其浩然之气。第二,茶馆出人才。第三,泡茶馆可以接触社会。巫宁坤说,在烽火连天、无家可归的岁月里,茶馆文化为我们提供了一个心灵之家,促进我们自由自在地茁壮成长。

汪曾祺还有一首诗,回忆当年泡茶馆的时光:

水厄囊空亦可赊,
枯肠三碗嗑葵花。
昆明七载成何事?
一束光阴付苦茶。

沈从文、施蛰存淘古董

当年昆明有一条佛（福）照街，夜幕降临自成夜市，摆有五六十个旧货地摊，每一个地摊上都点一盏电石灯，绿色的火焰照着地面一二尺，施蛰存说，远看好像在开盂兰盆会，点地藏香。这些摊主都是拾荒收旧者流，摊上的货物，大多是家用器物，有五金、电料、零件、衣服和日用品之类，一般不会引起联大学者的兴趣，往往看一眼就走过，但偶然也会有意外发现。

沈从文初到昆明时，常和当时在云南大学执教的施蛰存逛夜市，淘古董，在电石灯的绿光里晃动着他们的身影。1939年1月，由国立北平艺专、国立杭州艺专合并的国立艺专迁到昆明，国立艺专校长滕固、雕塑家江小鹣，也经常逛佛（福）照街夜市的古董摊。几个古董摊子都是古籍旧书、文房用品、古瓷玉饰、漆器绣品，还有象牙、琥珀、玛瑙或大理石的雕件，外省来的人都拥挤在这样的摊子前，使摊主索价日益见涨。

有一段时间，沈从文收得最多的是一种缅甸漆器，叫缅盒。有一次，沈从文在一堆盆子碗盏中发现一个小小的瓷碟，瓷质洁白，很薄，画着一匹青花奔马。他对施蛰存说，这是康熙青花瓷，一套有八个，名为"八骏图"。沈很高兴地花一元买了下来。施蛰存在《滇云浦雨话从文》文中说："这个康熙八骏图瓷碟，引起了从文很大的兴趣。他告诉我，他专收古瓷，古瓷之中，又专收盆子碟子。在北平家里，已有了几十个明清两代的瓷盆。这回到昆明，却想不到也有一个大有希望的拓荒地。"1942年,沈从文在致施蛰存的信中说:"(缅盒)已经买到大大小小十多个了。瓷器也收了不少,八骏图又收到二只。"

沈从文买来的小件古董,并不独赏,常和朋友、学生一起分享。看到朋友喜欢时,沈从文就慷慨地送人。

沈从文淘古董,有时动员他的妻妹张充和一起去。当时张充和的工作是专职编教科书,这项工作由杨振声负责,沈从文是总编辑并选小说,朱自清选散文,张充和选散曲,兼做注解。张充和对古董不大感兴趣,她知道"沈二哥"拉她一起去的目的,一是回家合谋谎报古董的价格,以免姐姐张兆和生气;二是张充和逛得高兴了,可以大方地掏钱代他买下。张充和回忆起联大复员回北平后,沈从文和朱光潜相约一起去买古董,并谎报价格"骗"老婆。

文人爱书,尽管手头拮据,却又爱光顾旧书店。沈从文除了淘古董,也买旧书。1945年10月5日,沈从文购得中华书局1936年版《漆器考》。他在此书上批注,"从枪声盈耳中购来""书过于简率不合用。多错误,少材料"。

施蛰存在昆明夜市买过两方古绣件,好像是从朝衣补褂上拆下来的,是沈从文劝他买下,花了四元。后来,施送给了林同济的美国籍夫人,她用来做茶几垫子。施蛰存还热衷于搜寻缅刀和缅盒(带动了沈从文,沈见到就买),因为他早先在清人诗集以及笔记里读到,云南人一般在缅甸经商都要带回缅刀送男子、缅盒赠妇女。施还买过一个有三格的小缅盒,朱漆细花,与江南古墓中出土的六朝奁具相仿。

1940年3月,施蛰存离开了昆明。佛(福)照街,这一联大学者淘古董

沈从文与张兆和

沈从文与张兆和在北平

施蛰存（左一）在昆明时，
游览石林留影　吴晗摄

的好去处，没有逃脱被日寇轰炸的命运。1941年2月3日，沈从文自昆明复函施氏，还提及佛（福）照街，其中写道："金碧路毁去三分之一，小东门、平政街、螺峰街尾各毁去一部分，正义路上半段炸毁约二三十铺面，佛照街损失相差不多。文化巷大半毁去，钱局街情形约同。文林街近大西门一段毁去，云大、联大各毁一部分。"

1988年，沈从文遽归道山，施蛰存闻讯连夜写了一副挽联，托老友包谦六先生书好，寄给张兆和女士，以示哀情。挽联曰：

沅芷湘兰，一代风骚传说部；

滇云浦雨，平生交谊仰文华。

"滇云"指两人在昆明的交游。估计施蛰存写这副挽联时，想起了两人一起淘古董的经历吧。

冯友兰喜欢收藏旧兵器

在抗战前的北平，多数学者爱收藏。清华大学化学系教授、化学史家张子高喜欢收藏古墨，是著名的古墨收藏家、鉴定家。他一生写了许多古墨研究和考证文章，他同叶恭绰、张䌷伯、尹润生三位收藏家合编了《四家藏墨图录》一书。

历史学家郑天挺也收藏古墨。黄钰生在《悼念郑天挺先生》一文提道："我还可以补充一点小事，郑先生收藏古墨。他收藏古墨，不是玩古董，他既是为了艺术欣赏，也是为了印证史料，因为古墨不但可以反映魏晋以来的制墨技术，而且墨又是造型艺术的一种材料；它的形状、图案、题词，都可以看成是器物史料。"杨振声很有可能也收藏古墨，抗战胜利之后，傅汉思与张充和结婚，杨振声就送这一对新人一块古墨作为贺礼。而杨振声收藏古墨，是收藏、研究字画的需要。

清华大学教授、美术史家邓以蛰（清代书法家邓石如的后人、两弹元勋邓稼先之父）喜欢收藏字画，曾对故宫博物院的字画做鉴定。

这几位先生的收藏方向，受职业影响。杨振声喜欢买字画，沈从文喜欢淘古董，则纯粹是个人的精神趣味。

收集旧书几乎是治文史学者共同的癖好，钱穆、张荫麟、吴晗在北平都收藏了数目可观的古籍和史书。有一个小故事，令人莞尔一笑，可以看出那时学者搜旧书的癖好。一次,北平图书馆馆长袁同礼要清华大学教授蒋廷黻陪他去一位私人收藏家那里。他们一起找资料时,袁问蒋对哪一方面特别有兴趣。蒋找到两本小册子,一本是《文祥年谱》,一本是有关鸦片买卖的书。袁表现出不感兴趣,蒋私下很高兴。两人分手后,袁回图书馆,蒋回俱乐部。蒋随即转回去想买那两本书,当他半小时后赶到书主处购书时,主人告诉他,袁先生已经捷足先登把书买走了。

北大经济学教授赵迺抟,在联大讲授"经济思想史"。虽然是留美经济学家的杰出代表,但是,赵迺抟却仍然是中国人的作风和装束。他褪色的蓝布长衫有一半被长髯遮住。他经常即兴赋诗解释自己的观点,兴味盎然地引用中国诗文,煞费苦心地用中国术语解释西方商业周期。赵迺抟能够信手拈来古诗,和他喜欢旧诗有关。

赵迺抟以藏书丰富自傲,收藏线装书已到很高的境界。他曾讲一个故事:某教授在美读书时,买到一本最近出版的旧书,颇为自得,赵用打油诗来嘲笑这位教授的无知,诗曰:"翁仲如何作仲翁,皆缘书读欠夫功。马金堂玉应难到,只好苏姑作判通。"盖苏州曾有一通判,看见坟前翁仲说成仲翁也。

冯友兰的爱好是收藏旧兵器,有点出人意料。联大时期的冯友兰戴眼镜,着长衫,留长髯,说话急的时候有点结巴。是一位做事情"不着急"的哲学家,授课之余,不是舞文弄墨,而是舞刀弄枪。

冯友兰为何有这样一个独特的爱好?他在自述中说:"我家里的上辈,有一代是习武的。在我的祖母的房里,遗留下来许多兵器,我小的时候常同堂兄弟们拿出来玩。家里有个护院的拳师,教我们使用这些兵器,所以养成一种爱好。"

在战前的北平,冯友兰喜欢逛古董铺,"我所收罗的并不是夏鼎商彝,而是明清两代遗留下来的旧兵器"。东四牌楼附近有一个小巷,叫弓箭大院,是从前制造弓箭的地方。冯友兰在那里收罗了上百支箭,箭有各种各样的箭头,特别是响箭,制造精致。"这些东西,我藏有几百件,曾在清华开过一次展览。解放以后,我都捐献给历史博物馆了。历史博物馆又把它转送到别的博物馆去了。"

抗战期间冯友兰大部分时间住在昆明。昆明有一条文明街，有个摆旧货地摊的夜市。冯友兰经常去那里逛，有时买旧兵器。冯友兰的长子冯钟辽回忆起父亲在昆明的生活时，在《父亲冯友兰先生收集的兵器》一文中讲了一个故事：

> 有一次买回来了一柄像匕首而无刃的无刃刀。刀身窄扁。平刀头没有尖，也许可以当改锥用。刀柄做得很考究。刀柄中空，做工有似象牙的雕镂方法，可是是铁做的。用玲珑剔透形容刀柄就很恰当。我也觉得那把刀有意思，就把它夹在书包里带了去学校。我那时候住校。下课以后在宿舍拿刀出来看。一位同学问我在干什么。我说这个东西很有意思，可是不知道是干什么用的。同学拿刀一看，忍不住大笑。说这是把烟刀，挑烟用的。我知道很多同学家里有烟具，当然深信不疑。周末把烟刀拿回家去，放回原处。父亲后来是不是也知道那是把烟刀？我是没说，我也没问。

冯钟辽的文章也提到了冯友兰藏旧兵器展：

> 按照我的记忆，抗战将要开始的时候，在清华收集的那些兵器都捐送给了燕京大学了。大约在捐赠以前，在清华大学举行了一次展览，也有一说，展览是在复员后举行的。以后可能又转到了有关部门。家里有一幅文化部颁发的奖状，言明收到冯友兰先生捐赠各式兵器六百一十九件，纸上的时间是1959年。最近在历史博物馆找到了这批兵器。妹妹宗璞曾去看过，见保存完好，还是从前的老样子。应该说这是它们最合适的去处。

"冯友兰先生捐赠各式兵器六百一十九件"，这个数目不小，想来是他几十年收藏积累下来的。昆明时期，冯友兰在古董摊上淘旧兵器，在书房玩赏刀剑，不禁让人想起"男儿何不带吴钩，收取关山五十州"之句。或许，在联大学者的精神深处，都有辛弃疾式的梦想，"醉里挑灯看剑，梦回吹角连营。……马作的卢飞快，弓如霹雳弦惊"。在国难沉重之时，文人有陆游式的"佩剑情结"，也是中国诗词中的一个抒怀传统。

联大教授爱昆曲

联大的教授爱好昆曲,在战时的昆明,笔者收集到很多这方面的信息。先来了解一下昆曲。昆曲原称昆山腔,简称昆腔,最初是江苏昆山一带民间流行的南戏(宋、元时流行于南方的一种戏曲,为区别于北方的元杂剧而称为南戏)的清唱腔调,数百年来对许多地方戏曲都有深而广的影响,是我国最古老的声腔之一。因此,一般文人学士喜欢把昆曲作为古代戏曲音乐的活化石来欣赏,来品味。

清华大学迁移长沙和昆明之前的战前岁月,俞平伯许宝驯夫妇好昆曲,以他们夫妇为中心,吸引了昆曲知音,浦江清、许宝騄、沈有鼎、朱自清的夫人陈竹隐、谭其骧等人,他们成立"清华谷音社",俞平伯发起并任社长,定期雅集。

在战时的昆明,从北平而来的教授、文人、艺术家,不乏昆曲爱好者。我们不妨透过老舍到昆明访问时的日记,看看联大教授们战时的文化生活。

许宝騄先生是统计学家,年轻,瘦瘦的,聪明绝顶。我最不会算术,而他成天的画方程式。他在英国留学毕业后,即留校教书,我想,他的方程式必定画得不错!假若他除了统计学,别无所知,我只好闭口无言,全没办法。可是,他还会唱三百多出昆曲。在昆曲上,他是罗莘田先生与钱晋华女士的"老师"。罗先生学昆曲,是要看看制曲与配乐的关系,属于那声的字容或有一定的谱法,虽腔调万变,而不难找出个作谱的原则。钱女士学昆曲,因为她是个音乐家。我本来学过几句昆曲,到这里也想再学一点。可是,不知怎的一天一天的度过去,天天说拍曲,天天一拍也未拍,只好与许先生约定:到抗战胜利后,一同回北平去学,不但学,而且要彩唱!

老舍文中提到的联大教授,当时住在昆明青云街靛花巷。钱晋华女士是联大外文系教授袁家骅(1903—1980,著名语言学家,在联大开展对西南地区少数民族语言的调查和研究)的夫人。罗莘田是老舍的好友罗常培,罗常培去世后,老舍在悼念文章中也提到他唱昆曲:"他会唱许多折昆曲。莘田哪,再也听不到你的圆滑的嗓音,高唱《长生殿》与《夜奔》了!"

查浦江清1943年日记,也见有教授们唱昆曲之记载。元旦那天:"晚饭后,陶光来邀至无线电台广播昆曲,帮腔吹笛。是晚播《游园》(张充和)、《夜奔》(吴君)、《南浦》(联大同学),不甚佳。"

浦江清是联大中文系教授,专讲"词选""曲选"等课程,对昆曲有精深的研究,对唱曲要求高,故有"不甚佳"的评语。

去电台唱《游园》的张充和小姐,是合肥张家四姐妹之一,她是沈从文

张充和唱昆曲扮相

张充和在昆明

夫人张兆和的妹妹。张家四姐妹都喜欢昆曲。张充和在昆明生活一段时间，去了重庆，从《梅贻琦日记》可知，梅贻琦出差到重庆，张充和常来拜访，有时会为梅校长清唱昆曲。

　　据时任联大中文系助教的吴晓铃（后成为著名古代小说戏曲研究专家）在《罢教风波》一文回忆，罗常培曾将拍曲搬到中文系的课堂。1942年，昆明百物昂贵，衣食维艰，联大的讲师、讲员和助教们，因生活困难，中文系"讲助"罢教，要求联大常委会予以每月额外津贴二百元。吴晓铃、李广田、赵西陆等人签名的罢教呈文交给了中文系主任罗常培。吴晓铃担任的中文系文学组大四必修课程"杂剧与传奇"停了下来，罗常培代课，只好教学生拍曲。"唱《长生殿》的《弹词》〔南吕一枝花〕：'不提防余年值乱离，逼拶得岐路遭穷败……那里是高渐离击筑悲歌，倒做了伍子胥吹箫也那乞丐。'倒也情景交融。当时班上有朱德熙（北京大学副校长）、吴宏聪（中山大学中文系主任）、林元（《文艺研究》责任者）、郑临川（某校中文系主任）和现在与我共事的范宁等人，都记得弦歌不辍的讲堂，至少朱德熙传了莘田师的衣钵，他现在还在北京大学提倡昆曲。"

　　吴晓铃在回忆文章《在昆明粉墨登场》中提到昆曲义演。1940年，昆明大戏院，"北平八个中学校友会"举办义演。吴晓铃回忆演出的盛况：

　　　　原定两天的"中轴"小武戏都叫我担当，全是昆曲，头天《麒麟阁》，第二天《林冲夜奔》。我辞了《林冲夜奔》，因为短打戏容易丢丑。《麒麟阁》的场次应该是《盗印代激秦》《三挡老杨林》《九战魏文通》和《逼上瓦岗寨》。我把《激秦》和《九战》都"抹"掉，《三挡》只和杨林对打了一套"灯笼泡"便败下阵来，接着由家班的武行们大开打，然后秦琼再上场唱〔尾声〕："权向山林学避世，大英雄怎做束手攒眉！早打点揭地掀天，图形在麒麟阁里。"我喜欢这几句人处逆境而昂首扬眉的志气不短的气概。

　　　　那天，请了几位客人给我捧场，所谓送"红票"的是。有先师罗莘田（常培）先生、系里的同事校勘学专家许骏斋（维遹）大哥，还有现在云南大学中国语言文学系任教的全振寰大姐，她是天潢苗裔溥侗（红豆馆主）的昆曲学生，有真本事，不像我是个"棒槌"，至于汪曾祺，看来是买的票。

吴晓铃登场并不只是做票友、过戏瘾，作为治戏曲的学者，通过舞台实践增强对戏曲的感性认识。他认为："从事戏曲的教学和研究不同于搞诗、词、散文。戏曲这种综合性艺术的文学样式是具有立体感的。衡量一本剧作是'场上之作'还是'案头之作'，是成功还是失败，必须在脑子里、眼睛前展现着一座舞台，上面有人物在活动，才能得出公允的评价。"

西南联大三常委之一梅贻琦，也是一位昆曲爱好者。1942年10月10日是"国庆"纪念日，身在昆明的梅贻琦浮生偷闲片刻，"晚于广播中听昆曲数段，为云飞君之《刺虎》，罗莘田之《弹词》，崔之兰之《游园》，张中和之《扫花》"。梅贻琦日记中提到的张中和应为张宗和，时在联大历史系任教，"精昆曲，擅吹笛"，其夫人孙凤竹也善唱曲，唱得很宛转。后张宗和转到贵州大学执教，教中国通史。

与昆曲相比，查阅到的联大师生关于京剧的资料较少。毫无疑问，北大和清华的教授喜欢京剧，像杨振声、梅贻琦等人都爱好京剧。西南联大有一个京剧团，班主是汪曾祺的好友杨毓珉。

秦泥执笔的《联大叙永分校生活纪实》文中提到，当时娱乐活动极端缺乏，1941年春节，学校放假唱了几天京戏，戏班子是爱好京剧的同学自己组织的。在叙永分校就读的张之良在《我的大学生活》文中也写道：

春节到了，由杨振声教授支持唱了五天京戏。记得有一个剧目是《苏三起解》，是工学院姓王的同学主演，他在北平时，从小在家请家庭教师教戏，所以表演唱腔均好。后来这位同学中途辍学，参加中印空运工作，在一次飞机失事中牺牲了。

联大学生的昆曲之好

杨毓珉在《汪曾祺的编剧生涯》一文中回忆：他们几个爱好文艺的同学组织"山海云剧社"（社长是哲学系周大奎），1942年暑假，演出了曹禺的《北京人》，杨毓珉负责舞台设计，汪曾祺专门管化装。演出成功，还挣到不少钱。

1942年下学期，杨毓珉和汪曾祺同时听"中国文学史概论"，讲到词曲部分，老师和学生一起拍曲子（唱昆曲）。杨毓珉回忆："曾祺很聪明，他能看着工尺谱吹笛子，朱德熙唱旦角……我记得最常唱的曲子是《思凡》，德熙唱的那几句'小尼姑年方二八，正青春被师父削去了头发……'真是缠绵凄婉，楚楚动人。"

汪曾祺最喜爱的课外活动是演戏和唱昆曲，特别是唱昆曲。当时云南大学中文系有几个同学成立了一个曲社，汪曾祺不仅闻讯参加，而且很快成为这个曲社的积极分子。几乎每次曲社活动（拍曲子、开曲会），都少不了汪曾祺。教学生拍曲子的主要教师是陶光，他是西南联大中文系教员，教大一国文的作文。吹笛子的是历史系教员张宗和。每次做"同期"（昆曲爱好者约期集会唱曲），吸引了联大、云大的许多师生。特别是一些驰名学术界的教授、学者也来曲社参加活动。这些名人教授中有些本身就是昆曲大家，不只会唱一般的曲子，如数论专家许宝騄，他是俞平白先生的夫人许宝驯的弟弟。有一次，许宝騄听汪曾祺唱了一支曲子，甚是欣赏，主动提出教汪曾祺一出

《刺虎》，汪曾祺当然高兴。那天，汪曾祺按时去了，许先生没有说多少话，就拍起曲子来："银台上晃晃的风烛炫，金猊内袅袅的香烟喷……"汪曾祺觉得许先生的曲子唱得很大方，他的"擞"特别好，摇曳生姿而又清清楚楚，这印象几十年也没有忘记。[①]

联大学术自由，对学生的管理也比较宽松。汪曾祺回忆自己大学经历时，自嘲地说，考入大学，成天"泡茶"。他经常逃课，有时，深更半夜时，他端坐大树的树枝之上，对着明月吹笛，一度被视为联大学生中的另类。

"嘤其鸣矣，求其友声。" 汪曾祺的好友朱德熙，也是非常喜欢昆曲。读联大时，朱德熙与何孔敬谈恋爱，两人带着干粮，在大观楼茶馆，朱德熙教何孔敬唱昆曲，一唱就是一天。此后一人吹笛，一人吟唱，成为夫妻之间的乐事之一。

1941年朱德熙住在文林街地藏寺巷2号，那里成了他和师友的文化沙龙。联大的老师杨周翰、王还夫妇，单身教师李赋宁、大络腮胡子沈有鼎是常客。李赋宁会拉琴，随时拎一把胡琴唱京戏。而朱德熙的好友文学才子汪曾祺，来吹笛子，唱昆曲；朱德熙的好友郑侨（郑孝胥的孙子）常年穿一件蓝布长衫，油光光的，毫不在乎，满面红光，很有精神。可见，唱昆曲，演话剧，看电影，是当时联大师生的重要文娱活动。

联大师生多半生活清贫，但在物价飞涨、人心浮躁之际，能平平静静地做学问，并能在高吟浅唱、曲声笛韵中自得其乐，对复兴民族大业不失信心，不颓唐，不沮丧，算得上是浊世中的清流，激流中的砥柱。

---

① 见陆建华《汪曾祺的春夏秋冬》。

苦中作乐打桥牌

在朱自清的日记中,经常出现清华大学教授打桥牌的记录。1939年3月4日,他在日记中写道:"打桥牌,大家决定下下星期起,两周一次桥牌例会。我老是输,甚灰心。"一个星期后的3月11日,朱自清"阅完试卷,在柳家桥牌"。柳家,大概指柳无忌家,朱自清固定的牌友是浦江清。4月23日,星期天,朱自清参加陈福田以及陈岱孙的桥会,并在那里吃晚饭,菜饭甚佳。

清华大学教授闲暇时打桥牌在战前北平是平常的娱乐,他们将这一娱乐活动延续到昆明。不仅文科教授喜欢,理科教授似乎更爱打桥牌,甚至上瘾。我们来看一看联大理科教授如何打桥牌。

1946年返回清华园后,教授们打桥牌
(左起:邵循正、朱自清、吴晗、浦江清)

陈省身来西南联大不久，他的南开同学、北大物理系教授吴大猷也来到该校。

战争初期，生活已很艰苦，但教授们还能苦中作乐。每逢周末，紧张工作之余，在吴大猷家有两桌桥牌"牌战"。陈省身是常客之一，在南开时他就以擅打桥牌著称。吴大猷夫人阮冠世也是桥牌高手。唯有吴大猷的水平不及格，仅能在一旁观战。他自己并不喜欢打牌，只是为了让别人快活而已。有时"清华队"向"北大队"挑战，事前说好，输的那队就做当天晚餐的东道主。晚餐虽无美味佳肴，但以量取胜，餐后总有剩余，大家便让最年轻的陈省身和大肚汉吴大猷负责"扫荡"。

吴大猷在其著《回忆》中写到这一段难忘的时光：

> 1939年冬，我又从北仓坡迁到西仓坡若园巷，那是当时"内政部"周部长的住宅。周大少奶，正好是我在密大的同学袁丕济的侄女。我们和程毓淮兄嫂分住在正楼下的五间房子里。我们由原先次长的房子，跳到部长的房子，也可算是"高升"了。
>
> 我们每周末都有两桌牌战（桥牌），常客有陈雪屏、陈省身、刘晋年等。冠世很喜欢打桥牌，可我的"技术"都不及格，只好坐在一旁，一有空就做些打字等不需要专心的工作。有时汤佩松等带来的"清华"队和我们作所谓 duplicate 桥牌战，事先约定好，输的一队，就做那晚晚餐的东道主。他们来挑战，我们总可以大吃他们一顿，到底大家都是文人，胃口均不是很大，加之菜又预备得多，因此每顿都有很多剩余。这样大家都挑了我和陈省身二人，由我们负责"扫光"。

打桥牌在学生中也盛行，有时，师生同乐。联大外语系学生许渊冲在回忆录中写道："我约陈省身、许宝騄两位教授打过桥牌，因为错把'三无将（3NT）'改打'四红心（4H）'，失去了战胜两位数学大师的机会。"

打桥牌本是一种消遣，如果上瘾，可能影响到同事的休息，吴宓就曾对牌战大发牢骚。

1941年前后，吴宓住玉龙堆联大教授宿舍。住玉龙堆宿舍的大多是单身教授，多人共居一室或里外间，难免相互干扰。吴宓与陈省身（数学系教授）住里间，外间很乱，通宵打桥牌、抽烟是常有的事。试看1941年、1942年吴宓日记中的几则：

11月18日晚8：00寝，而诸人在堂中斗牌吸烟，致宓直至夜半不能入寐。烟刺宓脑齿并痛，苦闷极矣！
1月9日，外室诸人斗牌喧闹至深夜。
1月24日，是日，同舍诸君，共客在外室斗牌，凡二桌，自下午2：00至夜1：00，喧闹特甚。

联大外文系美籍教授温德热爱中国，生活在中国多年，对中国的情形相当了解，似乎对教授打桥牌颇有微词。某日，吴宓去云瑞中学看望温德："又谈国事。温德谓世界古今，当国家有大战，危机一发，而漠然毫不关心，只图个人私利，或享乐者，未有如中国人者也！"

温德的批评很有道理。有的联大教师痴迷打麻将，以致小偷乘虚而入竟不知。作为教务长的潘光旦，写了一封信贴在他们客厅的门柱上，大意是希望他们玩要有"度"。又说：其实打麻将没有什么不好，娱乐一下也不错。我也喜欢打，偶尔玩玩，只是应当找个合适的时间。最后说如果各位有兴趣的话，不妨找个礼拜天，到舍下摸几圈如何。他这种幽默的批评，晓之以理，动之以情，大家会心一笑。从此，滥打麻将的现象不再出现了。

看电影

不论任何时代,大学生最喜欢的娱乐,莫过于看电影。联大的学生爱看电影,还有经济方面的考虑。

除了玩桥牌之外,电影也是联大同学最普通的娱乐。因为物价的高涨,音乐活动在这里仅限于唱唱歌,或是到美国领事馆及附近的学生服务处、文林堂听听唱片音乐;而运动方面,打打球还要考虑到鞋子的"损耗",其他就更不必道了。①

何兆武在《上学记》中回忆道:"在昆明的时候时常看看电影,而且也不贵,一个月总可以看上两三次,昆明七年我大概看了总得有两百多场。当时有一家南屏电影院是新建的,设备很新,影片也都是最新的。"

电影分为几种,一种是时事性的纪录片,比如隆美尔和蒙哥马利在北非的沙漠之战,再比如1945年2月的雅尔塔会议,片子很快就公映了。

另一种是故事片,很多是描写二战的,像《卡萨布兰卡》(当时叫《北非谍影》)《魂断蓝桥》,再比如《东京上空30秒》,那是顶新的片子,

---

① 见走幸田《我住在新校舍——联大的衣食住行及其他》。

1941年底日本偷袭珍珠港，第二年春天美国就炸了东京，电影里演的就是那次轰炸。在何兆武的记忆中，还有一部电影讲二战海战的，看了以后才知道，那些潜水艇里的人要时常照日光灯，补充一些紫外线。

文艺片很受联大师生的欢迎。《简·爱》《乱世佳人》，都在昆明上映。还有音乐片，像讲施特劳斯的《翠堤春晓》，音乐非常好，有联大学生看了五六遍，里边的插曲大学生都会唱。《葡萄春满》（New Wine），讲的是舒伯特的一生。还有《一曲难忘》（A Song To Remember），讲肖邦的。演肖邦老师的是 Paul Muni，演乔治·桑的是 Merle Oberon，都是当时非常有名的演员。后来 Merle Oberon 和 Laurence Olivier 合演了《呼啸山庄》，Laurence Olivier 和 Joan Fontaine 合演了《蝴蝶梦》（Rebecca），都是当时有名的片子。

看电影的一大乐趣是品评、欣赏电影明星。1945 年、1946 年，昆明上映的影片中，Ingrid Bergman、Claudette Colbert、Spencer Tracy、Paul Muni、Greer Garson、Vivien Leigh 是联大同学最欣赏的明星，也有人欣赏 Betty Grale 一流人物，但绝没有人欣赏 Carmen Mirenda，从以上我们可以看出一点联大同学的爱好。①

值得一提的是，电影片名的翻译，和林纾翻译的外国名著的名字非常相似。何兆武说："据说当时担任电影片译名工作的是吴宓老师，不知确否，不过从某些片名来看，如《卿何薄命》《魂归离天》（两辞皆出自《红楼梦》）之类，很像是吴先生的风格。"

联大理工学院靠近拓东路。拓东路是昆明繁华区的东南边缘，西端是南门外的金马碧鸡牌坊，东端则建有一个大体育场，其中心是一个足球场，可自由使用。马路可通行双向的大卡车，街道两旁有不少商店饭店等，附近有两个电影院，院内设有同声翻译设备，观众可直听原声和当地较土的"官话"口译。

汪曾祺刚到昆明时，电影院里放的都是美国电影。有一个略懂英语的

---

① 见走幸田《我住在新校舍——联大的衣食住行及其他》。

人坐在包厢（那时的电影院都有包厢）的一角以意为之地加以译解，叫作"演讲"。有一次在大众电影院，影片中有一个情节，是约翰请玛丽去"开餐"，"演讲"的人说，玛丽呀，你要哪样？楼下观众中有一个西南联大的同学大声答了一句："两碗焖鸡米线！"这本是开玩笑，不料"演讲"人立即把电影停住，把全场的灯都开了，厉声问："是哪个说的？哪个说的？"差点打起群架。

看电影，本是娱乐，但有时也不可避免地和政治斗争联系起来。1945年4月，联大学生准备隆重纪念"五四"的计划一经宣布，国民党云南党部就紧张了。他们一面通过昆明市政府密令各学校阻止学生参加，一面严令各报刊不得刊登联大纪念"五四"的消息。同时还让昆明3家电影院赠送2800张5月3日、4日的电影票给学生，企图以此干扰破坏纪念活动。中共地下组织立即在训导处门边墙上贴出"大字报"，抵制这个活动。"大字报"称，免费票计划是三民主义青年团的阴谋诡计，是国民党省党部利用公款买的票。看到关于电影票的告示，有学生当场把票撕掉，并把票根贴在墙上；工学院学生决定全体拒绝接受赠票，并用数学公式说明其原因："电影票钱＝一斤猪肉＝大学生的灵魂？！"联大的学生识破了他们的阴谋，原想拒绝领票，后来，有人建议把电影票转给难得看上电影的伤兵、居民和流浪儿，于是，由学生自治会一起领票，并照此办理。

关于电影票斗争最后的话是联大的历史系吴晗教授说的。他说，在意大利，墨索里尼曾对捕捉他的人说："别杀我，我会给你一个王国。"在中国，却是"别开会，我会给你一张电影票"。

抗战时期的昆明，看电影，对于大学生来说，如果没有空袭，不是困难的事情。但对于乡下的孩子来说，电影是稀奇的。杨振宁就读西南联大，周末从联大回到龙院村，住在村里的联大教授吴有训的孩子吴惕生、吴希如、吴再生、吴湘如，赵忠尧的女儿赵维志，余瑞璜的女儿余志华、余裴华等，都喜欢聚集到杨家来，听杨振宁讲英译的故事《金银岛》《最后的摩西根》等。更有趣的是，杨振宁还同清华园里的玩伴、云南大学校长熊庆来之子熊秉明合作，熊秉明画连环画，杨振宁在旧饼干筒圆口上装一个放大镜，筒内安装一只灯泡,让连环画从放大镜前抽过,于墙上形成移动的人物,制成遭到飞机轰炸的"身在家中坐,祸从天上来"等土电影,给难得有机会看电影的孩子们开开眼界。

声光电影七十载,那青春的印记和影像,封存在经典电影之中,那里面有联大学人的泪水和欢笑。

联大学者近体诗中的流年碎影

南渡诗抄

1937年,七七事变爆发后,没有多久,北平沦陷。北大、清华和南开的师生不愿当亡国奴,纷纷南渡。冯友兰是和吴有训一同走的。到了郑州,碰上了熊佛西。冯友兰邀他们到馆子里吃黄河鲤鱼。冯友兰说:"此一去,不知何年何月才能回来,我们还是先吃一顿黄河鲤鱼吧!"

他们在馆子里饱啖了美味,心中却不免有一种怅然之感,犹如感受了一次失去家园之恨。

熊佛西喜欢养狗,吃饭时他讲了许多关于狗的故事。他说,北平许多养狗的人家,人走了,狗没法子带,只好忍痛抛弃了。那些狗,虽被主人遗弃了,却还守在门口,望着空空的院子不肯离开。他说着,不胜感慨。冯友兰说:"这就是所谓丧家之犬,我们不就是丧家之犬吗?"说着,大家不禁唏嘘慨叹。

1937年底,北大、清华、南开三校组成的长沙临时大学开学。冯友兰和临大的学者游览衡山,拜谒南岳二贤祠。二贤祠建在方广寺旁,为纪念宋代张栻和朱熹聚会论学而立,二贤祠的嘉会堂上挂一匾,上书"一会千秋"。冯友兰游二贤祠,"怀时贤之高风,对当时之巨变,心中感发,不能自已",于是吟诗二首:

二贤祠里拜朱张,一会千秋嘉会堂。

> 公所可游南岳耳，江山半壁太凄凉。
>
> 洛阳文物一尘灰，汴水繁华又草莱。
> 非只怀公伤往迹，亲知南渡事堪哀。

之所以说南渡事哀，是想起"永嘉之乱"晋人、"靖康之变"宋人南渡的往事。当时，日军步步紧逼，大片国土沦丧，政府、大学搬迁西南。此诗是冯友兰怀古伤今而作，道出了当时知识分子的沉痛心声。

1938年2月17日至25日，临时大学迁往昆明，冯友兰、陈岱孙、朱自清等人途经桂林、柳州时，乘船游览了桂林山水。桂林山水甲天下，风景如画，但南渡的一行人，并不能尽兴而游。纤夫和呼号与水上的渔歌，让他们感觉哀伤。战争的阴影像噩梦一样压在心头，在此期间，朱自清的日记中有这样的记录："做一噩梦。在梦中我几乎死去。"2月25日，朱自清作《漓江绝句》：

> 招携南渡乱烽催，碌碌湘衡小住才。
> 谁分漓江清浅水，征人又照鬓丝来。

查朱自清日记，朱自清还有律诗写漓江风景，有"上滩哀呼动山谷，不是猿声也断肠"之句，哀民生之艰，叹江山如画，也夹杂着大好河山被日寇入侵的隐忧。

1938年2月，冯友兰、朱自清一行快到镇南关时，冯友兰经过凭祥县城时出了意外——左臂碰到城墙骨折，在河内一家法国医院接受治疗。冯友兰躺在病床上，什么事情也不能做，脑海里浮现北平失陷之后的事，写了一些旧体诗。大部分都被遗忘，冯友兰在《三松堂自序》中收录了三首：

> 兵败城破日已昏，抛妻舍子别家门。
> 孟光不向门前送，恐使征人见泪痕。

水尽山穷路迂环,一车疾走近南关。
边墙已满英雄血,又教书生续一斑。

窗外骄阳升复沉,淹留不料到如今。
未问南行诸友伴,可都顺利胜风云?

  冯友兰诗中透露出那一代学者南渡时的心境和心情。日寇入侵,抛妻舍子,亲人离散,浪迹天涯,而冯友兰意外受伤,不禁惹起乡思之情。冯友兰住院,陈岱孙、朱自清陪同,直到冯友兰的弟弟冯景兰来到后才离开。

  告别故都,一路南行。1938年3月11日,朱自清乘坐二等车离开河内赴昆明。在晃动的列车上,朱自清不禁想起在忧患中的同胞兄弟,想到国家的未来与联大学者今后的命运,在一种感伤的心情中想了很多。南渡的学者来到昆明,无法料到这旅程的结束,意味着一段漫长、艰难岁月的开始,他们要八年之后,才能踏上北返的归程。

南渡自应思往事

一路艰辛，1938年4月8日，陈寅恪终于抵达云南蒙自（时联大文法学院设在蒙自）。此时，陈寅恪远在西南边陲，家人皆在香港苦苦度日，骨肉分离，加之从前方传来的皆是不利的消息，悒郁中陈寅恪染病卧床，曾作《残春》两首，其一云："家亡国破此身留，客馆春寒却似秋。雨里苦愁花事尽，窗前犹噪雀声啾。群心已惯经离乱，孤注方看博死休。袖手沉吟待天意，可堪空白五分头。"身世之感，离别之愁，国破之恨皆溢于言表。

南湖风景宜人，湖中有一小岛取名松岛。一天傍晚，陈寅恪与吴宓散步回来，经过一小桥，站在桥上望着湖面的荷花，聆听桥旁一酒楼内传出的划拳、碰杯的声音，不无伤感。陈寅恪遂作七律一首《南湖即景》：①

> 景物居然似旧京，荷花海子忆升平，
> 桥边鬓影还明灭，楼外笙歌杂醉醒。
> 南渡自应思往事，北归端恐待来生？
> 黄河难塞黄金尽，日暮人间几万程？

---

① 《南湖即景》：有文章记为《蒙自南湖作》。

刘文典读过这首诗后颇有同感，挥笔抄录，赠给一向帮助西南联大的当地学者马竹斋。马竹斋视为宝贝，精心保存。现原件存于蒙自县档案馆。

马竹斋题记云："陈寅恪名曾，以字行①，晚清诗家散原老人三立子也。早岁留学英伦，为时所誉，而家学渊源，诗有根底，讲学之余，不费吟咏。戊寅年联大迁蒙，寅恪所为诗，皆抚时感慨之作，惜未得窥全豹，仅刘叔雅录示此首，虽一脔亦解馋吻矣。"

在蒙自的一些联大学者，对战事感到悲观，故陈寅恪哀叹"北归端恐待来生？"陈寅恪的好友吴宓也持悲观态度，他的《大劫一首》诗云：

绮梦空时大劫临，西迁南渡共浮沉。
魂依京阙烟尘黯，愁对潇湘雾雨深。
入郢焚麇仍苦战，碎瓯焦土费筹吟。
惟祈更始全邦梦，万众安危在帝心。

陈寅恪和吴宓诗中的"南渡"句，与冯友兰作《西南联合大学纪念碑》碑文的思想非常吻合："南渡之人，未有能北返者。晋人南渡，其例一也；宋人南渡，其例二也；明人南渡，其例三也。"北归悲怆，与碑文"风景不殊，晋人之深悲；还我河山，宋人之虚愿"同调，陈寅恪诗中的感伤并非是对抗战最后胜利的悲观，是担心历史重演的深深忧虑。然而，历史并未重演，诚如碑文所写："吾人为第四次之南渡，乃能于不十年间，收恢复之全功，庾信不哀江南，杜甫喜收蓟北。"陈寅恪战后得以重返清华园。陈寅恪和吴宓的诗，大抵可折射出当时一些学者的忧患。

是年春夏间，陈寅恪于蒙自联大分校还写下了其他诗句，更是触目惊心："读史早知今日事，对花还忆去年人"（《残春》）；"南朝一段兴亡影，江汉流哀永不磨"（《七月七日蒙自作》）。

有论者指出，20世纪40年代转徙西南天地间的学者们，普遍对六朝史事、

---

① 笔者按，陈寅恪生于光绪十六年庚寅，祖母名之寅恪，以名行。其祖拟以鹤寿为字，然此字未使用。参见蒋天枢《陈寅恪先生编年事辑》。

思想及文章感兴趣，恐怕主要不是因书籍流散或史料缺乏，而是别有幽怀。像陈寅恪那样早就专治此"不古不今之学"者，自然鉴古知今，生出无限感慨；至于受现实刺激而关注六朝者，也随时可能借六朝思想与人物，表达其对社会现实的关注。

1946年夏，闻一多先生被刺身亡，王瑶先生的同学季镇淮先生即借《嵇康之死辨闻》《竹林故事的结局》等考史文字寄托悲愤。季文议论精辟而又切合史事，可见平日读书兴趣所在。至于另一位同学范宁，则以魏晋小说为研究专题，与王先生的论述更是密切相关。据范先生回忆，西南联大研究生宿舍里，同学们"聚在一起时大都谈论魏晋诗文和文人的生活"（《昭琛二三事》）。南渡的感时伤世、魏晋的流风余韵，配上嵇阮的师心使气，很容易使得感慨遥深的学子们选择"玄学与清谈"。

联大学者过中秋　诗词唱和述性情

1942年9月24日，上午半阴，下午放晴。这一天是中秋节。下午三点，梅贻琦约清华同事陈岱孙、李继侗、朱自清三人出发，到周培源家过节。

周培源一家位于西山脚下的滇池边上的山邑村。山邑村中周培源租住的房屋，现为龙门村112号，为一留学美国的人士所建，是一栋砖木结构的二层五开间的楼房，宽展的前廊，方形的石柱，以及石砌的拱形门窗，透露着

联大教授在周培源家中做客。后排左起：周培源、陈意、陈岱孙、金岳霖。前排左起：林徽因、梁再冰、梁从诫、梁思成、周如枚、王蒂澂、周如雁

浓厚的欧美建筑风格，房前屋后，绿树成荫，庭院中有水池，庭院面对浩瀚的滇池，万顷碧波就在庭院外涌动。每到周末，山邑村的这个小院里，热闹非常，梁思成林徽因夫妇、陈岱孙、金岳霖、张奚若、任之恭、吴有训、李继侗等老朋友到此相聚，沈同、陈福田、陈省身、邵循正等联大教授也不时来访。楼上楼下的所有房间，床上地下经常是睡着满满的人。

梅贻琦和同事来访，周培源和王蒂澂夫妇张罗酒菜，一起过中秋节。可惜的是月亮升起后，被云雾遮掩，他们未能赏月。这天晚上，梅贻琦和李继侗宿在积翠楼上东间，陈岱孙、朱自清睡在西间，中间是周培源和王蒂澂夫妇和三个孩子的房间。梅贻琦入睡时，四周寂静，唯湖边水波拍岸，让他们渐渐地进入甜美的梦乡，仿佛忘记了人世间的烦忧。

9月24日，朱自清作《中秋从月涵（梅贻琦）先生及岱孙、继侗至积翠园培源寄居，次金甫（杨振声）与月涵先生倡和韵》：

天南独客远抛家，容易秋风惜晚花。
佳节偶同湖上过，无边朗月伴清茶。

酒美肴甘即是家，古今上下舌翻花。
兴来那计愁千斛，痛饮卢仝七碗茶。

且住为佳莫问家，茫茫世事眼中花。
人生难得逢知好，树影围窗细品茶。

暂借园居暂作家，重阳节近忆黄花。
主人倘订登高约，布袜青鞋来吃茶。

10月1日，朱自清日记记载："今日上午，今甫拟将《世界学生》之文艺编辑交余负责，熟思后表示谢绝。成诗四首赠今甫。"此四首诗即《叠前韵赠今甫》：

漫郎四海漫为家，看尽春风百种花。
已了向平儿女愿，襟怀淡似雨前茶。

此心安处即吾家，瞥眼前尘雾里花。
省得相知人几个，淡芭菰酽压新茶。

住惯天涯解作家，案头亲供折枝花。
作书看画消清昼，客至红炉缓煮茶。

北望燕云归帝家，宫墙两畔菊堆花。
相期破虏收京后，社稷坛头一盏茶。

杨振声和作一首交梅贻琦，诗文为：

到处为家不是家，陌头开遍刺桐花。
天涯无奈乡思渴，细雨疏帘酒当茶。

杨振声在昆明曾另作一首赠学生诸有琼，也是"叠前韵"：

眼应山河梦里家，一年春尽酴醿花。
鲍樽汲取门前水，夜雨烟窗自煮茶。

眼底山河梦里家一年
去君醅醸花艳樽酒取
门前水柜句怀宽自者
茶 旅居昆明
有瓊同学丐拁 振声

杨振声书赠学生诸有琼

朱自清《近怀示圣陶》

1939年11月,朱自清因为身体的原因,辞去联大中文系主任职务而专任教授。1940年,朱自清获得年假,可以有一年完整的时间,从事早已酝酿成熟的对中国经典文献的学术研究。但昆明物价高得惊人,身为知名教授,亦难养家糊口。计议再三,终于决定迁家到夫人陈竹隐的故乡成都,为了筹路费,他甚至忍痛卖掉从英国带回来的一架留声机和两张音乐唱片。这是当年送给夫人的礼物,也是这位教授之家唯一的奢侈品。

朱自清

到成都后,朱自清在东门外望江楼对岸之宋公桥报恩寺中安家。朱乔森在《人格的升华——朱自清在清华》文中写道:"一家人住在从一所尼庵租来的三间茅屋内,顶上是稻草,墙上是用竹片编成篱笆抹了一层泥,地上连一层砖都没铺,而食米还要经常靠亲友接济或借贷。"1940年11月18日,叶圣陶来到朱寓。朱自清的话题转到诗上来,并且以长篇五言《近怀示圣陶》相赠。谈到浓处,索性携茶酒至望江楼,啜茗长谈,继之小饮,欢会难得,日暮始别。望江楼,在成都东门外,面临清清锦江,有薛涛井、崇丽阁、吟诗楼、浣笺亭等名胜,其时已辟为公园,为清游佳胜。

朱自清的五言诗，从自己的处境说到动乱的时局，衷肠倾诉，动人肺腑：

……山崩溟海沸，玄黄战大宇。健儿死国事，头颅掷不数。……累迁来锦城，萧然始环堵。索米米如珠，敝衣余几缕。老父沦陷中，残烛风前舞。儿女七八辈，东西不相睹。众口争嗷嗷，娇婴犹在乳。……赣鄂频捷音，今年驱丑虏。天不亡中国，微枕寄干橹。区区抱经人，于世百无补。死生等蝼蚁，草木同朽腐。蝼蚁自贪生，亦知爱吾土。鲋鱼卧涸辙，尚以沫相呴。勿怪多苦言，喋喋忘其苦。不如意八九，可语人三五。惟子幸听我，骨鲠快一吐。

朱自清手迹。1948 年 1 月 29 日，作旧体诗《夜不成寐，忆业雅〈老境〉一文，感而有作，即以示之》

这首风格近乎杜甫的长诗，写的不仅是个人的困难，同时反映了黎民百姓在战乱中的深切苦难。

朱自清（右）与叶圣陶合影

朱自清（右一）与友人合影于云南蒙自南湖。朱自清受聘为南湖诗社导师

梅贻琦、顾毓琇唱和

1941年，梅贻琦过53岁生日的时候，他昔日清华的同事和朋友——原清华工学院院长顾毓琇写来一首诗祝贺：

> 天南地北坐春风，设帐清华教大同。
> 淡泊高明宁静志，雍容肃穆蔼和衷。
> 诲人自有宗师乐，格物原参造物功。
> 立雪门墙终未足，昆池为酒寿高松。

梅贻琦和了一首：

> 敢言程雪与春风，困学微忱今昔同。
> 廿载切磋心有愧，五年漂泊泪由衷。
> 英才自是骅骝种，佳果非缘老圃功。
> 回忆园中好风景，堂前古月照孤松。

自比古月堂前一孤松，那自然是梅贻琦的谦虚，也是他的风骨。但他的确是清华园里一道别致的风景。

1931年，梅贻琦走马上任，给清华留下一句箴言——大学之所以为"大"，不在于有没有高楼大厦，全在于有没有大师。抗战时期，梅校长主持西南联大。论人数，论经费，论设备，清华占压倒性优势，梅贻琦必须让清华不觉得吃亏，让北大和南开不觉得被清华占了上风。梅校长胸怀之"大"，使他对整个联大同等看待，整个联大也就同等看待他。梅贻琦把一生韶华，全部献给了清华。

顾毓琇

伤心史与心酸诗

1939年春天,英国牛津大学聘请陈寅恪担任汉学教授,并授予他英国皇家学会研究员称号。陈衡哲女士曾评论说:"欧美任何汉学家,除伯希和、斯文·赫定、沙畹等极少数人外,鲜有能听得懂寅恪先生之讲者。不过寅公接受牛津特别讲座之荣誉聘请,至少可以使今日欧美认识汉学有多么个深度,亦大有益于世界学术界也。"

陈寅恪与家人合影

战时的生活条件是极为艰苦的。后几年更是百物腾贵，物价飞涨。薪水不能按时发放，甚至经常打折扣。作为最高级别的"教授中的教授"，身病目残，家累亦复不轻，陈寅恪也不时感叹："残剩河山行旅倦，乱离骨肉病愁多""淮南米价惊心问，中统银钞入手空""少陵久废看花眼，东郭空留乞米身。日食万钱难下箸，月支双俸尚忧贫"……基本物质条件无法得到保障，营养很差（一个学生馈赠3罐奶粉，居然就让老教授很开心），灯光昏暗，是造成陈寅恪目疾加重、终致失明的重要原因。这也是自由主义知识分子闻一多等人思想急遽转变的一个转折点。

化学系教授黄子卿曾有一首诗，可以作为当时教职员艰苦生活的真实写照。这首诗的前面有一小段序文"三十年（1941年）秋，疟疾缠绵，卖裘书以购药，经年乃瘥。追忆往事，不禁怆然"，全诗共有四句：

饭甑凝尘腹半虚，维摩病榻拥愁居。
草堂诗好难驱虐，既典征裘又典书。

说的是蒸饭的甑子都已积了一层尘土，肚子却无法填饱，在病床上静躺着，心里充满了惆怅，百无聊赖时拿起杜甫的诗，又觉得诗虽好却赶不走病痛，为了治病和维持生计，只得典当皮衣又卖书籍。像黄子卿教授的情况，在西南联大的教职员中可以说比比皆是。

1943年下半年教授的薪金实值只等于战前法币8元。据陆耀东《冯至传》记载，冯至一家唯有一次又一次地变卖物品，从德国带回的"照相机、留声机、跋涉千里未忍抛弃的几件玻璃器皿、外国朋友送给我女儿的玩具等等，都相继与我们含泪告别。其次是从有限的衣物中拣出几件暂时可以不穿的衣服交给寄售店，从舍不得出卖的书籍中挑出几本目前不需要的书卖给旧书店"。冯至有两句诗概括了当时的情形：

家贫售尽战前物，时困犹存劫后书。

全家还苦苦节省，用肥皂木箱做书架，三个人共用一盏小菜油灯，膳食仅果腹而已，根本顾不上营养。冯至和夫人重病之后，也无法补养身体。物质生活虽然十分艰苦，冯至的精神状态却很好。这是中国知识分子的传统，伯夷、叔齐宁肯饿死，也不食周粟；陶渊明不为五斗米折腰；杜甫连儿子也饿死了……

萧涤非送子《早断》

萧涤非 1906 年生于江西临川茶溪村一个穷秀才家。20 岁时由南京江苏省立一中同时考取清华、东南两所大学，后入读清华中文系。其间尤喜足球，曾获"华北足球队长萧涤非"奖牌，古典文学专家余冠英、吴组缃，还有季羡林、李长之都是他的啦啦队成员。他的百米 11.1 秒的清华纪录，一直保持到中华人民共和国成立后。由于 4 年学业总成绩平均分在 80 分以上，免试进入清华研究院，清华同学们还送他一个刻有"状元"二字的铜墨盒。

从清华毕业后，萧先生辗转青岛山东大学、四川大学、昆明西南联大。在西南联大期间，经历了失子的刺心之痛。

萧涤非先生在清华大学研究（1933 年）

联大师范学院的副教授萧涤非，先后到中法大学、昆华中学、天祥中学四处兼课，但生活依然十分困穷。第三个孩子出生，抚养不起，只好忍痛将其送给他人。骨肉分离，其情难舍，萧涤非作了一首令人断肠的五律，为孩子送行。诗名《早断》，全诗云：

绝代风流：西南联大生活录

1957年，萧涤非在山大执教，与家人合影　萧光乾提供

好去娇儿女，休牵父母心。
啼时声莫大，逗者笑宜深。
赤县方流血，苍天不雨金。
修江与灵谷，是尔旧山林。

萧涤非是江西临川人，夫人可能是南京人，故用模糊的地名修江、灵谷，给孩子指点血脉的源流所在，期待孩子长大怀念祖籍、怀念父母。朱自清把这首诗拿去刊登于重庆《饮河诗刊》。

1943年12月28日，昆明《朝报》刊有一则启事：

欲领子女者鉴：某君夫妇服务于教育文化机关，因无力俯畜，愿将行将分娩之婴孩儿（约明春分娩）无条件赠送予人。凡家身清白，有抚养及教育能力而尚无儿女，意欲领为螟蛉者，请投函……面洽。

把行将出生的亲生骨肉无条件地赠送给别人，人世间最令人心痛的事莫过如此！但生活的无奈让这对夫妇别无选择。战时昆明生活困苦、民不聊生由此可见一斑。

北大教授陈平原在《抗战烽火中的中国大学》一书中，特意提到这首诗，他分析：同样是写日子艰难，此诗在悲痛、无奈与自嘲中，还有某种淡定、诙谐与自持，这更能体现那时读书人的普遍心态。至于第二句，似乎对应更早一些的《早断》——该诗序曰："抗战以还，已有两犊，而妻复孕，因议以予人。卧床仰屋，悲不自已，率尔成咏。"这首五律被朱自清推荐给《饮河诗刊》发表后，因其"沉痛真挚，读之泪下"而广受好评。

潘光旦：只将身世寄鸥游

潘光旦家人口较多，生活上是比较困难的。潘光旦个人的收入支持家庭有困难，不得不由太太出来做点事增加收入。潘太太曾与西南联大常委、清华大学校长梅贻琦的夫人共同制作一种蛋糕，取名"定胜糕"，拿到冠生园寄卖。抗战后期，潘太太曾自制绣花绸睡衣、头巾、手帕卖给美国盟军，以补贴家用。她还曾请闻一多先生画过两幅龙的图案作为绣样。

1942年，潘光旦在赠赵文璧的诗中表达了在艰苦条件下的心态：

> 知吾不作稻粱谋，避地五年一敝裘。
> 未信文章憎命达，只将身世寄鸥游。
> 应怜士道衰微甚，莫为师门贫病忧。
> 爱汝囊中无浊物，买薪权当束脩收。

这首诗可看作潘光旦的精神写照、生活自画像。潘光旦在这首诗中既传递出"飘飘何所似，天地一沙鸥"的身世飘零之感，又有"国破山河在，城春草木深"的黍离之悲。有论者这样评潘光旦的旧体诗，"辞藻平易，意境深远"。仅此一首，可见一斑。

潘光旦是1899年8月13日出生，在客居云南的战时岁月，迎来43岁生日，他写旧体诗表达了抗战必胜的信念。请看其一：

转眼重逢八一三，门前逝水去无还。
举头不惑天行健，着脚方知国步艰。
已分穷愁关性命，任教破碎总河山。
兴邦多难寻常事，看取前修忧患间。

此类表达抗战必胜的诗作，在同时期中占了很大的比例。这是一种心情的期待，也是一种内心的坚定。万方多难之际，的确需要这类诗篇支撑内心世界。

潘光旦一家和内弟赵世昌（清华大学技师）家疏散到昆明西郊的大河埂村。疏散到大河埂居住的多是清华教授和职员，距昆明城7.5公里。"这是一个适中的地点，往北五里是大普吉，清华大学的几个研究所设在那里；往西一里是西山坡下的龙院村（又称梨园村），住有清华不少教职员家属；顺河往南走到大石桥，就上了通往昆明大西门的公路。"潘光旦在大河埂的寓所有一书房，名为"铁螺山房"，1941年6月，潘光旦写过一篇《铁螺山房

潘光旦（后排右二）与家人在昆明
西郊大河埂合影

记》。潘光旦在西南联大时期写的诗稿结集为《铁螺山房诗草》。

1992年,群言出版社刊行潘光旦手迹影印的《铁螺山房诗草》,欧洲问题专家陈乐民(毕业于北大,其夫人为资中筠)偶然读到此书,击节称叹,这位潘光旦的隔代知音称,没有想到社会学家潘光旦"是一个不是诗人、胜似诗人的诗人"。其实,早在抗战时期,潘光旦的这些诗就不乏知音,朱自清在其所撰写的《铁螺山房集赠主人》中如此评价:"小诗坦率见性情,烟斗陆离征雅痂。"手持烟斗坐在藤椅中酝酿诗情,嘴含烟斗作诗的形象,定格在时光深处。

潘光旦那一代学人中西贯通,潘光旦的英文读写胜过美国的优等生,又具有深厚的国学基础。这得益于他在清华所接受的教育。中学西学犹如他肩下的双拐,支撑了他坚实的人生。

游国恩挽朱自清诗

1939年，游国恩（字泽承）随当时所在的武昌华中大学迁到大理喜洲后，正是日寇大举侵华，大部分国土沦丧之时。游国恩忧心国事，开始经常写作旧诗以寄怀。到西南联大后，仍诗兴不减，连同在喜洲写的诗总共有一百多首，可惜后来能够找到的很少。由于写诗多，不仅校外的人请他作《论写作旧诗》的演讲，连联大新诗社在1941年也请他作《论诗的欣赏》的演讲。

游国恩也经常与同人赋诗论诗。据浦江清先生1943年2月7日（春节期间）的日记记载："天阴，寒甚。在闻（一多）家围炉谈诗。游泽承谈散原（陈三立号散原，陈寅恪之父）诗尤有劲。传观诸人近作，佩公（朱自清）晚霞诗，重华黄果树瀑布诗，泽承律诗数章均佳。"浦、朱二先生都有与游国恩唱和的诗。游国恩和朱自清在谈诗论学方面很投合，朱病逝时游国恩写了一首很动感情的挽诗《哭佩弦先生》：

> 十年漂泊得生还，尘浣征衫鬓欲斑。
> 反胃陈王妨饮食，解颐匡鼎动愚顽。
> 文章新变空余子，忧患平生塞两间。
> 太息唐楼咸故事，与君斟酌陆浑山。

游国恩自注：昔与君同寓昆明北门街，衡宇相望。一日，余访君于唐公楼（唐家花园清华单身教授宿舍），因论讨及韩公《陆浑山火》，不觉移晷，大畅诗旨而去。

此诗原载于《中建》杂志1948年北平版1卷4期。原件由朱自清夫人一直珍藏，现存于清华大学档案馆。又联大化学系教授黄子卿工书法，并喜写作旧诗。在联大时他看到游国恩的诗很佩服，经常带自己的诗作到游家来，与游国恩讨论诗。游国恩去世时，他的挽联写道："落花依草哭丘迟，卅年旧交，两行热泪；春树暮云怀李白，千篇新著，一代词宗。"①

由此可见联大学者生死不渝的诚挚友情。

20世纪40年代初，游国恩教授在云南大理喜洲华中大学任教

---

① 见游宝谅《游国恩先生在西南联大》。

西南联大的演讲

联大的时事演讲

1937年11月1日,长沙临时大学开始上课。就在这一天,上午9时多,忽然响起日寇飞机来袭的空袭警报,师生无处躲藏,幸未投弹。因为交通的断绝、路线的阻隔,所到的教授并不多,有些开设的课程没有教授授课。为了满足学生的学习需要,校方邀请一些名流、学者来校作战争形势的演讲。

湖南省政府主席张治中谈抗战形势;《大公报》总编辑张季鸾讲战后形势发展的预测;国民党高级将领陈诚、白崇禧讲战略与士气等问题。获释不久的中国共产党原总书记陈独秀也讲演国际形势发展的预测。那时,国共合作刚刚开始,同赴国难。临大邀请八路军驻长沙办事处负责人徐特立先后三次来校讲演,介绍延安八路军情况以及动员民众参加抗战,受到学生的热烈欢迎。演讲者的政治立场虽然不同,但坚持抗战的信念是一致的,这也反映了学校继承兼容并包、学术自由的传统。这些演讲使学生认清战争形势,明确自己的职责,激励了学生,也宣传了抗日民族统一战线,坚定了抗战必胜的信念。

不少联大的学生听了徐特立的演讲,投笔从戎,奔赴延安。韦君宜在长沙时,听了徐特立的演讲,想从军去延安,征求冯友兰先生的意见。让韦君宜有点感觉意外的是,冯友兰先生支持她的想法。大学生是读书还是从军,钱穆和冯友兰意见不合,还发生过一次争论。钱穆认为,国难当头,学生更应该读好书。冯友兰先生曾在他为学校撰写的一次布告中，对同学说："不有居者，谁守社稷？不有行者，谁捍牧圉？"不论是直接参加抗日还是留校学习，他主张"全国人士皆努力以做其应有之事"。

长沙临时大学时期，国内教育界和国民政府对高等教育是否保留，是为了战时需要，还是为百年大计，观点有分歧，引起争论。这一争论还激起两位著名军事将领的兴趣，他们分别到刚刚内迁长沙的临时大学演讲，但观点截然相反。一位是湖南省政府主席张治中，他在演讲中开门见山，劈头就骂："际兹国难当头，你们这批青年，不上前线作战服务，躲在这里干吗？"另一位是军事委员会政治部主任陈诚，向学生们分析了时局，赞成学校内迁。他把大学生们喻为国宝，指出国家虽在危难之中，但青年完成学业，极为重要。因为十年后，国家的命运全在他们手里。蒋介石为这场争论画了个句号："我们切不可忘记战时应作平时看，切勿为应急之故丢弃了基本。我们这一战，一方面是争取民族生存，一方面就要于此时期中改造我们的民族，复兴我们的国家，所以我们教育上的着眼点，不仅在战时，还应该看到战后。"

两年后，内迁昆明的西南联大教授查良钊对陈诚的言论仍深表赞许。他回忆道："我这里得说，以后会有很多同学愿随学校赴云南，陈诚将军是给了很大影响的。"不过据蒋梦麟回忆，仍有350名以上的临大学生自愿留下来，参加组织动员民众抗日的工作。

联大在昆明延续了长沙临时大学的做法，邀请社会名流讲抗战形势和国际形势，这成为联大演讲的一个特色。

1938年7月7日晚上，冯友兰在蒙自海关旷地举行的抗战纪念集会上讲演，主要内容为抗战之形势。宗璞在《梦回蒙自》中记录了这次演讲的大概："父亲出席作讲演，强调一年来抗战成绩令人满意，中国坚持持久战是有希望的，一城一地之失，不可悲观，中国必将取得最后胜利。又言战争固能破坏，同时也将取得文明之进步。并鼓励学术界提高效率。"西南联大教授薛浦凤说这次讲演"语甚精当，绝不慷慨激昂。盖芝生仍用一套讲堂说理之辞令"。

每当联大教授举办讲座，昆明街头的店铺就会收铺板关门，因为老板与伙计都要去听讲。演讲内容有时是时事，有时是《红楼梦》。讲到国破之痛，台上的教授流泪痛哭，台下的群众一片悲愤。

法学院一位教授在昆中北院做世界形势报告，分析德苏不会开战，有四条根据，先讲了两条，中间休息二十分钟。恰好这时街上报童叫喊："号外！号外！德苏开战了，德苏开战了。"主讲人颇感尴尬，宣布下半部分不讲了，提前结束。任继愈对这次演讲印象深刻，他评论道：世界风云变幻莫测，一介书生仅仅根据报刊、文献提供的有限信息资料去做判断，结论有误完全可以理解。二战期间德国出兵进攻苏联，连斯大林都判断失误，何况远离实际的东方学者？这位教授依旧受到学生们爱戴。

联大的时事演讲，经常邀请一些社会名流。1940 年 11 月 23 日，《大公报》著名记者范长江在文学院讲演，题为《抗战与云南》。11 月 20 日，范长江到昆明时，《战国策》杂志为范长江举行晚餐会，陈铨、林同济、沈从文、何永佶等出席。

抗战后半段，日本发动太平洋战争，美国派来志愿空军，建立空军"飞虎队"驻昆明，经过几次空战，打下来日本飞机多架，日寇飞机不再敢来空袭，上课时间比较正常。中缅公路修通后，昆明成了对外交通的通道。联大有时邀请归国过路的名人讲演，如顾维钧、焦菊隐、徐悲鸿、美国回来的林语堂、牛津大学的 Daods、在缅甸密支那城全歼日本侵略军的杜聿明等。

徐悲鸿由欧洲经苏联回国返母校，过昆明，联大学生会请他讲演。他讲了在苏联参观苏联红军卫国战争画展。苏联画展组织者动员了全国有名的不同流派画家拿出自己作品参展。大量的作品是描写红军抗击德国纳粹的战争。也有些风景画家，没有画红军卫国战争的作品，受到排斥。有位风景画家展出一幅乡村风景画。徐悲鸿在展览会上看了这一幅画，题名《绿舞》，一棵大树屹立在田野上，树叶迎风飞舞，生动极了。恰好有几个青年参观者也在欣赏这幅画，问解说员："这大树和房子很好，画上怎么不见红军啊？"解说员机敏地说："你不是看见树后这所房子了吗？红军隐蔽在房子后面啊！"

牛津大学的 Daods 教授在西南联大介绍英国在战争期间的情形，让学生们了解到英国人在战争期间的生活同样艰苦，但仍保持着乐观幽默的心态。

伦敦一家大百货公司遭到飞机袭击，屋顶炸穿，被开了天窗，但仍照常营业。公司门口布告：Open as usual。第二天又被炸了，屋顶的破洞更大了。百货公司又公告：More open as usual。英国人巧用 open 这个双关语，more open 既表示对敌人的藐视，又体现出伦敦市民的乐观幽默性格，遭炸而不气馁。由此可见伦敦市民在战争中的乐观精神和联大师生的精神状态非常相似。

联大的时事演讲非常多，联大几位活跃的学者经常参与聚会、集会的演讲。

1943 年 3 月，中国国际同志会在云南分会举办现代问题讲座，其中王信忠讲《远东战局之展望》，戴世光讲《中国与印度》。1944 年 7 月 7 日，联大壁报协会与云南大学、中法大学、英语专科学校自治会在云大至公堂联合举办抗日战争 7 周年时事座谈会，应邀发言学者、教授 10 余人，其中有邵循正、蔡维藩、伍启元、闻一多、吴晗等，听众 2000 多人。1944 年 10 月 10 日，昆明各界人士在昆华中学召开纪念辛亥革命 33 周年大会，闻一多、吴晗等出席并演讲，闻一多的讲题是《组织群众与保卫大西南》。大会通过了《昆明各界双十节纪念大会宣言》。

联大是民主堡垒，传达出那个时代的声音。1945 年 10 月初，云南省府改组，龙云下台。国民党反动势力控制云南，昆明要求自由和民主的呼声日益高涨。联大师生发表民主宣言的集会和演讲经常遭到国民党特务的破坏和

吴晗在演讲

阻挠。1945年11月25日，联大、云大、中法、英专四大学学生举行反内战时事演讲会，地点在云大至公堂，云南反动当局进行限制，制造紧张气氛。演讲会改在联大新校舍图书馆前大草坪举行。

第一个演讲的是西南联大的名教授钱端升，他演讲的题目是"对目前中国政治的认识"。他慷慨陈词，激动地指出："内战必然毁灭中国！""我们需要联合政府！"会场上掌声雷动，不料，围墙外响起枪声，步枪、冲锋枪齐发。第五军包围了学校。会场顿时有了骚动和不安，秩序混乱的时刻，钱端升教授用了两句有千钧之力的话稳定会场，转变会场情绪。他说："青年朋友们！不要惊慌，我们要在枪声底下求得的自由，才是真正的自由！"钱端升教授毫不畏惧、神情自若地发言，会场秩序被他稳定住了。演讲继续进行，接着，伍启元讲《财政经济与内战的关系》，他沉痛地发言："内战如果扩大，中国必将失去建立现代工业化国家的机会，财政经济也将趋于崩溃。"这时，外面枪声大作，听众岿然不动。突然停电了，全场陷入黑暗之中，工作人员迅速点亮早已准备好的汽灯，听众一片欢呼。电源很快接通，会场重现光明。第三位演讲的是费孝通，他讲《美国与中国内战之关系》，呼吁中美人民联合起来一同反对中国的内战。他还激动地高呼："不但在黑暗中我们要呼吁和平，在枪声中还是要呼吁和平！"

当年的时事已经成为历史，然而，曾经的慷慨陈词，并没有沉入时光的河流，没有湮灭在历史深处。那些黄钟大吕般的声音，言犹在耳，重温这些历史境遇中的"非常道"，可感联大师生爱国的深情。从联大的时事演讲中，可以感受到一个时代的脉搏。

梅贻琦主持的演讲

梅贻琦是沉默寡言的君子,敏于行而讷于言。有时,他本应该发表演讲的,也选择不说。他主持座谈会,认真倾听每一位教授的意见,不轻易发表自己的观点和主张,也不轻易流露出自己的倾向。他很少喜形于色,表情沉稳。偶尔灵光乍现,出语幽默。

梅贻琦

1941年6月9日,梅贻琦到四川叙永联大分校视察。这次来叙永分校,有一个重要的议题是叙永分校的去留。

6月10日,梅贻琦常委与分校校务委员们交谈,倾听分校教职工对分校是否续办的意见。他听取诸君的发言后,归纳为如下:

1. 学校去秋分院迁川之"诺言";
2. 叙永人之热心挽留;
3. 学校似无一定及长久计划、出尔反尔,虚耗巨款非宜也;
4. 昆明局势是否较去年即(时)为稳定;
5. 但下年如继续在叙,亦应更使充实;

6. 如果迁回，对于同人眷属旅费应多补助；
7. 二年级是否可以留叙？
8. 助教多愿回昆，学生闻返昆讯皆大高兴。

梅贻琦表示，他一定把这些意见带回昆明转告校务会议，催促校方早做决定。6月11日，梅贻琦与全体分校教职员以及眷属在招待所叙茶。有一百多人来到，现场有茶点，分桌设在草地上。在这样的场合，作为联大三常委之一，应该发表演讲。但梅贻琦没有讲话。他在日记中写道："余未有演说，以为既已与校委会谈过，明早又将在国民月会报告，更无多话可说，及后思之似应有数语，以致慰勉之意。"梅贻琦宁愿独自一人在中庭赏月，也不愿意在大庭广众之下演说，可谓史上话最少的大学校长。

第二天，梅贻琦在南华宫举行的国民月会上，向学生报告昆明本校的近况，以及分校前途的决定，同时表达了自己的主张：学校不打算再迁移了。他幽默地说，倘要安全，只好迁到喜马拉雅山去了。

就在这个暑假，昆明西南联大的新校舍遭到日军的空袭，办公室、教室被炸，损失惨重，导致秋季开学推迟。但日军的空袭是徒劳的，不可能征服联大。联大炸不垮，反而增强了师生同仇敌忾的心理，丝毫没有动摇在昆明办学的意志。

在叙永分校去留的问题上，西南联大办事的民主精神和梅贻琦常委"吾从众"的民主作风，得到了淋漓尽致的体现。

没有官话、套话，甚至演讲都能免则免。避不开的，演说总是要言不烦。但有一项，他是避不开的。从梅贻琦的日记中可以得知，他主持了不少名家的演讲。

抗战期间，不少国内外的政治家、科学家、学者、作家来联大参观、访问，梅贻琦作为联大的三常委之一，经常接待来访贵宾。贵宾演讲时，梅贻琦为主持人。

1942年12月8日，上午11点，T.、W.二君和中国驻英国大使顾维钧来到西南联大。因为日程临时变化，梅贻琦未能带领他们参观联大校舍。他们在梅贻琦的办公室稍事休息，就到联大露天广场演讲。梅贻琦向学生介绍三位来宾，然后请W.君演讲，他向联大的学生介绍了近三年来英国人抗击德国法西斯入侵的情形。应学生的要求，顾维钧"略致数语"，在场学生约两千人，期间有一位男生和两位女生晕倒，"盖体力太差而拥挤亦太甚也"。学生在听演讲的过程中晕倒，估计和联大学生的伙食太差，学生营养不足有关，不少学生经常饿着肚子学习。当时演讲的时间，已近午饭时间。

午饭由两校两院设宴于云南大学教室，共5桌，无演说。下午4点，梅贻琦至工学院主持钱乙藜（钱昌熙，当时似负责国防科技事务）的演讲。钱演讲了一个半小时，详细谈中国工业发展遇到的问题，以及资委会十年来事业推进之情况。

1943年3月1日上午10点，梅贻琦主持国民月会，请来访的剑桥大学李约瑟博士讲演，讲题是《科学在盟国战争中的地位》。李约瑟博士演讲完，梅贻琦和联大的学者在西仓坡宴请他。参加宴席的有英国领事休士，还有将要去英国留学的四位联大学生。

刘文典演讲《红楼梦》

1940年到1942年间,西南联大兴起一阵"《红楼梦》热",教授们纷纷"揭秘《红楼梦》"。联大有两位公认的红学专家,刘文典是其中之一,另一位是吴宓。大家公认刘和吴讲演得最好、最轰动。

1942年3月16日晚7时至9时,刘文典在联大师范学院露天演讲《红楼梦》,吴宓和毛子水、卢雪梅去听他的演讲。《云南日报》还为刘文典演讲《红楼梦》刊登了预告消息,欢迎各界自由参加。刘叔雅和吴雨僧演讲《红楼梦》,和联大历史系教授雷海宗的演讲,同属于文林堂讲演会的内容。这里提一下文林街,它只是昆明一条很普通的小路,东西向,东边是云南大学,西边是联合大学,街上有许多小面馆和甜食店。这条路是联大教授经常出入的地方。文林街有一个文林教堂,有位英国牧师喜欢结交联大教授,于是,在此常有演讲会,有时还有唱片音乐会。

有一次刘文典给学生做《红楼梦》讲座,由于慕名而来的听众太多,刘文典的讲座由原计划的文林教室迁到室外小广场。其时天已近晚,刘文典则

刘文典在西南联大

秉烛讲授，听众洗耳恭听他的高论。刘文典身着长衫，缓步走上讲台，坐定。一位女生站在桌边用热水瓶为他斟茶。他从容饮尽一盏茶后，霍然站起，有板有眼地念出开场白："宁——吃——仙——桃———口，不——吃——烂——杏——满筐！仙桃只要一口就行了啊……我讲《红楼梦》嘛，凡是别人说过的，我都不讲；凡是我讲的，别人都没有说过！今天给你们讲四个字就够了。"

于是，他拿起笔，转身在旁边架着的小黑板上写下"蓼汀花溆"四个大字。然后，大抒己见："元春省亲大观园时，看到一幅题字，笑道：'花溆二字便妥，何必蓼汀。'花溆反切为薛，蓼汀反切为林。可见当时元春已属意薛宝钗了……"刘文典的讲述带有几分"索隐派"的色彩，激起了学生极大的兴趣。

然后，刘文典开始讲解小说的女主人公——林黛玉和薛宝钗，声调抑扬顿挫，不疾不徐。他认为，她们的生活代表了人类两种不同的生存方式。听众几乎呆住了，完全沉浸于此时此情此景之中。

刘文典对《红楼梦》的讲解是寓言式的。与刘文典不同，吴宓对《红楼梦》的诠释受到西方文学理论的影响。有人认为，刘文典不同意吴宓的观点，演讲《红楼梦》，有和吴宓"唱对台戏"的意思。在西南联大，政见不同，学术观点不同，常常有这样的"对台戏"，这样的学风，更能激发学生的创造能力。

马识途早在1935年参加一二·九学生运动和抗日战争，从事中国共产党地下革命活动。1941年到昆明西南联大中文系学习，1945年毕业。他来到西南联大求学，印象最深的就是学校经常举行各类学科的学术系统讲演，而且动辄就是十讲八讲。教授们的各种学术讲演，可谓百家争鸣，这种自由的学风，催生了西南联大万千气象。他在《百岁拾忆》一书中写道：

这些学术专题讲演都是著名教授主讲的，虽然没有列为正式课程，但因观点出新，很多见解往往和法定的教科书不一样，受到学生们的欢迎。这些权威教授的讲演，可谓真正的百家争鸣，有的就是有针对性的学者间的学术争鸣，他们各抒己见，互不相让。我就曾见到过在府道南北两个大教室里，不同观点的两位教授同时讲演，南边的教授听到北边的教授对他的批评，不能接受，跑到北边教室去登台当面和那位教授争论起来，虽然面红耳赤，却是很有风度。争完后互相握手，一笑置之。更有教授在讲演时，容许与他持相反意见的同学直接上台阐述自己的观点，讲演的教授并不觉得自己丢了面子。

大师之大在于海纳百川，在于和而不同。刘文典和吴宓就是如此，唱对台戏，丝毫不影响两人的友情，两人志趣相投、惺惺相惜。

从《吴宓日记》中可知，两人交往甚密。刘文典讲课，吴宓常去听讲。吴宓习惯坐在教室的最后一排。刘文典习惯闭目讲课，每次讲到自己认为有独特体会的地方，都要抬头张目向教室后排张望，然后问道："雨僧兄以为如何？"

每当此时，吴宓起立，恭恭敬敬地一面点头一面回答："高见甚是，高见甚是。"两人一问一答之状，惹得全教室学生为之暗笑。

刘文典除了演讲《红楼梦》，也讲过李义山诗，还讲过《庄子》。据吴晓铃的文章《忆刘叔雅先生数事》，刘文典讲《庄子》不是在"破瓦寒窑"式的所谓"新校舍"讲，而是在大西门里文林街的基督教文林堂。文章写道：

> 那儿的牧师们常常邀请昆明各大学的教授去做学术报告，爱讲什么就讲什么，反对宗教迷信都没关系，倒也开明豁达。叔雅先生报告中给我印象最深的是他解释《庄子》第二十七篇《寓言》里"万物皆种也，以不同形相禅，始卒若环，莫得其伦，是谓'天均'"的"天均"。他使用了一个西方哲学的用语，说："'均'就是 Natural balance 嘛！"言简意赅，一语中的，不能不使人钦服。现在回味起来，觉得其味无穷。Natural balance 岂不就是大家经常挂在嘴上的"生态平衡"吗！老师宿儒的横通功力，后学者诚难望其项背，不愧被反将锡以"学术权威"这嘉名也。

联大的学者都非常关心国内和国际的形势，刘文典常受邀在文林街演讲时事。1940年5月16日，晚上7时至9时，吴宓陪刘文典讲《日本侵略中国之思想背景》。刘文典凭借自身对日本多年的关注与研究，向世人揭穿日本侵略者一贯的军国主义立场，听众极多。

刘文典不仅通过演讲，鼓励民众团结一致，宣传抗战，还经常在报刊上发表雄文，分析当时国际战争的局势，眼光独特。有时，对于国际问题的分析，高屋建瓴。刘文典有学者的洞察力，具有前瞻性，提出的观点甚至超过了政治家。

1943年11月，罗斯福、丘吉尔、蒋介石在开罗开会，通过《开罗宣言》，要求战后日本归还占领中国的所有领土。由于蒋介石对收回琉球群岛态度含糊，故《开罗宣言》在写到日本应归还中国的领土时，只提到"满洲、台湾、澎湖列岛等"，没有提琉球群岛。刘文典闻说后，于1944年3月30日和31日，在《云南日报》发表一万多字的长文《日本败后我们该怎样对他》。指出战后可以不要日本赔偿和割让，但琉球必须收回。浓墨重笔谈到琉球问题，批评了蒋介石对琉球群岛的放弃：

> 我对于战后和约的主张，可以说是个"无割让，无赔偿"的，不过"侵地"必须要"尽返"，"旧物"必然要全"光复"，不能含糊了事，以收复东北四省为满足。台湾固然要收回，琉球是关系国防的要害之地，无论如何，必然要收归自己的掌握。中国之不能放弃琉球，犹之美国之不能放弃珍珠港，英国之不能放弃直布罗陀，澳邦之不能放弃所罗门群岛。关于这一点，政府固然要在和会上力争，国民更要一致的为政府后盾。总要举国上下，一齐努力，把这个地方收回来，切不可视为一个无足轻重的小岛，稍有疏忽，贻国家后日无穷之害。

历史的发展，证实了刘文典的远见卓识。面对联大学子讲演，面向社会公众演讲，在报纸发表时评和政论，是联大学者文化抗战的表现。

邵循正摸黑讲《元遗山与耶律楚材》

邵循正（1909—1972），字心恒，福建侯官（今福州市）人。1926年考入清华大学政治系，毕业后入清华研究院，改攻中国近代史、蒙古史。1934年去法国留学，在巴黎法兰西学院师从法国汉学家、探险家伯希和（Paul Pelliot, 1878—1945）治蒙古史及波斯文，成绩优异。东方学大师伯希和开设"《史记》"一课，邵先生前往旁听，刚走进教室，伯希和见了，立即离开讲坛迎上挡驾，对邵先生说：此课是给法国学生开的，你不必听了。后来，邵先生又往德国柏林大学攻读蒙古史一年。1936年回国，先后在清华大学、西南联合大学、北京大学讲授中国近代史、元史、蒙古史、波斯文。

邵循正先生精通法、英、德、俄、日、波斯文及突厥语文，充分掌握中外蒙元史有关史料，特别精于语言对音之学。

在西南联大，邵循正先生作过一次学术演讲，演讲的题目是"元遗山与耶律楚材"。元遗山，即元好问（1190—1257），金亡不仕，以著述存史为己任，是金元之际文学家。元好问多才多艺，除了长于诗文、从政之外，还精通历算、医药、书画鉴赏、书法、佛道哲理等学问，他的朋友遍及三教九流，既有名公巨卿、藩王权臣，也有一般的画师、隐士、医师、僧道、士人、农民等。耶律楚材（1190—1244），元代著名政治家，也是元初最突出的诗人。耶律楚材多才多艺，他是我国提出经度概念的第一人，编有

《西征庚午元历》，还主持修订了《大明历》。《元史·耶律楚材传》载："耶律楚材，字晋卿，辽东丹王突欲八世孙。父履，以学行事金世宗，特见亲任，终尚书右丞。楚材生三岁而孤，母杨氏教之学。及长，博极群书，旁通天文、地理、律历、术数及释老、医卜之说，下笔为文，若宿构者。"他曾随从成吉思汗和窝阔台远征四方，写下了大量诗歌，其《湛然居士集》收录了660余首诗。

邵循正先生讲这样两位历史人物，自然吸引了很多学生来听。时间在晚上，教室里坐满了人。联大的教授姚从吾、罗常培、毛子水、吴宓也来了。邵循正先生带的研究生方龄贵做笔录，不料开讲不久就电停灯熄。等了半天，电还不来，邵先生就离开手拟的提纲，摸着黑继续讲下去，旁征博引，依旧讲得有声有色，于是黑暗之中，听者鸦雀无声。讲演临结束时，电灯亮了，全场掌声雷动。

据方龄贵的记忆，邵先生在讲演中引述了《黑鞑事略》（南宋彭大雅撰写，并由同代人徐霆作疏的一部关于蒙古的见闻录），所记蒙古早期差发之重，连教学行和乞儿行也要出银做差发，有诗云："教学行中要纳银，生徒寥落太清贫。相将共告胡丞相，免了之时捺杀因。"胡丞相就是主治汉民的普上断事官失吉忽都忽，蒙古语"捺杀因"的意思是"很好"。

邵循正（前排右一）、李继侗（前排左一）
在昆明龙门村周培源家做客时留影　金炎提供

邵循正先生讲演一结束，主持讲演会的罗常培先生站起来说："感谢邵先生给我们作了一次非常精彩的讲演，有这么多的同学来听。我一向不会作诗，今天有诗人吴雨僧先生（吴宓字雨僧）在座，更不敢班门弄斧。我现在只想套用邵先生所引的《黑鞑事略》那四句诗略抒我的情怀。"罗先生套改的四句诗，头两句是"教学行中不纳银，生徒繁众且安贫"，第三句方龄贵现在无论如何想不起来了，第四句是"筘吹弦诵捺杀因"。罗常培先生即兴赋诗，把历史和现实联系起来，联大学者安贫乐道，筘吹弦诵，真是"很好"！罗常培先生话音刚落，听众席又响起雷鸣般的掌声。

林语堂的演讲

1923年,林语堂获德国莱比锡大学博士学位后回国,任北京大学教授、北京女子师范大学教务长和英文系主任。七七事变爆发后,林语堂发表《日本征服不了中国》一文。抗战期间林语堂在美国用英文写作。他写的《人生的艺术》入选了联大的英文读本;他本人也回联大做过一次讲演。

1943年12月19日,林语堂从美国归来,抵达昆明。这次回国,一是向国人介绍国际形势和国际政治思想动态,一是考察国内抗战实况以便对外(主

林语堂(1895—1976),福建龙溪人,原名和乐

要对美国)做宣传。这次回国历时半年,他的行迹留在昆明、重庆、桂林、衡阳、长沙、成都、宝鸡、西安等地。国内第一站是昆明,住在篆塘新村38号黄仁霖家。当时国民政府军事委员会在昆明设立战地服务团,黄仁霖任少将团长,办公地点在巡津街。黄仁霖是宋美龄的亲信。

林语堂与母校上海圣约翰大学在昆明的校友见面,应邀到西南联大作讲演。12月21日,西南联大贴出林语堂演讲的海报。梅贻琦为了次日的演讲顺利进行,罕见地做出了"十时、十一时停课"的指示。由此可见西南联大当局对林语堂演讲的重视。

1943年12月22日,林语堂应邀在联大广场讲演,题为《精神文明与物质文明》。演讲论及中国文化的优势和缺陷。他说:

> 我们听见罗素恭维中国的文化,人人面有喜色;但要知道:倘使罗素生在中国,他会是攻击东方文化最大胆、最彻底的人。罗素认为中国文化有三点优于西方文化:一是象形文字高于拼音文字,二是儒家人本主义优于宗教的神学,三是"学而优则仕"高于贵族世袭制,所以中国文化维持了几千年。但儒家伦理压制个性发展,象形文字限制国际交往,不容易汇入世界文化的主流,对人类文明的客观价值有限,所以应该把中国文化提升到世界文明的高度,才能成为世界文化的有机成分。①

按照惯例,西南联大重要的演讲一般安排在联大广场进行,英国李约瑟博士的讲演,也是在联大广场。

在这次演讲中,林语堂说出了后来广为流行的名言:"联大的师生在物质上不得了,在精神上了不得。"这句名言一时传为美谈,一语道出了联大的境况,是对联大的高度概括,也是对联大师生的高度赞扬。话说得很幽默,也很深刻。

联大教授沈从文见到了林语堂,写了一篇散文《欢迎林语堂先生》,发

---

① 本段摘选自:许渊冲《追忆逝水年华》。

表在《昆明周报》第68期，署名上官碧。

林语堂在昆明，颇受欢迎，大小报纸竞相报道。联大的一位教授说，"在中国当他为外国人，在国外又当他为中国人"。综合各方面印象来说，似乎可归纳为三点：一为"林先生是幽默提倡者"；二为"林先生是个写中国问题中国生活中国故事给美国人民看，用中国事哄美国人的作家"；三为"林先生在国内所标榜的趣味，影响既不大好，在国外所使用的方法，影响也不大好"。这个说明实近于一般人对林先生十年来工作态度和工作效果所具有的真实反映。在热烈欢迎的背后，还有一些不易觉察的尴尬。沈从文捕捉到了这一点，他的《欢迎林语堂先生》一文，自然从林语堂在西南联大的公开演讲写起：

> 学校中多少尚有点北方的传统超功利学术空气，对林先生文章表示相当尊敬，对林先生工作又还保留极大希望，大家都乐意瞻仰瞻仰林先生，并听之谈谈国外观感。所以当天站在空地上听的数千余人中，就可发现不少联大同事。正因为原来对于先生期望相当大，到结果或不免失望。林先生平日以善谑见称于世，从林先生涉及的问题看来，实容易给人一种印象，即所说的不必当作十分认真讨论。社会上一般人对林先生认识固不免模糊，林先生对两个国家人民情感理性，通过长短不同的历史，所形成的文化与文明竟好像更加模糊。

这段话透露出很多信息：听众多达数千人，盛况可谓空前绝后，轰动一时；很多平日不见面的联大教授会在林语堂讲演现场遇到，可谓不约而同来听。沈从文这段话也毫不客气，标题是"欢迎"，文中从始至终贯穿着"批评"。由此可见联大教授的独立精神，绝不盲从。

沈从文在文中，还提到一个故事。一位美国的盟友读林语堂的《吾国与吾民》，一位传教士看到了，对这位美国的盟友说："看这个能认识中国？你得先看看中国再读它，方知道这是一种精巧的玩笑！中国的进步，中国的腐败，可都不是玩笑。"于是，林语堂的这本书，被传教士放到玩具中去了。

其实，早在全面抗战前，林语堂的著作在清华就受到批评。英文著作《My Country and My People》（中文译名《吾国与吾民》）在美国出版后，一时间洛阳纸贵，四个月就加印七次，登上畅销书排行榜。林语堂在美国一举成名。在清华图书馆专门陈列外文新书的玻璃柜中，《My Country and My People》占据了重要位置。清华政治学系教授陈之迈是美国哥伦比亚大学的政治学博士，讲近代政治制度。他在讲课时，说了一句题外话："林语堂的新书来了，有人说书名应改作《Your Country and Your People》。"话语中透露出不屑。

钱锺书在昆明时也将林语堂讽刺了一回。那是抗战初期，钱锺书在联大外文系执教，他写了一篇随笔《说笑》，笔墨影射幽默大师林语堂和他的文学主张：

> 自从幽默文学提倡以来，卖笑变成了文人的职业。幽默当然用笑来发泄，但是笑未必就表示着幽默。刘继庄《广阳杂记》云："驴鸣似哭，马嘶如笑。"而马并不以幽默名家，大约因为脸太长的缘故。老实说，一大部分人的笑，也只等于马鸣萧萧，充不得什么幽默。

林语堂在联大演讲时，钱锺书已经从西南联大辞职。假如他在联大广场听了林语堂的讲演，又会有什么高论呢？

沈从文的批评没有钱锺书那么"幽默"。他在这篇文章的结尾说道："林先生的旅行昆明，为认识中国而来，林先生值得用一个比较庄敬的态度好好认识认识现代中国……"

沈从文公开发表的文章，可以视为联大一些学者对林语堂的态度。而未刊的日记，则透露出更多秘密。

《郑天挺西南联大日记》提到了林语堂的这次演讲。梅贻琦停课为林语堂讲演让路，联大教授对此颇有异议，对林语堂也颇有微词。12月21日，郑天挺在才盛巷遇见杨振声、钱端升、周炳琳等联大同人，告之为林语堂讲演停课的消息，他们不以为然。"以林在学术无地位，其文学亦不足以领导，不够在大学讲演，更不应停课使学生听其讲演。于是，三人共作一函致月涵先生，表示抗议。"

次日，郑天挺也在林语堂讲演现场。他记录了联大学生的举动："十时演讲，秩序不佳，纷纷而退，但无其他举动。学生舆论方面不甚好，深恐有意外也。十一时半，忽有警报。"当空袭警报响起，想来林语堂的讲演也近尾声。

综合各方对林语堂讲演的态度，折射出战时昆明的文化生态，传递出复杂而微妙的信息，值得后人研究与分析。

闻一多的"非常道"

争唱压轴戏

1944年，西南联大国文学会举行"五四"文艺晚会。主持人罗常培教授说："今天唱压轴戏的是杨金甫（振声）先生，杨先生将到美国讲学。"

但在杨振声讲完话之后，闻一多上台说："今天唱压轴戏的不是杨先生而是我，我研究中国文学二十年，目的就在摧毁这座封建的精神堡垒。"

全场为之震动。

闻一多为联大学子演讲

座谈会上的民主诉求

伴随着深刻的文化批判，闻一多也鲜明地表达了他的新文化思想。和联大民主学者一样，闻一多经常以西方社会，特别是英美的社会现实作为对中国的社会现状的参照。

一次，闻一多与冯友兰、曾昭抡等教授一道去参加国民党举行的座谈会。谈话时，许多人由于了解国民党军队中普遍存在着克扣士兵军饷，中饱私囊的现象，遂质问为何前线的士兵处于饥饿之中作战？国家发给军队的给养都到哪里去啦？闻一多深有感触地说，在英美，这些问题只要一出现，肯定会引起举国哗然。可是在中国，人们只好在座谈会上议论一下。他认为英美国家也有坏人，但这些坏人不敢做坏事，一旦干坏事，大家便会群起而攻之。言谈中流露出他对英美民主政治的赞赏。

1944年6月，美国副总统华莱士赴联大参观。7月，与中法大学、云南大学、英语专科学校于云南大学举办抗战七周年时事座谈会。美国副总统华莱士与各界人士座谈时，闻一多积极帮助学生搞英文壁报，书写要求民主的标语，并出席与华莱士的座谈会，希望美国能对中国社会政治民主化起积极的促进作用。

随后美国加强对蒋介石政权的支持，闻一多对美国的态度深感失望，并表示强烈的不满，但他在思想上仍未放弃在中国实现西方民主政治的理想。长期以来，有不少人倾向于认为，此时的闻一多正在从一位民主主义者向共产主义者转变。实际上从他生前的政治理想来看，这种看法并没有可靠的依据。至少此时的闻一多还未来得及走上这一段路程，就倒在国民党特务的枪下了。

当面批驳熊庆来

1944年7月，西南联大举行抗战七周年纪念日活动，邀请云南大学校长熊庆作演讲，熊在演讲中表示，中国的积弱是因为学术不昌明，师生诸人宜守住学术岗位，不应驰心外骛。

闻一多本是来旁听的，但他却在会场中忽然站起来说："谈到学术研究，深奥的数学理论，我们许多人虽然不懂，这又哪里值得炫耀？又哪里值得吓唬别人？今天在座的先生，谁不是曾经埋头做过十年、二十年的研究的？我若是能好好地读几年书，那真是莫大的幸福！但是，可能吗？我这一二十年的生命，都埋葬在古书古字中，究竟有什么用？究竟是为了什么人？现在，不用说什么研究条件了，连起码的人的生活都没有保障。请问，怎么能够再做那自命清高、脱离实际的研究？"

闻一多和熊庆来在抗战之前同在清华大学任教，是多年的好友，这时毫不留情地批驳，让熊很是尴尬。从这一个事例，我们大约可以窥见当时闻一多的思想状况。此时他积极参与社会政治事务，对国民党政权进行猛烈抨击。他甚至对当时坚持学术道路和书斋生活的生活方式都非常反感，尽管这种生活方式是他先前所坚持的。

"只有一条路，就是全面的造反！"

1944年8月18日，国民党第五军军长邱清泉邀请华罗庚、闻一多、吴晗等11位教授在军部举行目前局势和中国反攻问题座谈会，借此机会了解联大激进学者的思想状况。

当时，日军正在攻打衡阳，国民党军事方面估计衡阳很快失守，日军将进军贵州，意欲打到独山。国民党军方一再请闻一多发言，闻一多问了几个军事方面尖锐的问题，听了邱清泉的回答之后，激昂地说："今天我们各方面的专家都有，而军事方面只有主席（邱清泉）是唯一的权威，现在听了主席的结论之后，我们谈反攻问题还谈什么呢！老实说，今天政治、经济、社会各方面都已经没有希望，都得重新改革，换句话说，就是要造反！我们唯一还存有一点点希望的只剩下军事，而今连军事都已没有希望，日本人一打，我们就没办法守，那我们还谈什么呢！那么，现在我们只有一条路，就是全面的造反，全面的革命！"

这一番话，可谓石破天惊，让国民党第五军在座的人心惊肉跳。此后，闻一多、吴晗等教授就上了国民党的黑名单。

向鲁迅忏悔

1944年10月19日，昆明文艺界举行纪念鲁迅逝世八周年晚会。晚会组织者对要不要请闻一多参加感到为难。因为闻一多过去被认为是"新月派"，骂过鲁迅。请了他也不一定来，即使来了，他也不便发表演说，但是不请他又不好。于是组织者派人去和闻一多商量，征求他的意见。闻一多听后，马上表示一定要参加，还要演讲，同时又主动帮助去请别的教授。

在纪念晚会上，闻一多发表演讲之前，先回过头去向悬挂着的鲁迅画像深深鞠了一躬，然后说："鲁迅对，鲁迅以前骂我们清高，是对的。他骂我们是京派，当时我们在北京享福，他在吃苦，他是对的。"

由于激动，闻一多停顿了一会儿，又接着说："时间越久，越觉得鲁迅先生伟大。今天我代表自英美回国的大学教授，至少我个人，向鲁迅先生深深地忏悔！"

最后，他回身指着鲁迅画像旁挂的对联"横眉冷对千夫指，俯首甘为孺子牛"，又说："有人曾说鲁迅是'中国的圣人'，就他的这两句话也是当之无愧的。"

在场的师生听后，无不钦佩闻一多这种勇于剖析自己的精神。

演讲士大夫与中国社会

1944年12月8日、10日、12日，闻一多分别在云南男女青年会同工读书会、座谈会、西南联大文史讲演会讲演《士大夫与中国社会》。未刊手稿中有此讲演提纲，分为13小题。闻一多从社会史角度考证、分析儒家的起源和作用，归结到今天知识分子的道路问题。

"雨洗兵"

1945年5月，西南联大举办"五四"纪念会。会开了不久，下起了倾盆大雨，会场的秩序开始混乱。

这时，正值闻一多在台上讲话，见此情景，他大声说："今天是雨洗兵，武王伐纣那天，陈师牧野的时候，也是同今天一样下着大雨。"

学生们被他的演说折服，顿时秩序井然。

金岳霖演讲"说不得"

大概在1942年、1943年间，金岳霖的《知识论》第一稿已接近完成。他打算对"名言世界与非名言世界"问题作些探索。冯契问他，是不是想把《论道》和《知识论》沟通起来，金先生说，有这个意思，但不止这一点，非名言所能达的领域很宽广，譬如说诗的意境、宗教经验等，这个问题很复杂。

在这个时候，金先生在西南联大作了一场演讲。冯契听了这个演讲，但忘了演讲的题目，主题是治哲学和文学都要碰到一个"说不得"的问题，说不得当然难以言传，但还要用语言传达，那么这种传达是借助于人的什么能力和工具来做到的？在这一次演讲之后，金先生整理出一篇文稿，题目为《名言世界与非名言世界》，内容比公开演讲更丰富、更深奥。

在这次演讲中，金先生动用他的文学素养，来解释"说不得"。冯契说，他读的中外小说比自己多，唐诗、宋词及古文的许多名篇他都记得很熟，而且还特别欣赏庄子的文采。在公开演讲中，把哲学和文学联系起来考察，很有深度。

冯契根据金先生演讲的内容和他的著作，探讨"说不得的东西如何能说"。金岳霖认为哲学达到"天地与我并生，万物与我为一"，不仅仅是知识论的理性（名言世界），还必须有情意、信仰的作用，因此有其近乎宗教体验的东西，那是非名言所能抵达的。

金岳霖在演讲中说，作为语言艺术的纯文学，不论是诗还是小说、戏剧，都旨在给人以超乎名言范围的东西，因此文学语言不能当作表示命题的陈述句看待。金先生以柳宗元的《江雪》举例说："即以'千山鸟飞绝'那首诗而论，每一个字都有普遍的意义，如果我们根据普遍的意义去'思议'，对于这首诗所能有的意味就会跟着鸟而飞绝了。"在文学领域，说不得的东西如何能说？要靠想象力来把若干意象综合成有机整体。如陶渊明的"结庐在人境"一诗，把诗人"采菊东篱下，悠然见南山"的夕岚与飞鸟等形象有机地结合起来，自然表现为超名言的玄远境界。

金岳霖先生说，治哲学要遇到说不得的阶段。有些哲学家认为，既然说不得，便只好沉默；或者像禅宗和尚那样，你问他佛法，他只竖起个拂子或用棒喝来回答。但这样，也就没哲学了。

"名言世界与非名言世界"这个问题，在冯契的论文中表述为"名言之域与超名言之域"。他和金岳霖先生、汤用彤先生多次讨论，在他们的指导下，并从《庄子·齐物论》获得灵感，在1944年写成研究生毕业论文《智慧》。探讨的问题是：首先，"元学（智慧）"如何能得，即如何"转识成智"；其次，如何能"达"，即如何能把那超名言之域的智慧用语言文字表达出来。他在这篇论文中，试图说明"转识成智"即由名言之域到超名言之域的飞跃机制。冯契说，这论文受到金先生的影响明显，术语基本上按金先生的用法。显然，冯契构思这篇论文，是从听金先生的演讲开始孕育的。

向达演讲《敦煌学导论》

向达（1900—1966），湖南溆浦人，土家族。历史学家，敦煌学家。《唐代长安与西域文明》是向达的代表作，最初在1933年由哈佛燕京社出版。1939年秋，向达来昆明，在西南联大历史系任教。

在任继愈的记忆中，向达先生的《唐代俗讲考》，介绍唐代的寺院培养了一批能言善道的僧人，以讲故事的方式，向群众宣传佛教信仰，讲述因果报应。向达先生的演讲就像长篇故事，十天半月都讲不完。从甲地

历史学家向达

换到乙地，接着讲，听讲者听得入迷，经常一路追随着讲者从甲地到乙地。任继愈听向达的演讲时，正在昆明读北大文科研究所的哲学专业研究生，而向达是北大文科研究所导师。

沈从文在《湘人对于新文学运动的贡献》一文中说："新文学运动工作之一种，即用新的方法认识遗产。从这个观点出发，对白话小说的前期——唐代白话小说发源于讲经中的'俗讲'研究，做出极大努力，为学人称道，认为有特殊成就的，当为向达先生的工作。向先生在这方面努力治学，生活

素朴，为人诚恳态度，尤足为吾湘年青朋友师法。"看沈从文之论，显然是非常熟悉向达的学问，很有可能，沈从文听过向达演讲的《唐代俗讲考》。

在北大文科研究所研究生周法高的记忆中，向达的演讲是另外一种情形。向达写过一篇《敦煌学导论》，脍炙人口。据周法高回忆，向先生曾以此为题在西南联大发表演讲。第一次演说时，慕名前来听讲的人有一二百人，把一个大教室都挤满了。但是由于他不善言辞，照本宣读，无所发挥，一直念到晚上十点钟熄灯还没有讲完，听讲者都听怕了。第二次到了续讲时，前来听讲的人寥寥无几，教室里外，门可罗雀。急得当时的助教邓广铭把联大的工友杂役都请去听讲凑数，才未显得冷场。

1941年，"中央研究院"组织西北史地考察团，其中的历史考古组由"中央研究院历史语言研究所""中央博物院"与北京大学联合组成，向达代表北京大学参加。他于1942年春经河西走廊到达敦煌，考察了莫高窟（千佛洞）、万佛峡等处。返回重庆之后，他针对张大千在莫高窟随意剥离洞窟壁画的行为，发表了《论敦煌千佛洞的管理、研究及其连带的几个问题》，并提出建议将千佛洞收归国有，由学术机关进行管理和开展研究工作，这一建议对后来"敦煌艺术研究所"的成立起到了重要的促成作用。1943—1944年，向达又参加了西北史地考察团，任考古组组长。向达在西北的考古工作持续到抗战结束。向达在西北进行考古工作，还兼任历史语言研究所的研究员。

在战后的四川李庄，向达先生即与"中央博物院"的友人合议，他说："人类之所以高出禽兽，因为他有理智能反省。运用理智和反省，于是创造了文化，脱离了野蛮。但是人类又创造了战争，来毁灭自己，毁灭文化。"他痛惜"历史上每有一次变乱，文物的损失便增加一次"，于是他们趁美国准备在中国东部沿海登陆强攻日本本土之际，先按美方的要求制备了应予保护的古迹、古物的图表、地图和照片，"对于这些地方相约不毁坏不轰炸"[①]，并准备随同美军行动，负责指导，又向中国有关方面提出日本赔偿中国文物

[①] 作者注：世人多知日本的奈良等城市是因为梁思成先生的建议而免遭美国空军的轰炸，但很少有人知道向达先生等也是建议者之一。

损失的建议。①

向达主张对日本提出文物赔偿,是基于对祖国文化的深深挚爱,他痛心地目睹了战争中文物遭受的劫难,建议政府向日本追回被抢劫和偷盗的宝贵文物:

> 日本精神上之夸大狂大部分以其掠取之中国古器物、书画图籍为寄托之所,故将其视为国宝之中国古器物、书画图籍,于战争结束后,勒令缴还我国,使其夸大狂之精神无所附依,实为重新教育日本所必需,此一事也。复次自甲午以后,以迄今兹,我国家与人民在文化上如古器物、书画图籍等为日本所掠取盗窃以去者,其损失益不可以数量计,此种责任,日本政府与人民(特别是贵族三井、三菱系之财阀以及黑龙会与满铁之御用学者)俱应共同担负,不容有所分别,故于战后我应就其公私所藏我国古器物、书画图籍指名索取,一方面藉此赔偿五十年来我国家与人民在文化上损失,一方面予侵略国家之政府与人民以一种惩戒,此又一事也。

散木的文章中提到,向达先生这篇题为《日本对我赔偿中关于文物部分赔偿的问题》的文章,后来就发表在《知识与生活》上。

---

① 见散木《向达先生四十年祭》,《书屋》2005年第9期。

冯友兰《论风流》

1944年9月,冯友兰作了《论风流》的讲演,由中文系罗常培教授做开场白。罗常培开玩笑说:"冯友兰先生要讲《论风流》,不知道是他的胡子比闻一多先生的风流呢,还是他说话结结巴巴的风流呢?"闻先生在1937年全面抗战开始时留胡子,并且发誓不到抗战胜利不剃刮,但是他的头发还是很整洁的。而冯先生不但胡子很长,头发也乱蓬蓬的,有个哲学系的学生甚至写了一张大字报说:如果人人都像冯先生这样,那昆明的理发店都要关门了。许渊冲在对比联大两个大胡子演讲和讲课的风格时说:"冯先生说话虽然结巴,但是思想却非常清晰,分析非常细致,表达非常简明,能够深入浅出,风格犹如静水流深。闻先生的风格却如疾风暴雨,带有雷霆万钧之力,两人的风格流派大不相同。"

冯友兰先生作了《论风流》的讲演,其女宗璞的文章也提到了。她写道:

40年代,一天在昆明文林街上走,遇到罗常培先生。他对我说:"今晚你父亲有讲演,题目是'论风流',你来听吗?"我那时的水平,还没有听学术报告的兴趣。后来知道,那晚的讲演是由罗先生主持的。很多年以后,我读了《论风流》,深为这篇文章所吸引。风流四要素:玄心、洞见、妙赏、深情是"真名士自风流"的极好赏析,让人更加了解名士风流的审美的自由人格。这篇文章后来收在《南渡集》中。《南渡集》顾名思义，所收的都是作者在抗战时写的论文，1946年已经编就，后来收在全集中。

朱自清日记中也记录了一次冯友兰讲演《论风流》。不过，朱自清记录的这次讲演，与罗常培主持的时间不符。一个哲学家就一个题目作过两次，甚至多次讲演，也是可能的。1943年2月28日，朱自清听过冯友兰的讲演后，在日记中写道："晚听芝生《论风流》的讲演。起于晋人之风流，终于宋儒。风流之条件为玄心、妙赏、情深。大有卫玠'对叶茫茫'之感。"

卫玠是西晋名士，花样美男，出身簪缨世家，才华横溢，时人称赞他"颖识通达，天韵标令"。卫玠渡江，看到滔滔江水滚滚东流，不舍昼夜，千百年来皆是如此，不由得慨叹："见此茫茫，不觉百端交集。苟未免有情，亦复谁能遣此。"（出自《世说新语》）冯友兰"论风流"，谈到情深时，信手拈来。不知道为什么，朱自清日记中记成"对叶茫茫"。

冯友兰在《论风流》文中说：

> 真正风流的人有深情。但因其亦有玄心，能超越自我，所以他虽有情而无我，所以其情都是对于宇宙人生的情感。不是为他自己叹老嗟卑。
> 真正风流底人，有情而无我，他的情与万物的情有一种共鸣。他对于万物，都有一种深厚的同情。

以此观之，西南联大的教授们，在战乱流离之中，在飞机空袭的境况下，弦歌未绝，胸中怀着对国家、对民族的深情，超越自我，亦是一种风流。联大的教授们，有着魏晋的风流，也有着宋儒的情怀。冯友兰在《论风流》中有这样一段话：

> 宋儒亦是于名教中求乐地。他们教人求孔颜乐处，所乐何事。《论语》曾皙言志："莫春者，春服既成。冠者五六人，童子六七人，浴乎沂，

风乎舞雩，咏而归。""夫子喟然叹曰：'吾与点也。'"宋儒说曾子"即其所居之位，乐其日用之常，而胸次悠然，上下与天地同流，有万物各得其所之妙，故夫子叹息而深许之"（朱子注）。不管曾皙的原意如何，照宋儒所讲，这确是一种最高的乐处，亦是最大的风流。

联大的教授们，各安其所，各司其职，春风化雨，箫吹弦诵，如冯友兰所说，"这确是一种最高的乐处"。宋儒的高迈境界，也是联大教授们的夫子之道吧。

任继愈的文章中写到冯友兰先生演讲时的一件趣闻逸事，由此可见哲学家冯友兰精神风流。

冯友兰先生讲"禅宗思想方法"，说禅宗的认识论用的是"负的方法"，用否定的词句表达肯定的意义，以非语言的行为表达语言不能表达的意义，"说就是不说"。讲演散会时，天气转凉，冯先生带了一件马褂，穿在身上，冯自言自语地说，"我穿就是不穿"。这部分内容收入到了他的《新知言》一章里。[1]

---

[1] 见任继愈《西南联大课余学术报告会》。

冯友兰演讲中国哲学

1943年暑假，联大文史讲座继续进行，唐兰讲《甲骨文》，游国恩讲《楚辞中的女性》，吴晗讲《唐宋时代的战争》，浦江清讲《中国小说之演化》。①

贺麟在联大讲《知行合一新论》，对王阳明的"知行合一"、孙中山的"知难行易"，有所发挥。低层次的"知"和低层次的"行"是合一的；高层次的"知"和高层次的"行"是合一的。他说大学教授运用大脑，是大学教授的"知行合一"，舞女运用大腿，是舞女的"知行合一"。主持讲演会的汤用彤先生宣布散会时说："我们运用大脑完了，也该运用我们的大腿了。"《知行合一新论》收入他的《会通集》。②

这里谈一谈冯友兰的哲学演讲。

冯友兰多次为联大的学生作学术讲演，讲演什么题目，演讲什么内容，根据当时联大学生许渊冲《追忆逝水年华》记载，我们可以感知一鳞半爪。

1939年7月13日，冯友兰在昆中北院食堂讲《中国哲学的应用》，许渊冲在日记中有简单的记录，转抄如下：

如果小孩被石头绊倒，他就会发怒，大人却不会，因为小孩是用情

---

① 见齐家莹编撰《清华人文学科年谱》。
② 见任继愈《西南联大课余学术报告会》。

感,大人是用理智。中国道家的哲学是"以理化情"。如死是最动情的,但理智上知道有生必有死,就不会动情了。话虽如此,实行起来却很难,只能做到有情而不为情所累。例如看见某甲打某乙,我们愤愤不平,但事后也就算了;如某甲打的是我,事后还是会愤愤不平的,这就是为情所累,应用哲学,就要学会"以理化情",学会"无私""忘我",这样才能有情而不为情所累。

1939年8月2日,冯先生又在昆中北院食堂讲《中和之道》。这次讲演更加重要,许渊冲在日记中记录如下:

> 一个人可以吃三碗饭,只吃一碗半,大家就说他"中",其实要吃三碗才算"中";"中"就是恰好的分量:四碗太多,两碗太少。"和"与"同"的分别是:"同"中无"异","和"中却有"异"。使每件事物成为恰好的分量就是"和"。
>
> 这就是"中和"原理。辩证法的由量变到质变是"中",由矛盾到统一是"和"。
>
> 应用到个人修养方面,生理上吃饭、喝水、睡觉等得到恰好的分量,就是一个健康的身体;心理上各种欲望满足到恰好的分量,就是一个健全的人格。应用到社会方面,政治家、军人、教师等各种人要求权利不太过,要尽责任不太少,就是一个好的社会。应用到政治制度方面,民主政治最接近"中和"。

1942年6月11日,冯先生在昆中北院讲《哲学与诗》。那时,许渊冲在美国志愿空军机要秘书室任英文翻译,被派回联大来听讲,再回秘书室作传达。冯友兰先生演讲片段如下:

> 宇宙间的东西,有些是可以感觉的,有些是不能感觉而只能思议的,有些是既不能感觉又不能思议的,如"宇宙"就是不可思议的,自然你

可以去思议，但你所思议的宇宙，并不是真实存在的这个宇宙。不能感觉而能思议的如"理""性"等。

诗就写可以感觉的东西，但却在里面显示出不可感觉的，甚至不可思议的东西。诗的含蕴越多越好，满纸"美"呀"爱"呀，叫人读起来一点也不美，也不可爱，这是"下乘"；写"美"写"爱"也使读者觉得美，觉得可爱，那是"中乘"；不写"美""爱""愁"等字，却使读者感到美、爱、愁，才是"上乘"。

诗的意义越模糊越好，如屈原的《离骚》，你可以说是写香草美人，也可以说是写忠君爱国，使人得到的意义越多越好。诗要模糊可用"比""兴"，如"春蚕到死丝方尽，蜡炬成灰泪始干"。哲学却不同，一句话就是一个意思，而且要清楚，否则，哲学就失败了。

冯友兰在西南联大青年学子心中很有影响力，许渊冲在上述记录中没有提到听众的反应。想来每次演讲，听众云集。冯友兰不仅仅满足于做哲学史家，他想当哲学家，他的《贞元六书》在抗战期间陆续出版，标志着建立了自己的哲学体系。

1945年春天，国民党召开第六次全国代表大会，冯友兰在重庆接到蒋介石的晚宴邀请。蒋介石单独和冯友兰谈话，对冯友兰说："大会要选举你为中委。"冯友兰直截了当地说："我不能当。"蒋介石问为什么，冯友兰说："我要当了中委，再对青年们讲话就不方便了。"[①]

冯友兰是中国哲学史的学术权威，在联大做了多次中国哲学的讲演。这并不意味着他的著作不被人批评。1944年11月11日，中国哲学会昆明分会开讨论会。洪谦作《论新理学的哲学方法》讲演，批评冯友兰的新理学的基本命题不如传统玄学富有诗意，金岳霖和沈有鼎发言为冯友兰"解围"，形成一场"有趣的辩诘"。

---

① 见冯友兰《三松堂自序》。

黎东方讲"三国"

如果时空可以穿梭，易中天回到1944年重庆的剧场，又或者黎东方登上2007年央视的《百家讲坛》，两人同台PK讲三国，谁会更受欢迎呢？

黎东方谱名智廉，"东方"是他留学法国护照上用的名字。黎东方1907年出生于江苏省东台县（今东台市）河垛场。他先后就学于上海南洋大学附中、清华大学，在清华攻史学，为国学大师梁启超最后之及门弟子。后在巴黎大学专修法国大革命史，师从法国史学大师马第埃教授。

1931年8月回国，他在北京大学、清华大学主讲历史哲学、法国大革命史和西洋通史。九一八事变后，他因支援东北义勇军，不容于国民党北方当局，乃仓促南下，转任广州中山大学教授。1939年应国民政府教育部长陈立夫之聘，至渝主持史地教育委员会工作，兼大学用书编辑委员会常委，直到抗战胜利。在此期间，复在朝阳、复旦等各大学兼课，与顾颉刚、傅斯年、缪

黎东方

凤林等同为中国史学会在渝发起人。①

战时大西南受到日寇飞机轰炸，后方通货膨胀、物资匮乏，大学教授的生活也极为困难。诙谐幽默、口才出众的黎东方教授就想到了卖票讲史。这就像冯友兰卖字、闻一多治印一样，八仙过海，各显神通。

1944年9月24日，黎东方在山东省立实验剧院（迁移至重庆，山东省立实验剧院院长王泊生免费借给他场地）开讲"三国"，可容500听众。第一天讲题是"合久必分"，末了一天是"分久必合"。中间8天，主题分别为董卓、吕布、袁绍、曹操、刘备、孙权、诸葛亮、司马懿。虽然门票价格不菲，一张票法币40元（当时1美金的官价是法币20元），然而听众纷至沓来，第一天就来了300多人。接着连讲10天，天天爆满。黎东方回忆说："除了纳娱乐捐及种种开销以外，十天净余美金四五千元。"

黎东方讲史为何如此受欢迎？黎东方是历史学家，史事烂熟于胸，按需而取，左右逢源；他又是一位幽默大师，演讲风趣诙谐，妙语连珠，常令听者捧腹，有"现代东方朔"之誉。难怪后来林语堂要把别人赠予自己的"幽默大师"名衔拱手让给黎东方。

西南联大的学术讲坛，也吸引了黎东方。据任继愈的回忆文章，黎东方在昆明的"三国历史讲座"，租用省国民党党部的礼堂，售票讲演，送给联大历史系教授们一些票。姚从吾、郑天挺等先生都去听过，任继愈也分得一张票。

为了满足广大听众的品位，黎东方讲历史故事时，经常加进一些噱头。讲三国时期吕布与董卓的矛盾，把《三国演义》的一些情节加以演绎："吕布充当董卓的贴身侍从武官，住进相府。吕布就在客厅支了一只行军床，这样与貂蝉见面的机会多了，随便谈谈三花牌口红的优劣，谈得很投机……"由于黎东方善于随时加进一些"调料"，他的讲演上座率很高。任继愈只听过一次黎东方讲"三国"，在散会回来的路上，他与姚从吾先生随走随聊，认为用这种方式向一般市民普及历史有长处。但只有黎东方教授这样特有的

---

① 见谢岚《黎东方：卖票讲史第一人》。

天才才能办到，一般学者学不了。

重庆、成都、泸州、昆明等地，黎东方都去作过演讲。每到一个城市讲历史故事，都会在报纸上打广告。所到之处，听众争抢购票，场场爆满。黎东方靠卖票讲历史，"加起来总净收入在十万元美金以上"。这在当时算是一个天文数字了，可以媲美当今靠畅销书跃登作家富豪榜的作家们。然而，这笔美金，"被太太交给了某人放利，全部被卷逃而去。结果，我们仍旧穷。我也无心再讲了"。

1949年，黎东方要去广州，可是没钱买机票。于是，在贵阳、遵义、安顺开讲三天，结果，钞票滚滚而来。黎东方这次豪气干云，"买包机飞广州"。

黎东方可谓通俗讲史第一人，又称细说体。在他写出《细说清朝》以后，胡适鼓励他把列朝列代都讲一遍。20世纪60年代，黎氏讲史体著作《细说三国》《细说元朝》《细说明朝》《细说清朝》和《细说民国》在台湾出版，30年后，又由上海人民出版社出版，备受好评。

老舍讲抗战文艺

抗战时,老舍先生身为中华全国文艺界抗敌协会总务部主任,担负着主持和领导全国文协的重任。他虽为著名作家,但国难当头,当时的工资和稿费标准都很低,故其一直生活贫困,加之工作劳累,长期营养不良,身体欠佳,身患贫血、头晕之症。

1941年6月,西南联大教授罗常培来重庆看望老舍,并带来了西南联大邀请他赴联大演讲的邀请函。老舍曾与罗常培是小学的同窗好友,他们从小在一起玩耍,在一起上学,从小就奠定了深厚的友谊。老舍曾在《滇行》中写道:"因他(罗)的介绍,我认识了清华大学校长梅贻琦先生,

老舍与罗常培在美国

梅先生听到我的病与生活状况,决定约我到昆明去住些日子。昆明的天气好,又有我许多老友,我很愿意去。"1941年8月26日,老舍在罗常培的陪同下搭机赴昆明讲学和养病。

1941年9月8日,老舍在西南联大做首次演讲。他的演讲总题是《抗战以来文艺发展的情形》,分4次完成。闻一多主持并致辞,在介绍老舍的文

学成就时，他用热情的语调赞扬说："老舍先生是以活的语言创作了活的文学。"他还谈到当时大学中文系与作家的关系："中国语言文学系培养的对象只是限于'乾嘉遗老'式的和'西风东渐'式的学者，很难出作家。"接着，闻一多针对当时重庆写旧诗成风的现象提出尖锐的批评："在今天抗战时期，谁还热心提倡写旧诗，他就是准备做汉奸！汪精卫、黄秋岳、郑孝胥，哪个不是写旧诗的赫赫有名家！"闻一多说这几句话时一脸严肃，引得全场震动。在旁的老舍也感到有些愕然，老舍虽然是新文学作家，却喜欢写旧体诗，与好友罗常培常有唱和。

当时，日机频繁空袭昆明，在西南联大演讲时，演讲者和听众都不得不离开会场去跑警报，待警报解除，广大师生又争先恐后纷纷回到会场来，继续听老舍的演讲。老舍的演讲，以其惯有的风趣、幽默和满腔的爱国热情，及其流利、地道的京腔完全征服了听众，对青年学生影响尤深。为了进一步扩大老舍的演讲在广大师生中的影响，西南联大师范学院所办的《国文月刊》曾将其讲稿全文刊载。老舍说："在（昆明）城中，我讲演了六次；虽然没有什么好听，听众倒还不少。"

老舍在昆明期间，先是随罗常培居于青云街靛花巷3号罗宅之内（杨振声也住在这栋楼上），后因罗常培生病，需到乡下休养，老舍又随其迁往离城约20里的北郊龙泉镇的龙头村居住。平常闲暇无事，老舍便与罗常培顺着河堤散步，土是红的，松是绿的，天是蓝的，远处山坡下的村子蒙着一层薄薄的轻雾，驮脚的驴马戴着铜铃，顺着幽幽的古道远去。两人在一起，谈些小时候的事情，都快活得要落泪。

在昆明期间，老舍因忙于工作和创作，仅在朋友的邀约和陪同下，到翠湖、金殿、大观楼、黑龙潭游览过一次。就连近在眼前的圆通山和他最为向往的西山，也没时间去游览。在他和罗常培等老友夜游翠湖时，老舍初见翠湖，竟兴奋得像孩子般又笑又闹，又蹦又跳，还高声大叫。

更令老舍高兴的是在昆明遇见那么多的老朋友，风流儒雅的杨今甫、多才多艺的罗膺中，还有闻一多、沈从文、卞之琳、陈梦家、朱自清、陈雪屏、冯友兰、冯至等诸多文坛老友。老舍在《滇行》中记录了老朋友相见时的情形:"杨今甫大哥的背有点驼了,却还是那样风流儒雅。他请不起我吃饭,可是也还烤几罐土茶,围着炭盆,一谈就和我谈几点钟。罗膺中兄也显着老,而且极穷,但是也还给我包饺子,煮俄国菜汤吃。郑毅生、陈雪屏、冯友兰、冯至、陈梦家、沈从文、章川岛、段喆人、闻一多、彭啸咸、查良钊、徐旭生、钱端升诸先生都见到,或约我吃饭,或陪我游山逛景。这真是快乐的日子。"

老舍在未到云南之前,昆明、大理都曾上演过他与剧作家宋之的合写的歌颂回、汉人民团结抗日的话剧——《国家至上》,故他早已誉满春城、名扬苍洱了。1941年10月,应华中大学的热情邀请,老舍在古琴家查阜西先生的陪同下,到大理做演讲和游览。

由于云南的气候好,老舍在云南的人缘好、心情好,生活过得很愉快,所以,老舍在云南不仅把病养好了,还写出了系列散文《滇行短记》、回忆性长文《八方风雨,由川到滇》、悼念文《悼赵玉山司机师》等反映云南生活的作品。这些文章真实地记录了他在云南的行踪及其所遇、所见、所闻、所思、所感。同时,他还写成了六场话剧《大地龙蛇》。

1941年10月底,或者11月初,老舍结束了云南的演讲和休养,打算要回重庆,在青云街靛花巷3号等外出的杨振声,商量回重庆的事宜。这个时候,已从四川大学来西南联大任教的萧涤非来此找卞之琳,解决伙食问题。因为卞之琳还未成家,负担较轻,萧涤非和卞之琳曾是四川大学的同事,萧涤非在昆明生活上有困难,就找卞之琳互助。不料,卞之琳也外出了,萧涤非和老舍,两个抗战前在山东大学任教的老朋友在此邂逅,萧涤非不禁狂喜,老舍也笑逐颜开。

老舍向萧涤非说起自己刚创作完的《大地龙蛇》,摊在桌子上,翻到某一页,对萧涤非说:"我念一段台词给你听听。"接着老舍正襟危坐,一本正经地朗诵起来。在萧涤非的印象中,这段台词二百字左右,文句都比较短,他读得铿锵错落,轻重分明,确实动听。萧涤非在《我和老舍》文中写道:"这表明,当他下笔之先,这些台词早已烂熟于心,不知默诵了多少遍。"老舍读完,轻轻地拍了一下桌子,不无自负地说:"涤非,你看,单凭这一段,杨大哥(杨振声)还不给我买张飞机票送我回重庆?"萧涤非说:"后来我知道,他的确是坐飞机回去的。"

傅斯年讲汪精卫为何叛国投降

1938年12月18日,上午9时多,汪精卫以赴成都演讲为名,偕陈璧君、曾仲鸣等人潜离重庆。下午1时多,抵达昆明。当晚,汪精卫向云南省主席龙云透露:将到香港与日本人商谈"和平条件"。19日,匆匆转飞越南河内。

1938年12月29日,汪精卫发表"艳电"公开投日,震惊全国。蒋介石激愤地在日记中指斥汪精卫,"通敌卖国之罪已暴露殆尽,此贼不可救药矣,多行不义必自毙也"。全国掀起声浪,讨伐汪逆贼叛国。因汪精卫去越南途

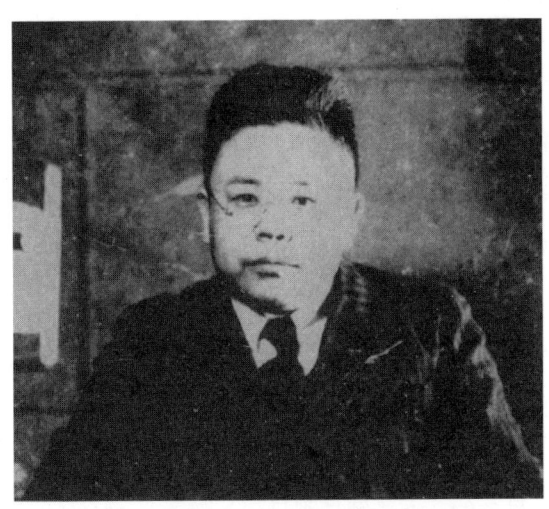

1943年傅斯年在重庆中央广播电台演讲

中经停昆明，昆明各界对汪投敌事件密切关注。1939年5月2日龙云声讨汪精卫："此何等事，不仅断送我国家民族之前途，且使我无数将士与民众陷于万劫不复地步。"

联大教授关心战事和国运，对汪精卫投敌予以讨伐。汪精卫公开投敌后，西南联大的8位国民参政会参政员发表讨汪通电。

《郑天挺西南联大日记》中，记录了汪精卫投敌后联大教授关注、讨论时局的细节。在茶叙、宴饮时，根据媒体的报道，分析幕后。1939年1月2日，郑天挺在日记中写道："报载汪兆铭违反纪律，危害党国，永远开除党籍。"

1939年1月14日，贵州省主席兼滇黔绥靖公署副主任吴鼎昌（字达铨，曾任《大公报》社长）来昆明。蒋梦麟在家中举办茶会，邀请吴鼎昌讲汪精卫投敌前后的政治内幕。这次茶会，有梅贻琦、张奚若、陈岱孙、萧叔玉、潘光旦、钱端升、罗常培、赵迺抟、郑天挺等20多人。郑天挺的日记记录了这次茶会的内容：

> 吴达铨谈汪精卫初与日本接洽，系意大利大使居间。秋间，英国大使在长沙晤奉化，谓意大利大使使其和议条款六项：一、承认伪满；二、华北特殊；三、共同反共；四、赔款；五、承认蒋氏为交涉对象；其六未详。奉化当即否认这六项，似汪所承诺者而奉化初未知之也。又谓中央讨论汪事时，以林（森）、吴（稚晖）诸老最激昂。"永远开除党籍"，"永远"二字即林所加，奉化之意尚不愿过甚也。开会时到者六十八人，表决时不举手者四：孔庸之、张岳军、陈布雷、姚大海。孔与汪政见久不同，张、陈向代奉化与汪氏接洽，而姚则汪之亲近也。汪所任诸职咸暂停，唯参政院议长将于大学校长中求之云。

吴鼎昌曝光出很多政治内幕，在当时皆是机密。联大教授对汪精卫的关注，持续一年多。

1939年12月9日，朱自清日记抄录了一首汪精卫的词，是汪精卫通过顾颉刚转给蒋委员长的。查《顾颉刚日记》第3卷1939年12月份日记，不见这首词的记录。

朱自清日记抄录的汪精卫所作《忆旧游·落叶》，与后来收录到汪精卫诗词集《双照楼诗词藁》的有五六个字词的出入。下面抄录的版本来自余英时《重版汪精卫〈双照楼诗词藁〉序言》：

忆旧游·落叶

叹护林心事，付与东流。一往凄清，无限留连意。奈惊飙不管，催化青萍，已分去潮俱渺，回汐又重经。有出水根寒，擎空枝老，同诉飘零。

天心正摇落，算菊芳兰秀，不是春荣。槭槭萧萧里，要沧桑换了，秋始无声。伴得落红归去，流水有余馨。只极目烟芜，寒螀夜月愁秣陵。①

余英时文中说，这首词是"艳电"发表以后汪在河内写的，"将当时中国的处境和他谋和的心境十分委婉地表达了出来，而复创造了一种极其'凄清'而又无奈的气氛"。

读汪精卫其词，观其行径，真让人想起"巨奸为忧国语，热中人作冰雪文"之句。人格与文格不是一回事。

1940年初，傅斯年在校长梅贻琦的陪同下，在西南联大图书馆前的草坪前，为联大学子讲演，主题是"汪精卫何以叛国投敌"。傅斯年系"中央研究院"历史语言研究所所长，在国内史学界如日中天。傅斯年又是国民参政会的参政员，每次开会，总对国民政府高官发问责难。其胆识、才气加霸气，在政学两界无人能及。傅斯年的讲演，讲题紧扣时事，吸引了众多联大学子慕名来听。

出乎意料的是，傅斯年并没有进行一番政治分析，而是做了一番心理分析——而且是一番弗洛伊德（Freud）式的心理分析。

据当时联大学子何兆武的回忆，傅斯年这次讲演的大意是：汪本人正值翩翩少年时，却被富婆陈璧君以金钱、权势和婚姻牢牢控制着，而且从此控

---

① 作者注：末句收入《扫叶集》改作"尽岁暮天寒，冰霜追逐千万程"。

制了他一生，因而造成了他心理上极大的扭曲。这种情结（complex，傅先生称之为"疙瘩"）使汪终其一生受到压抑而得不到满足，于是就形成了他极为扭曲的心理状态，以及他一生人格上和心理上的变态，从而表现为在政治上从事各种极端的、反复无常的投机和赌博。

"讲演的结束语就是傅先生笑着向我们这些青年学生们说，所以我奉劝你们将来千万不要东风压倒西风，也不要西风压倒东风。这就是他那次讲话的主旨和结论。"听了这次讲演，何兆武还有一些同学觉得大失所望。当时的何兆武，并不认同傅斯年的观点："像这样叛国投敌、组织伪政权、甘当儿皇帝的大事，恐怕是不能够单纯用被压抑的原始本能来解说的，而应该是有其更深层次的政治的、社会经济的和历史文化的原因。难道心理上的扭曲就一定要做汉奸卖国贼？"

时间有时会修正一个人的立场甚至学术观点。何兆武在《回忆傅斯年先生二三事》文中写道："今天回想起来确有其另一方面值得注意的意义。那就是傅先生是第一个——至少就我所见，他是我国史学家中第一个——认真地把心理分析引入到史学研究的。历史归根结底乃是人的活动，而人的活动归根结底乃是通过心理的这一环节。一般的历史学家们看问题往往只停留在社会分析的层次上，而绝少论及作为历史主体的人的心灵深处，因此往往是未达一间而功亏一篑。"

与傅斯年持有类似见解的是胡适。

1944年11月13日，在听到汪精卫死去的消息后，胡适在日记中这样说道：汪精卫一生吃亏在他以"烈士"出身，故终身不免有"烈士"的complex（情结）。他总觉得，"我性命尚不顾，你们还不能相信我吗？"但是，性命不顾是一件事，所主张的是与非，是另一件事。比如酷吏自夸不要钱，就以为自己不会做错事、办错案，但是，不要钱和做错事是两件不相干的事情呀。

从20世纪20年代开始，胡适和汪精卫就多有交往。胡适对汪精卫既有朋友近距离的感受，也有学者的理性审视。成也烈士情结，败也烈士情结。胡适认为这种烈士情结对汪精卫后来的政治选择和人生道路有重大影响，使他走上了不归之路。

罗常培叙永分校讲读书八式

1940年日军进兵越南，河内、海防相续失守。大后方昆明一下子暴露在日军的威胁之下。1940年11月，联大决定在四川叙永设立分校，由杨振声担任分校主任。并成立叙永分校校务委员会，杨振声（中文系）、陈嘉（外文系）、郑华炽（物理系）、蒋硕民（数学系）、吴之椿（政治学系）为委员，杨振声为主席。

1941年5月，梅贻琦约郑天挺和罗常培到叙永视察，并决定取消分校。三人结伴在四川待了两个多月，先后到了重庆、泸州、叙永、

罗常培

李庄、嘉定、峨眉、成都等处，还参观了武汉大学、四川大学及华西、齐鲁、金陵大学，饱尝了战时"蜀道难"的滋味。后来罗常培专门写了《蜀道难》一书，就是叙述这次到四川参观的情形。

6月9日下午，梅贻琦、郑天挺、罗常培等人抵达叙永。罗常培在叙永分校期间，几乎天天有讲演、讲座或者讲话。

6月11日10点40分，罗常培在县文庙里的第二十教室讲演《中国人与中国文》，为的是让一般学生知道大一国文的重要性，并略述西南联大文学

院中国文学系和师范学院国文学系的近况。听众约五百人，一年级的学生大部分都到了。

12：20有空袭警报，下午3：00有紧急警报，3：40解除。罗常培发现这里的同人和学生对于警报的重视性并不高，除去少数见"机"而作、不俟终日的朋友，大部分都不躲避。这种镇定是不足为训的。但凡住在一个没被轰炸过的城市的人们，差不多都有这种态度。可是一旦遭遇空袭就会产生很多无谓的牺牲，以往的嘉定、泸州便可以当作殷鉴。

第二天上午10：40，在南华宫举行国民月会，梅贻琦首先报告昆明联大本部的情形，以及叙永分校去留的决议。其次勉励学生注意劳作精神、团体生活、选系意义。最后，梅贻琦面对分校全体同人郑重地提出重视警报这个问题，不要视空袭警报为空气，空袭警报响起，一定见"机"而作跑警报，希望引起大家的注意。

6月12日午后3：00，清华同学会在南华宫招待梅贻琦，北大同学会在城东公园复兴亭招待郑天挺和罗常培。郑天挺报告学校南迁以后的状况。罗常培说学校是一个有机体，要求它的发展，得仗着每个细胞都能各尽本分。大家应当继续发扬北大的"大"处，贯彻蔡孑民（蔡元培）先生遗留给我们的"博大和坚贞"的精神，还得不流于散漫懈怠。"此外译学馆的老同学谢孖端（谢式瑾）和吴之椿、程毓淮两位教授都有演说，程先生的话尤为诚恳动人。"

6月12日晚上，开始下雨。甘霖降了一整夜。梅贻琦、郑天挺、罗常培来叙永前，天气多日干旱，当地百姓渴盼天降甘露。叙永的学子戏言，这是梅校长带来的甘露。

13日，上午的雨密而有力，下午，雨停，天已转晴。下午3：00，历史学会代表许受谞约郑天挺和罗常培在十教室演讲。郑天挺讲《研究历史应注意的几点》，撷出叙永史地就近举例，颇为动听。

罗常培的讲题是《读书八式》，共分涵泳自得、采花酿蜜、剥丝抽茧、磁石引铁、披沙拣金、郢书燕说、过眼云烟、挦撦饾饤八目。

这八目，看主旨，能想到大体的意思。罗常培在《蜀道难》一书中，有简单的解释:"第一式为爱好文艺,或性近玄思的来说;第二式为铢积寸累,日知其所无,月无忘其所能的来说;第三式为钻研一题,逐渐深入的来说;第四式为学有重心,左右逢源的来说;第五式为信手翻检,摭拾菁华的来说;第六式为穿凿附会,自欺欺人的来说;第七式为随眼滑过,不求甚解的来说;第八式为剽窃陈言,因袭堆砌的来说。"做这个讲座的目的,"这无非想指出几种念书的方法来,好教学生知道怎样抉择"。

这次听众约三百人,是历史系的学子和对历史感兴趣的学生。罗常培讲完,汗流浃背。吴晗看到罗常培大汗淋漓,于是,在西南餐厅请他吃冷饮,边吃边谈,聊在昆明的联大故人,罗常培顿感凉爽。

即使在今天,罗常培的"读书八式",仍然有价值,可谓治学的门径、读书的妙诀。

古人云,行万里路,读万卷书。对于罗常培入川的经历,谢冰心在《蜀道难》一书序言中说:"三个多月困难的旅途,拖泥带水,戴月披风,逢山开路,过水搭桥,还仓皇地逃过几次警报,历尽了抗战期中旅行的苦楚,可是他的豪兴一点都不减,他研究了学术,赏玩了风景,采访了民俗,慰问了朋友。路见不平,他愤激而不颓丧,遇见了好山水人物,他又欣赏流连,乐而忘返。"

入川的旅途中,罗常培收获良多。更有意义的是,访问了众多学术机构,见到了大批学者和朋友。到了李庄板栗坳,见到董作宾、李济、李方桂、陶孟和等学者,看望了卧病在床的林徽因。在四川大学,与故交萧涤非、徐中舒相逢,结识川大校长程天放、文学院院长向先乔等今雨新知。在成都华西坝参观了华西、金陵、齐鲁三所大学,做学术交流。在歌乐山成了潜庐主人吴文藻谢冰心夫妇的座上客。大地行旅,山水文章,朋友团聚,读书演讲,罗常培的脚印留在蜀道上,也留下了抗战期间学术交流的翔实记录,是今人了解大后方大学教育、学术机构的珍贵资料。

战时联大学者与藏书的命运

清华大学图书南迁

20世纪30年代，日寇步步紧逼华北，清华大学有计划地将校产南迁。1935年11月，精选图书馆所藏古籍中的珍品和西文书、杂志以及各院系重要仪器设备，装入417个大箱子，经由天津，一路舟车辗转，运抵汉口，寄存在汉口的上海银行第一仓库。这批古籍总6660种，9692函，共12764册，分装224大箱，内中有清华馆藏全部宋元版书、雍正本《古今图书集成》、《大清会典》以及众多县志、文集的精善本，是当时馆藏古籍的精华。学校极为重视南运古籍的安全，任命专人负责，当时任职于图书馆的唐贯方是主要参与者之一。

顾毓琇《从求学到教学》中提到，1936年冬，清华大学秘密运图书、仪器至汉口，每批10列车，每车约运40箱。蒙京绥路局沈昌局长及陈鸿宝校友赐予便利，幸得安全运出。当时宋哲元的部下对此十分在意，日本人亦有干涉之意图。

顾毓琇文中提到的清华南运图书与仪器和上述提到的时间矛盾。另据陈岱孙为《国立西南联合大学校史》作的序："为南迁所作另一准备是，在卢沟桥事变前两年的冬季，清华大学从清华园火车站，于几个夜间秘密运好几列车的教研工作所急需的图书、仪器，暂存汉口，可以随时运往新校。"由此判断，顾毓琇的回忆文章，由于是晚年写作，可能记忆有误。

1937年七七事变爆发，据唐贯方之子唐绍明回忆，在清华园可听见隆隆的炮声，日本飞机还向清华大学扔了炸弹，图书馆北面唐贯方的办公桌的窗外，炸了一个大坑。有的说是机枪扫射的。唐贯方正在香港省亲，闻讯后立即返程。行至上海，接校方令即刻赶赴长沙临时大学，参与学校南迁工作，留下老母、妻子和幼儿弱女8人在沦陷区北平。1938年初，他被派往汉口，负责抢运这批抗战前夕南运出的古籍。唐贯方经过多方联络，将400多箱善本书装上"民生"公司船只运送。谁料行到宜昌，遇日寇飞机滥炸，受阻达4个月之久。他不顾个人安危，日日巡视码头，腰系钉袋，手持铁锤，逐箱检查、维修、加固。终于弄到船只，溯长江，过三峡，历尽艰险，将这批珍贵古籍和仪器设备全部安全运抵重庆，无一受损。①

1938年4月，长沙临时大学更名为"国立西南联合大学"，清华、北大、南开三校学生已经迁往云南昆明。因交通极度困难，学校仅将各系教学急需图书提运昆明，而古籍善本则留存重庆北碚，寄存在北碚的中央工业试验所内。1940年初，学校以2000元为代价在北碚凿山洞一个，然而受托保管者不负责任，将这批宝藏放在地面房屋中，而将此山洞用作自己躲避空袭之所。1940年6月24日，日本飞机疯狂轰炸北碚，空投的燃烧弹使这批图籍顿时淹没在火海中，保管人麻木不仁，待大火烧至第三日晚才通知学校。校方立即组织人员连夜灭火，仅于灰烬中抢得残卷2000余册，而10074册珍本已尽付一炬，其中就有当时馆藏的全部宋元版书。馆藏古籍蒙受巨大损失，实为书厄之巨，也是清华大学图书馆古籍收藏的一段痛史。这段痛史至今仍让人扼腕叹息，唏嘘不已！

清华南运古籍被日机炸毁一事，也在学界引起很大轰动。祝文白在其《两千年来中国图书之厄运》一文中，将自元至今七百年间的图书浩劫总结为"五厄"，最后一厄便是"民国中日之战役"，其中历数抗战期间上海涵芬楼藏书、江苏省立图书馆藏书、清华大学和燕京大学等公私藏书被战火涂炭的厄运。罪恶的战争岂止是国家和民族的厄运，也给包括图籍在内的文化遗产带来了

---

① 见唐绍明《务本务实 自立自强——怀念我的父亲唐贯方》。

沉重灾难！①

从历史上看，书之巨厄，多以兵燹之灾为主。毫无疑问，书的厄运就是文化的厄运。不仅馆藏善本、孤本化为一缕青烟，个人累积的藏书也遭到毁灭。战争用炮火引燃古籍，书有何罪呢？毁灭的是人类的文明成果。

从大火中抢救出来的残余部分被称作"焚余书"，277种、2358册焚余书被清华大学图书馆珍藏，经历了1940年的兵燹，经过了岁月长河，如同凤凰涅槃一样重生。清华大学拨专款修复，于2001年4月底结束。每部"焚余书"加装了特制的绛红色函套，寓意在战火中重生，铭记那一段惨痛的历史。

---

① 见刘蔷《战火劫难古籍新生——记清华大学焚余书始末》。

陈寅恪的藏书被偷了

陈寅恪的藏书有四次劫运：清华园的窃贼；抗战的流离颠沛途中；内战时卖书以购煤取暖；"文革"时被抄家。陈寅恪的书劫，即陈寅恪的痛史。我们来看一下抗战期间陈寅恪的遭际和他藏书的命运。

长沙临时大学于一学年后，又改名"国立西南联合大学"，简称"联大"。联大文法学院初迁蒙自，再迁昆明。陈寅恪1938年春天到蒙自，在蒙自授课仅数月，因学校又归并为西南联合大学，陈寅恪不得不在是年秋天随校转往昆明。在作别蒙自后他作诗："我昔来时落水荒，我今去时秋草长。"

在逃难离京到蒙自授课这段辗转的经历中，身体的劳累和困顿还不值一提，最令陈寅恪心痛神伤的莫过于在路上几次遭遇的丢书事件，这对他的身心打击尤为巨大。陈寅恪喜欢在几种常读的书籍上，将自己平日阅览时的意见或者其中发现的新问题，写在每页的书头，这样陈寅恪的很多书可以说凝聚着他研究学问的诸多心血。收藏的书籍或毁于战火，化为灰烬，或旅途被偷，不翼而飞，对他日后的学术研究工作造成了难以弥补的损失。

1937年11月3日，陈寅恪一家出京，踏上逃难的漫漫长旅。陈寅恪将书籍包好托人寄往长沙。由于交通不便和当时战事不断，在陈寅恪抵达长沙的时候，这批书籍还没有到达。

1938年11月，日军攻占岳阳逼近长沙，国民党军队为实施坚壁清野战略，于12日夜间放火，毁房5万余栋，死伤市民2万余人，长沙陷入一片火海，数十万人无家可归。陈寅恪的亲戚忙着逃难，亲戚家的房子和他寄存的书籍付之一炬。那些书籍多是他在美国、德国留学时期，节衣缩食买下的，看着书籍遭受了灭顶之灾，陈寅恪欲哭无泪，只好仰天长叹。

多年心血毁于大火，陈寅恪在这次战火中，有多少书化为灰烬呢？"文革"中，他在第一次交代材料中记载："书的册数，比现在广州的书还多。"笔者还没有查到晚年陈寅恪在广州藏书的具体数字，想来，毁灭于大火的书籍数量一定不少。战争期间，陈寅恪全家匆匆南渡，除随身带了少量书籍和读书笔记，一部分邮寄到长沙（毁于大火），"未寄出的书存在北平朋友家"。

抗战胜利后，陈寅恪返回清华园。1948年12月，国共内战战事迫近北平郊区，炮声日隆，陈寅恪、唐筼夫妇身体不好，有心脏病，想去南方暖和之地。陈寅恪应岭南大学校长陈序经的邀请，决定去岭南大学教书。陈寅恪一家告别北平，这一次，将书籍寄存在北京寡嫂及亲戚家中。"后某亲戚家所存之书被人偷光，不得已将所余书籍暂运上海托蒋天枢代管。卖书的钱陆续寄来补贴家用。并将书款在广州又买一些书"。①

陈寅恪在从香港到蒙自的途中，书被偷窃，真是祸不单行。唐筼在迁移的长途中累病卧床，陈寅恪由香港独自南下蒙自的过程中，经过越南海防时遭窃，随身携带的两木箱极其珍贵的书籍落入贼手。陈寅恪将需要的文稿、拓片、照片、东西方古籍装在一个皮箱，交铁路部门托运——这是他几十年心血凝聚而成并视若生命的珍贵财富。出人意料的是，皮箱运到蒙自，陈寅恪打开一看，箱内只有数块砖头，而书籍、书稿早已不见踪影。面对这个意外打击，陈寅恪几近昏厥，同事赶忙劝慰，分析认为箱子看上去非常上档次，被铁路内部的不法人员或者盗贼盯上，打开后将珍贵书籍偷走，为防止过早暴露，放上砖头移花接木。

皮箱的书之所以珍贵，并不因为它是珍籍秘本，而是他曾用蝇头小楷在书眉详细记录相关资料以及自己一些心得的本子。据说有很多是有关蒙古史、

---

① 见蒋天枢《陈寅恪先生编年事辑》，上海古籍出版社1997年版。

佛教史和古代东方之书籍。这些眉注本，可以说是他研究工作的"半成品"；这些书的遗失，造成不可估量的损失。其中有《世说新语》，在书头上写的札记和所记别书与它有关的事项最多。他本来想将它写成《世说新语笺注》，但这套批注的《世说新语》原书多册，在途中不幸丢失，让陈寅恪非常伤感。这些书籍的价值如此重要，他的损失必然带来了诸多遗憾，日后很多本来可以完成的著作，皆因此而没有实现，于己于人，推而广之于学术的传承，这种不可预料的损失令人不禁为之扼腕。据说

陈寅恪与夫人唐筼

《世说新语笺证》《高僧传笺证》等未能成书与遗失书籍的事件有直接的关系。1943年底初抵成都的时候，陈寅恪还曾经提到过关于《元史》一书的事情。在20世纪二三十年代，他刚回国的时候，专心致志于元史，用力最勤。他读过好几遍《元史》，每有一点心得，就批于书眉，蝇头细楷，密密麻麻，丹铅殆遍。可惜在卢沟桥事变后，他携带南迁，花费了巨大心血批阅过好几遍的书，在托运至重庆附近的时候，竟然毁于兵荒马乱、炮火空炸中。陈寅恪每言及此事，总有无尽的遗憾。①

从北平到蒙自，手稿、书籍遗散得太多，加上旅途的劳累，陈寅恪初到蒙自即染上疟疾，精神遭受重创。当时动荡混乱的时局中，独自在他乡谋生，心底不免生出无限的感慨和凄凉。

是年七夕，陈寅恪在蒙自一人度过，有诗曰："银汉横窗照客愁，凉宵无睡思悠悠。人间从古伤离别，真信人间不自由。"客居他乡，与妻儿分居两地，逢佳节而难团聚，思亲念家之情溢于诗间，读来感人至深。

时值国破家亡，百姓流离失所，前路辗转艰辛，未来的路也不知有多少

---

① 见刘斌等编著《寂寞陈寅恪》，华文出版社2007年版。

风雨。年近五十的陈寅恪，处于一种无奈、落寞、忧心的境地，只有拿起手中的笔托诗言情：

> 家亡国破此身留，客馆春寒却似秋。
> 雨里苦愁花事尽，窗前犹噪雀声啾。
> 群心已惯经离乱，孤注方看博死休。
> 袖手沉吟待天意，可堪空白五分头。

陈寅恪丢失的藏书和部分手稿，不可再得。但冥冥之中，书和人自有其归宿，有弟子在越南河内旧书摊上购得老师一两册旧藏，转而归还主人。人和书历尽波折重相逢，多少也可慰陈先生的心情。

和陈寅恪有相似经历的是汤用彤，汤用彤也丢了一批珍贵藏书，导致他学术研究方向的转变。《汉魏两晋南北朝佛教史》成书后，汤用彤打算写定《隋唐佛教史》，于是把有关佛教书籍如《大正大藏》《宋藏遗珍》等装箱南运长沙。未久，学校西迁昆明，不幸降临，两大箱珍贵的佛教典籍丢失。手中虽有讲义，但撰写大著材料不够丰富，只得"割爱"，转治魏晋玄学。

战争期间，书的命运和人的命运相似，或颠沛流离，或遭遇不测，或朝不保夕，令人感慨和伤感。战火是书籍最无知、最狂妄的读者，将文明的成果化为轻飘飘的灰烬。联大学者的多少藏书毁于战火中，无法统计。对于嗜书如命的学者来说，不可能潇洒地将书视为身外之物，书籍遭受灭顶之灾，对学者的打击无疑是沉重的。

陈岱孙舍弃藏书南渡

1937年抗战爆发。清华园里宁静的教书生活一下子被打乱了,一切全变了。七七事变爆发时,陈岱孙和张奚若、浦薛凤、陈之迈几位清华同人在庐山开会(梅贻琦校长已先去南京,由南京去庐山参加会议),会后陈岱孙和张、陈二人下山北返。

车到天津,平津战役恰于是日凌晨爆发,交通断绝。陈岱孙一行被困在天津一旅店中,直至平津全部沦陷,火车交通恢复才回北平,暂住城内一友人处。此时,梅贻琦校长尚未回校,陈岱孙在电话中和维持校务的诸同人联系,同人们因清华大学位于城郊,交通没有保证,建议陈岱孙不必返校,而是他们来城内会合,一起开一个紧急校务会议。会议决定让陈岱孙立即返津南下,和梅校长商量迁校事宜。

1994年4月,陈岱孙回忆自己的一生时,写下《我的青年时代——从求学到从教》一文。他在文中说起当时离开清华大学时的情形:

20世纪20年代末,任教清华之初的陈岱孙

这就意味着我得抛弃我在校内的家，包括我研究课题的草稿和全部原始资料。我当时是有点犹豫的。但一转念，这次爆发的战事关系我民族的兴亡。打仗总得有损失。我只可当为我的家已毁于炮火。当即决定不返校寓，翌日即回天津，由天津乘船到青岛，搭火车到济南转南京。到南京后才知道教育部已商定北大、清华、南开联合在长沙成立临时大学；三校校长已于数日前首途赴长沙。我和陈之迈先生找到了胡适先生等人也奔赴长沙。

赶到长沙的陈岱孙一身之外别无长物，临时大学在长沙和南岳上了一学期的课，就迁往昆明。

闻一多仓促离平，和陈岱孙相似。1937年7月7日，日军炮轰宛平城，闻一多在清华园听到枪声，和大多数学者一样，认为这是中日的局部冲突。在此之前，闻一多有信致林斯德："局势莫测，许多藏书无法处置，将来只好不了了之。"结果一语成谶，7月19日，闻一多带领孩子南下。没有想到这一次是永别古都。"行时仓促，家中细软包括妻子陪嫁首饰全扔在清华园，仅带了两部书：《三代吉金文存》《殷墟书契前编》。"[①]在正阳门火车站，臧克家遇到闻一多，他看到闻一多只带了随身的东西，纳闷地问，先生，您的那些书籍呢？闻一多感慨地说："只带了一点重要稿件，国家的土地一大片一大片地丢掉，几本破书算什么？！"臧克家听了，非常难过。

---

① 见《闻一多年谱长编》。

潘光旦部分藏书归去来

1937年，北平沦陷后，潘光旦抓紧做了四件事。其一是将最近五六年来所作的关于优生学的169篇短篇文稿编成《优生闲话》一书，此书共约20万字，拟将此书纳入自己的"人文生物学论丛"系列，列为第4辑，仍准备交商务印书馆出版。其二是将《笔记小说大观》一书中剪贴的资料分类编订为20余册。其三是准备将《笔记小说大观》再度快速浏览一遍，将有用的资料剪存，经过两次爬梳以后，这套书不再保存，即使散失也不可惜。但可惜的是在9月中旬必须离开北平南下时，他只完成了全套书500本的一小半。其四是在科举人物的血缘关系研究课题上，他研究"巍科人物之血缘研究"，又找到了不少资料，有清一代的560个额中，进入他编制的血缘关系网络的已经达到二百有余，大约占40%。

7月26日，是潘光旦原准备离家南行的日子，他也考虑到时局变化时需要处理的事情。他交代妻子，如果有变故的话，可带领几个女儿出走逃难，不要考虑他的丰富藏书怎么办，只要带走他手录的书目一册，留作日后纪念即可。南行不成，他回家后的第三日，将祖先的遗墨与家谱旧稿等装入一个箱子，在第一次进城时送存城内报房胡同的寓所。等到仆人回来后，又嘱他将全部藏书逐日装存，一星期才毕，共装了28箱，拟先护送到城里妥善收藏，将来找机会南运。此时忆及明末屈大均送顾炎武的诗，有"飘零且觅藏书洞，慷慨休听出塞歌"的句子，竟好像是对自己吟咏一般！

从8月5日至8月底，清华大学校务会议成员，潘光旦、沈履、冯友兰、吴有训四人每天都聚在一起，白天办公，晚上则在校长住宅与其他留校同人相见，大家在一起读路透社消息，听无线电广播，"陷虏以后，犹不至沉闷抑郁以死者，赖有此耳"。

1946年，潘光旦重返清华。他战前存放城内的书籍命运如何？潘乃穆在《回忆父亲潘光旦》文中说："战前存放城内的三十箱图书、稿件等均已遗失，无踪可寻。其中有一部分藏书后来居然陆续从旧书摊上买回。"在旧书摊邂逅多年前自己失散的藏书，那感觉，如同破镜重圆吧。失而复得令人惊喜，也使人倍加珍惜。

潘光旦

张荫麟忍痛抛藏书

张荫麟不是一个世俗的藏书家,不大讲究版本,生性喜欢收书。限于财力,收藏的书其实不够多。留美时省吃省穿,剩下的钱全给弟妹做教育费。在清华大学执教后,才能有一点点剩余的钱购买旧书。开始书装不满一个书架,慢慢地可以装满好几排书架了。在好友吴晗的印象中,到离开北平前,他的小书房架上、桌上、椅子上、地板上全是书,进出都得当心,不是碰着头,就是踩着书。所收藏的以宋人文集为最多,大概有好几百种。又在厂甸、隆福寺各冷摊搜集辛亥革命史料,得一百多种,打算继续访求,期以十年,辑为长编,来写民国开国史。

1937年春天,张荫麟与吴晗等学者一同跟着清华历史系西北旅行团,到长安、开封、洛阳游历。吴晗在开封相国寺地摊上,偶然得到排印本的《中兴小纪》,那是记清同治史事的,传本不多见。张荫麟一见便据为己有,与吴晗讨价还价半天,提出用四部丛刊本明清人文集十种对换。吴晗看他贪心的样子,只好勉强答应。张荫麟立刻把书塞进他的行李袋,再也不肯拿出来。回校后,吴晗去讨账,张荫麟在书架上翻了大半天,始终不舍得拿出当天承诺的要交换的书籍,只拿出钱牧斋《初学集》《有学集》两种塞责。

几个月后,清华园成天成夜听见日寇的炮声,张荫麟也日夜踯躅于书房中,东摸摸,西看看,看着书叹气,最后才一狠心,找来吴晗说:"你尽量把书搬走,尽量把书寄出去吧,只要你搬得动,寄得出去就行。"张荫麟在国难当头之际,心中一片绝望和哀伤,甚至连他已写好的十章长编书稿,也没有带走,便只身南下到天目山浙江大学任教去了。四十多天后,吴晗也南下到昆明,临行前,他自然无力带走张荫麟的藏书,但把十章长编书稿带到了昆明。吴晗知道这是张荫麟的心血结晶,帮他整理、誊录。1939 年,张荫麟也到了昆明,看到好友誊录好的书稿,如劫后重逢,惊喜如狂。于是,补写了第十一章,并写了自序,作为《中国史纲》上古篇出版,这本经典的史学书至今都有读者。

吴晗在西南联大讲中国通史,和其他学者不同,总是从石器时代讲到抗战救国共十二个大题目,内容多讲制度,如兵制、田制、赋税制等。听他讲课的人,都能感受到他的别出心裁,但不知其渊源所在,其实吴晗是接受了张荫麟的主张。

张荫麟离开北平后,他夫人一股脑儿将其藏书搬进城。到 1946 年 12 月,吴晗已从昆明重返北平,写文《记张荫麟》纪念早逝的好友时,他的书还寂寞地放在原来的地点,无人过问。故人已去,藏书犹存,目睹其藏书被抛弃的命运,念想好友的坟头已是萋萋芳草,吴晗不胜感伤。

吴晓铃昆明读曲记

1935 年，吴晓铃毕业于燕京大学医学预科。吴晓铃从进入北大开始，就养成了去厂甸逛旧书肆的习惯，他和古籍书店的掌柜、摆设浮摊的书贩混得很熟悉。他非常喜欢一边翻看古籍，一边和书肆主人交谈。"对于书籍的内容虽然他们不一定完全明了，可是关于版本的真伪新陈、校勘的精致错劣却知之最详，这是我们读书人所不及的。"

在战前的北平，北大的教授和学生，都爱逛书摊，按照自己的学术方向收集古籍。胡适曾对北大的学生说："这儿距离隆福寺街很近，你们应当常常跑跑，那里书店的老掌柜并不见得比大学生懂得少呢！"吴晓铃受到影响，经常买古代戏曲方面的书籍。他爱听书摊主人的闲谈，里面透露出不少北大学者的读书趣味和方向的信息："又有一次在厂甸，那书摊的经理人告诉我，周岂明是如何喜爱明清的小品文籍，又怎样在《论语》上用了向来不曾用过的笔名写《缢女图赞》；郑西谛收集杂剧传奇，郭绍虞性嗜诗话，马衡、容庚、唐兰诸先生则是研究金石文字的专家；还有谁有什么著作，谁嗜酒，谁怕太太，谁走起路来是一晃一晃……"[①]那时的书商经常送书上门，用蓝布包一大包袱，送到学者家中，看好了就留下，到年底才一起结账。吴晓铃这段话中说到的"谁

[①] 见《从厂甸买书说到北平的旧书业》。

怕太太",大概指的是胡适,胡适爱买古籍,但书商到年底讨账时,他的太太江冬秀自然不会给书商好脸色看。

1937年,吴晓铃毕业于北京大学中文系,留校任教。抗日战争爆发后,他在北京西郊的燕京大学中国文学系做助教,1938年11月,吴晓铃接到老师罗常培从昆明邮寄的一张明信片,上面写着:"旧店重张,盼速来!"

在离开北平赴昆明前夕,吴晓铃向顾随(顾羡季)辞行。顾先生对吴晓铃说:"孙楷第先生和我都由于健康的关系不能作万里天南之行,看来罗常培先生把你叫了去,兴许是让你开戏曲和小说的课程!"吴晓铃和同班同学杨佩铭一起结伴,从天津走海路经上海和香港,再从越南的海防乘滇越铁路的窄轨火车经河内和老街,云南的河口、碧色寨和狗街子等地,于1938年12月到达昆明。

罗常培对弟子吴晓铃的帮助很大,经他提携,请吴晓铃为大三、大四中文系学生开设"教育部"定的"杂剧和传奇"必修课(实际就是中国戏曲史)。吴晓铃能开起此门课程,得益于他在战前的学术积累——经常购买、收藏、研读中国戏曲方面的书籍。我们不妨以吴晓铃为个案,透视联大学者的治学和藏书的关系。

吴晓铃在《危城访书得失记》一文中写道,从1937年6月到1940年6月,"如果我还有一点儿弄学问的希望的话,那,我愿意把留在北平的一年半叫作我的治学的'光明时期',而避地滇南的一年半叫作我的'黑暗时期'"。"光明时期"有大量的戏曲方面的藏书可读,而"黑暗时期"没有书可读。考虑到身在沦陷的北平,过着被日寇奴役的日子,"光明"就变成了"黑暗";而在昆明,联大的学者齐聚一堂,师生弦歌不辍,"黑暗"就变成了"光明"。对于吴晓铃那一代学者而言,一生有大半生身在"光明"与"黑暗"的交织之中。吴晓铃在北平有大量的私人藏书可读,这得于他多年的积累。

吴晓铃到昆明后,和其他联大学者一样,感受到了无书可读的痛苦:"您晓得,我喜欢弄戏曲小说,但这里只能见到世界书局排印的《元曲选》和开明书店重印的《六十种曲》;号称海内第一曲库的北平图书馆的藏书现在对于我只是一个不敢回忆的甜蜜的梦,我后悔那时候为什么不能充分地仔细翻阅那上百种的福堂春的、世德堂的、继志斋的刻本传奇和孟称舜、邹式金等人辑印的杂剧。"

为了解决无书可读的痛苦，吴晓铃让家人寄来一册《绥中吴氏绿云山馆藏曲目录》，这是一个书店的主人替吴晓铃抄写的。但这本目录上抄录的《六十种曲》的初印本十一种，引起了吴晓铃痛苦的回忆，那是他心中一个最大的创伤。1938年11月，吴晓铃为了筹集去昆明的盘缠，将《六十种曲》的初印本十九种卖掉了。"我好像导演了一出悲剧，生生地将它们和另外的十一种拆散了。"吴晓铃为何如此痛苦？是因为初印本《六十种曲》中的三十种弥足珍贵。"马隅卿先生有十四种，郑振铎先生有十七种，傅惜华先生有十九种，北平图书馆有十五种左右，开明书店图书馆仅一种，把全国藏书家所藏的初印本放在一起不只是六十种，并且也出不了我这三十种的范围。"

就在吴晓铃卖书的时候，他又得到半部《汇纂元谱南曲九宫正始》，爱书人，真是积习难改。在百忙而且万难的状况下他仍旧在封面印了一方"吴郎之书"的图章，然后锁在箱子里了。从天津到山东半岛的海船上，吴晓铃还为这半部书"生不逢辰"而惋惜呢。

在西南联大，吴晓铃为了深入地研究中国古代戏曲，1939年暑假期间，花费了20天的时间，集中阅读"中央研究院"历史语言研究所馆藏戏曲小说类书籍。史语所为了避免日寇飞机轰炸，疏散到龙泉镇。吴晓铃就在村中租了一间房子住。我们可以根据他的记录，了解一代学人苦读的情形："在这短短的时期中，我每天早晨六点钟随着晨鸡的报晓、农夫的叱牛便起床，整日在观音堂弥陀殿里的书架下在翻，在检，在诠次，在著录。晚间，差不多七点钟就跟着下山的太阳钻进那所湫隘污秽的小屋里，蹲在地上，面对着一只摇晃欲灭的残烛整理白天所获得的材料，一方面又要与蚊蚤相斗争。这样，我记下了二百四十种罕见的书籍，分做杂剧、传奇、清内府承应戏、散曲、曲话六类，写成一篇《国立中央研究院历史语言研究所善本戏曲目录》刊在《图书季刊》新三卷第三期中。"

吴晓铃在史语所读书，每天都写下日记，记录所读之书。这里抄录1939年9月9日的日记：

夜中，闻村农秣马声，以为天明矣。起，开窗望，则仍昏黑如墨，乃复觅枕卧。久久不能入睡乡，听檐脚雨声渐沥，益复增人冥思，心绪如乱麻！又多时，鸡报晓矣！急策杖出，冒雨步泥去寺，寺中静寂无人声，视壁上钟，则方指五时。

早点后登山，在观音堂与苑峰兄谈古剧与昆弋之别，余谓元剧受印度那狘迦之影响，而又影响及日本之能乐，今元剧绝响久矣，欲考其舞台演出之情况则非治梵剧、和剧不为功。苑峰极然余言，并出所藏日本之伎乐代面图为余观。

在弥陀殿普通书室抄录《南京国学图书馆书目》中之曲目，录至清人散曲止，得百数十种，容再详查集部诸目，想必更有所获。

午餐后，与则良进城。余衣短褐，戴大竹皮帽，背布包，着草鞋，手藤杖；则良执伞提面盆，俨若美洲西部之流浪者，不觉相与大笑。中途值暴雨，衣履尽湿，亦狼狈，亦有趣。四时半抵寓，更衣濯足；稍息便与佩铭出用晚餐。

夜，于灯下据钱牧斋笺注本校杜诗六首，备暑后讲授之用。

山居夜冷，荒村人静，天际月挂如钩。遥想吴晓铃在昏暗的一豆灯光下整理读书资料，心中多细密的感触，那一代学人读书之勤奋、治学之严谨，令人感佩。

1940年初冬，吴晓铃又到龙泉镇来住，可是史语所早已人去楼空，藏书也都捆载入川。史语所在搬迁图书的过程中出了意外——舟行江中为风浪所覆，善本书籍颇有损失。"不知那些我所酷爱的戏曲书籍的命运如何，心中十分系念。这几年，身外之物的聚散存佚真是不可逆料！"

吴晓铃整理出1939年《读曲日记》并发表出来，"一半是纪念在这个荒远的土地上还能看到这许多的秘笈；一半是这些东西的确证实了沉了江，虽然已经捞获，但是完整无损却不可卜，幸好我都读过了，否则这批未被发现的材料岂不便要永世沦抑不为人所知了吗"。

1942年8月，吴晓铃应邀到印度国际大学中国学院任教；同时，研究印度古典戏剧。这位研究古代戏曲小说的专家，还是印度文学专家。

从北平到昆明，吴晓铃买书、卖书和读书的经历，虽然是一个学者的私人记忆，但折射出丰富的历史信息。天下爱书人的心思是相通的，大的历史背景下，个人与书有关的冷暖和甘苦，引起今人的感喟，书外风云连着书中滋味。

联大学者忍痛卖书

知识阶层最器重、最爱惜的资产就是藏书。由平津南下长沙，再由长沙辗转到昆明，一路上什么财物都可以抛弃，唯独不舍得扔下书箱。图书资料是读书人的命根子。但是到了1941年以后，剜肉补疮，连最后的珍藏也保不住了。

以专门研究明史著称的吴晗先生，被迫把若干有关明史的藏书转让云南大学图书馆，使他大哭一场。吴晗忍痛卖书，可能不止这一次。有一段时间，夫人袁震严重贫血。学生知道此事后，主动提出给袁震献血，但被吴晗婉言谢绝。他自己却瞒着别人，悄悄地带夫人去医院，把自己的血输给夫人。历史系的一些学生听说袁震需要住院动手术，而吴晗没钱，就提出要募捐。他们把这件事告诉了也在历史系任教的吴晗好友邵循正，请他劝吴晗接受学生的心意。邵循正听了，立即要他们赶紧停止。他说，吴晗宁愿借钱、卖书，也决不肯接受同学们捐助的。后来吴晗知道了这事，对妹妹说："同学们的好意我知道，但是同学们是从大江南北逃亡到后方来的，生活这么贫困，我怎能接受他们的捐款呢！"最后吴晗忍痛把仅剩的几本珍藏多年的书籍卖给清华大学图书馆，以解燃眉之急。吴晗的挚友——植物学家蔡希陶，为此风趣地书赠一副对联：书归天禄阁，人在首阳山。

吴晗高兴地把它贴在墙上苦中求乐。这副对联把当时吴晗的贫困，写得真实而又形象。

原北京大学法律系讲师、西南联大法商学院教授费青先生，久病不愈，经济窘迫，只能将珍藏的德英中文图书求售；经协商后，由北大法律研究所全部收买。折价法币 3000 元，聊补燃眉之急。现存历史档案中，还有当年西南联大法律学系主任燕树棠教授"关于收购费青教授藏书"一事致梅贻琦常委函。

1940 年，昆明物价暴涨不已，闻一多每月的薪金不足全家十天半月的开销，月月靠向学校透支或向友人借债解燃眉之急，生活进入了最艰难的阶段。为了糊口，家中物品除必不可少的衣被外，几乎分批寄卖一空，就连闻一多从北平带出来的几部线装书也忍痛卖给了清华大学图书馆，送书的时候闻一多还非常怜惜地说，将来回北平还赎回来。① 可是，上苍没有给他这个机会。他没有回到北平，不知清华学子在图书馆翻阅到闻一多的昔日藏书，会作何想。

1943 年，时值抗战最艰难时刻，西南联大的教授不得不和温饱做斗争。朱自清生活无以为继，委托在北平的好友俞平伯出售藏书。俞平伯收到朱自清 4 月 16 日的来信，上面列出不拟出售的书目，朱请俞售书时留意。同年 12 月，俞平伯按照朱自清的嘱托，将代他售书所得款分期寄至朱自清扬州的老家。

由此来看，联大学者出售藏书，维持生活，是无奈之举。售书谋生，并不是个别现象，而是普遍的。

1924 年，朱自清（右二）与友人在温州合影

---

① 见《闻一多年谱长编》。

胡适的藏书得到妥善保护

"胡适大名垂宇宙,夫人小脚亦随之。"胡适的小脚太太,成了民国史上的七大奇事之一。但正是这位小脚的夫人江冬秀,在抗战烽烟之中,在胡适离开北平、后到美国任大使的情形下,妥善处置胡适的藏书,令人刮目相看。1938年1月,临大决定西迁昆明。在第四十三次常委会上,决定聘请胡适为文学院院长。尽管胡适去了美国,没有到联大就任,这里也介绍一下他的藏书在战时的命运。

1937年10月28日,江冬秀寄胡适的信中谈及胡适的藏书如何处置。搬书、零物用去五百多元。"你的书都运回来了,就是箱子太重,到了天津打破了十几只。又买箱子换过,今天可以装完。这是北平章元美办的,这边系洪芬的侄少爷办的,存在垚生分行库里,每月廿元租钱,共六十九箱,洪芬叫我运去上海,我不能确定,等你告诉我办法。也许你要怪我不该把书运来,但是朋友帮助我运来了。我看箱子打破,烦极。"

胡适收到江冬秀的这封信后,于11月29日回复江冬秀:"我的书都运到天津,我很放心。这时候南方也不安静,你们最好还是暂时住在天津再说,书也不必搬走,存在垚生分行库里最妥当。你代我谢谢元美、洪芬诸人的帮忙。"信中提到的"垚生",是竹淼生的弟弟竹垚生,这兄弟俩是当时沪浙金融业的重要人物。

胡适还在这封信里说："张子缨太太临走时，把他的书存在会馆里。后来，警察上门警告大家不可寄存违禁的书。会馆里的人发了急，就把书箱打开，把书都烧了。子缨很伤心。"胡适这是夸他太太能干，把他千辛万苦收藏来的书妥善保存好了，免去他的后顾之忧。这六十九箱子书应该是1949年胡适匆忙离开北平时，所留下的藏书中的绝大部分。

胡适的好友赵元任的藏书就没有这么幸运了。赵元任和杨步伟夫妇的藏书在战火中毁于一旦。战前赵元任和杨步伟夫妇在南京建了一套新居，藏书万余册。抗战军兴，赵元任忙于"中央研究院"史语所语音实验室的仪器、图书、唱片和资料的搬迁，无暇顾及家中藏书。最后撤离南京，和史语所一起迁到昆明。

赵元任在昆明，听说家中的一切都毁了，自然非常哀伤。赵元任给胡适的信中说："房子无确息，听说大部被抢一空。我的书除手头常用语言书，余皆是'goner'（无可挽回的东西），esp.（特别是）多年的乐谱等。日记及自拍的Snapshots（照片）则在Bob King处了。……我曾经有个创刊号集，有几十种期刊的创刊号，现在除了《科学》首四本在重庆，余皆是goner。"赵元任信中所说，他写的三十多年的日记和拍摄的几千张照片幸免于难，是因为他和杨步伟在撤离南京前，商量好将这些宝贵资料邮寄给美国老同学Bob King代存。

胡适和赵元任先后去了美国，而客居昆明的联大学者，即使在抗战缺少书籍的情况下，仍然出版了大量的经典学术著作。和战前北平丰富的藏书、便利的治学条件相比，他们非常怀念那时的好时光。

王力在《战时的书》一文中写道："非但学校的书搬出来的甚少，连私人的书也没法子带出来……回首前尘，实在是不胜今昔之感。"王力认为，这个时代是

1941年胡适在出任驻美大使期间在书房

胡适躺在沙发上读书

文人最痛苦的时代,别人只是劳其筋骨、饿其体肤,文人除此之外还有一种更大的悲哀,就是求知欲得不到满足,因为书籍缺乏,他们的需要得不到满足。王力在文末写道:"我们在物质的享受上虽是'竹篱茅舍自甘心',然而在精神的安慰上却不免做仰视千七百二十九鹤的美梦。我们深信这美梦终有成为事实的一日,不过现在我们只好暂时忍耐罢了。"王力所说的"仰视千七百二十九鹤的美梦",出自一个典故:清朝赵之谦做梦进入鹤山,仰见一千七百二十九鹤,惊醒,因此把辑刊的丛书命名为《仰视千七百二十九鹤丛书》。

钱穆藏书全部散失

钱穆从 1930 年秋至 1937 年秋住在北平,他一心购藏旧籍,常来往于琉璃厂、隆福寺,与新旧书肆大小老板,无不熟识。钱氏原藏有《三朝北盟会编》钞本半部,出自浙东某名家,纸张墨堪称一流。1937 年春,钱穆在琉璃厂发现此钞本的另半部,喜出望外,想买下合璧,为摊主察觉,欲购之,摊主问购此残本何用?钱穆说,此书纸张、字样、墨迹、书品皆佳,虽残本,置案头,亦堪供欣赏。书商久默不语。其后,钱穆委托书友代购,书商终不肯出手。无可奈何,与此书失之交臂。

时间虽短,但钱穆淘得古书二十万卷左右,五万多册,其中不乏珍本孤籍。如此坐拥书城,却也来之不易。钱穆薪水所得,节衣缩食,尽耗于书。然而,"苦中有乐",如钱穆在《师友杂记》中所写:"北平如一书海,游其中,诚亦人生一乐事。"平时,钱穆常谈笑说:一旦学校解聘,我就摆一旧书摊,可不愁生活。1937 年,钱穆匆匆忙忙南下时,将二十余箱书籍交于某宅主保管。

1937 年,钱穆的《中国近三百年学术史》出版,此书是他在北京大学任教时的讲稿,初讲之时正值九一八事变骤起。时在北大就读的杜道生晚年回忆说,抗战开始,我们这些学生匆匆逃离母校,书籍大多散失,钱穆先生的《中国近三百年学术史》也在其中,真是惋惜。1958 年,杜道生在一家旧书店发现了这本书,就买了下来。杜道生还有和钱穆的藏书再续前缘的机会,而钱穆本人则没有这种可能了。钱穆自此一别古都，再也没有回到他魂牵梦萦的北京。主人与千辛万苦淘来的藏书分离，自然是痛苦的。胡适离开大陆后，最终也未能见到他在北京的藏书，晚年写好遗嘱，捐赠给北京大学。

由于种种原因，钱穆的藏书被一书贾以百石米价买去。钱穆电告汤用彤，请书贾保留藏书，一旦回到北平，再赎回。书贾也应允，但最终流散民间。

1949年后，钱穆在香港创办新亚学院，培养了像余英时这样的著名学者。在香港时，钱穆的老友张燕谋为新亚研究所购得一部《资治通鉴》。钱穆一翻阅，认出了这书是他的长兄声一的旧藏，书上有其兄留下的痕迹，"手书书根，书中亦多先兄手迹"。这套书是钱穆从苏州家中带到北平的，竟然出现在香港的旧书市。钱穆面对散失的书，仿佛回到战前的北平，不由得想起其五万册藏书的命运。钱穆藏书，决不加盖私章。他曾在北平收藏一部谭延闿的旧藏《皇清经解》，上有谭延闿的藏书印。钱穆不盖藏书章，觉得每一部古籍"无不经前人藏过""何必多增一印，以供他日别人之多一嗟叹乎"。

钱穆在香港

友亡书散，诚为钱穆晚年一大嗟叹。后来，钱穆两目犹盲，而一代国学大师已经著作等身，最后与书绝缘，想其波折起伏的人生，念其聚散无常的藏书命运，感慨系之。

战火劫余诗与书——冯至昆明买书记

"给我狭窄的心／一个大的宇宙！"这是冯至《十四行集》中的名句。1941年初,冯至在一个下午偶然写出一首十四行诗,后来在一年内写了27首,编为《十四行集》,寄给桂林明日社的友人陈占元出版。

李广田在诗论《诗的艺术》中,称冯至是"沉思的诗人"。"他是沉思的诗人,他默察,他体认,他把他在宇宙人生中所体验出来的印证于日常印象,他看出那真实的诗或哲学于我们所看不见的地方。"一个看似"恬淡的诗人",在《十四行集》中却表现了"强烈的感觉";一个承载"广大的寂寞"的诗人,却担当了"比欢悦还大的信托来担当我们的悲哀";从纵的方面看,他把时间、历史看作一道永远向前的洪流,从横的方面看,他的诗融合了人与人、人与物的生命,而时间与空间本是不可分割的,即宇宙人生的本体。

冯至年轻时的照片

冯至《十四行集》诞生于昆明,是超越庸常的琐碎与战乱的苦痛而盛开的花朵。《十四行集》的雄奇与美妙,在李广田的论述中,生动呈现出来。联大的诗人,不仅折射出那个时代的真,也唱响那个时代的歌。

有诗与书相伴，贫寒的日子也能生出花朵，摇曳生姿。

1942年3月，冯至到联大法律系办公室办事，偶然发现简易的书架上陈列着几十本德语文学书。这其中有些书，冯至在德国留学时就读过。在此相见，如遇到故人。冯至拿起几本翻阅，马上判断出，这些书的主人是联大法律系教授费青（云大、联大社会学系教授费孝通的三哥）。当年费青在德国留学时，买的这些书籍，一直随身带着到了云南，因生活苦难，只好将这批书卖给了联大法律系。书放在这里，无人借阅，冯至成了唯一的借阅者。冯至借了几本，读过之后，马上归还。

冯至在还这些书的时候，忽然想起了北平的家，不知那四十卷德文版《歌德全集》等珍贵书籍是否安然无恙，不由得惴惴不安。想起抗战初期，邮寄到友人徐澄梵处的几箱书刊毁于长沙大火，灰飞烟灭，不由得悲从中来。冯至的书毁于长沙大火，并不是个案，陈寅恪、汤用彤的书，也毁于1938年11月的长沙大火。从北平带出的珍贵书籍毁于一旦，改变了陈寅恪和汤用彤治学的计划和路径。在战争年代，书籍虽然是身外之物，但对于学者来说，既是生产资料，又融汇了个人的感情和智慧。长达十四年的抗日战争，是中华民族遭受的又一次书厄。

现有的书籍缺少，冯至只好在昆明慢慢积累。他经常到青云街上的一个旧书店淘书。1942年3月17日，冯至在日记中写道："卖旧书一百三十元，买《圣经辞源》二十元。"随后，他又在这家旧书店买到《清六家诗钞》。这两部书，一直伴随冯至至晚年。

1943年6月的一天，冯至又一次光顾这家旧书店。他看到一部仇兆鳌的《杜少陵诗详注》，合订两册，属于商务印书馆的"国学基本丛书"，虽然不是什么好版本，是平时很容易买到的书，对于此时的冯至来说，却视若珍宝。冯至手捧这部书，摩挲，翻阅，越看越喜欢，当即决定买下来。可是，一摸干瘪的口袋，钱不够。冯至只好放下这部书，打算次日来买下。但是，等冯至回来买书时，书已经被别人买走了。

冯至感到一阵惆怅，遇到一位联大的同学，把自己刚才想买的书已被售出的经历说了。这位消息灵通的同学，打探到《杜少陵诗详注》被联大历史系的同学丁名楠买走了。6月24日，冯至在日记中写道："欲买杜少陵诗，已售出，知为丁名楠购去。"

6月25日，出现了戏剧性的一幕，丁名楠来，将这部书让给了冯至。盛情可感的美意，失而复得的转变，让冯至更加珍惜《杜少陵诗详注》。从此，这部书和冯至朝夕相处。"我一首一首地反复研读，把诗的主题和人名、地名以及有关杜甫的事迹分门别类记录在'学生选习学程单'的背面，这种'卡片'我积累了数百张。"品赏了许久杜甫的诗，冯至打算为诗圣写一部传记。

事实上，冯至早年并不喜欢杜诗。但抗战时期奔波流离的生活改变了他的文学趣味，让他一步一步走近杜甫。冯至说："我个人在年轻时曾经喜爱过唐代晚期的诗歌，以及欧洲19世纪浪漫派和20世纪初期里尔克等人的作品。但是在战争岁月，首先是对杜甫，随后是对歌德，我越来越感到和他们亲近，从他们那里汲取了许多精神的营养。"

离乱的抗战时期，经历生与死、荣与辱、血与肉的考验，人们与杜甫异代而心通。

冯至合上《杜少陵诗详注》，杜甫就出现在他的眼前：

你在荒村里忍受饥肠，
你常常想到死填沟壑，
你却不断地唱着哀歌，
为了人间壮美的沦亡。

同样的流离，同样的贫困，同样的客居。杜甫成了冯至的隔代知己，萧条隔代不同时，冯至读出了时代的痛楚和人民的呼声。

年年岁岁一床书，《杜少陵诗详注》伴着冯至。杜甫的形象不时浮现在他的脑海，杜甫的诗句随口吟出。1945年冯至在报纸上发表了两篇文章，一篇是《杜甫和我们的时代》，一篇是《我想怎样写一篇传记》。为杜甫作传就像一粒种子，在客居昆明的这段日子落地。

这粒在战争年代发出萌芽的种子,在新的时代开花结果。1951年1月到6月的《新观察》上,冯至连续发表《杜甫传》的章节。此时林元在《新观察》杂志当编辑。林元1942年毕业于西南联大中文系,在校期间和同学创办《文聚》,担任主编。在昆明时期,林元多次向冯至约稿。从昆明到北京,冯至将修订的《杜甫传》章节交给林元编辑,可谓再续前缘。这是后话。

当年杜甫经历的,冯至大都感同身受。"剑外忽传收蓟北,初闻涕泪满衣裳。"1945年8月10日晚上8时左右,邻舍传来从广播听到的日本投降的消息。这消息突如其来。当时冯至女儿冯姚平已经躺倒在床上,听到胜利的消息,兴奋得把床板踢得噼里啪啦直响。冯至从书桌前简陋的椅子上一下子站起来,和姚可崑拥抱在一起,女儿轻快地跳下来,加入父母的拥抱,一家人紧紧地拥在一起,你看着我,我看着你,激动地说不出话,喜极而泣。冯至打着一把破旧的雨伞出去打探详情,巷口静悄悄的,让人怀疑这胜利是不是虚幻的。冯至在泥泞之中,深一脚浅一脚地往前走,走到一家报馆,在跃动的烛光照耀下,上边果然写着"日本已于今日投降"的告示。冯至不由得丢掉手中的雨伞,仰天长叹,任凭凉凉的雨滴从脸庞滑下。就在此时,不远处传来欢呼的声音,接着是鞭炮声,他仿佛看到庆祝的人们,在雨中大笑、雀跃,不顾泥水飞溅在身上。整个城市似乎都已经被欢庆的气氛笼罩,胜利的呼声在每一条大街上蔓延……冯至深深地喘了一口气,好像放下了一个常年的重担,同时又感到整个世界也喘了一口气。

在这个时刻,欣悦的灵魂,沉浸在对抗战捐躯者的怀念之中。对于有幸见证此刻的生者来说,所有的艰辛、苦难和牺牲,在这一刻,都变得值得。冯至回到家中,记录下这一刻纷至沓来的感受,创作出了《八月十日灯下所记》。胜利传来,漫卷诗书喜欲狂。可是,狂喜像浪潮一样退去之后,冯至和诸多联大教授一样,忧虑和担心像乌云一样弥漫,国共内战的必然到来,让冯至内心非常复杂。

冯至的担心,并非多余。残酷的流血事件就发生在他的身边,发生在联大校园。1945年12月,昆明发生"12·1"惨案。冯至写了《招魂》一诗呈于死难者灵前。冯至创作的这首诗，脱口而出，激情澎湃，直叩爱国师生的心扉。后镌刻在"12·1"四烈士墓前石壁上。

抗战胜利，酝酿着新生。1946年2月2日，恰好是大年初一，冯至和姚可崑迎来又一个女儿，姐姐出生在北平，叫冯姚平，妹妹出生在昆明，就叫冯姚明。冯姚平出生在七七事变爆发的前一年，冯姚明出生在抗日战争胜利的半年后。"她们姊妹二人对于我们的战时生活好像一个是序曲，一个是和乐的尾声。"姚可崑说。

5月4日，西南联合大学完成了光荣而伟大的使命，宣告结束。三校复员，冯至是北大外文系教授，一家人回到了久违的故都。

西南联大的婚恋

梅贻琦主持的婚礼

梅贻琦,西南联大的三常委之一,实际上是西南联大的掌舵人,使西南联大在日寇飞机的轰炸中,岿然不动地屹立在昆明。梅贻琦这位掌舵人,带领着西南联大出入风波里,躲过暗礁、闯过险滩,最终达到胜利的彼岸——迎来抗战胜利,三校复员。梅贻琦在昆明每天要完成繁忙的公务,在公务之余,多次参加联大学子的婚礼,这成为他日常生活的一部分。

我们不妨以梅贻琦的1941年、1942年为时间区间,看看他参加的联大学子的婚礼。惨烈的战争,每天都有军民死亡,但也有婚礼,有新生,生活仍然在继续,生命仍然在延续。日军轰炸昆明和西南联大的爆炸声,无法掩盖喜庆的唢呐声。让我们穿越时空的隧道,抵达战时的昆明,和梅贻琦一起感受新人的喜庆。

1941年1月2日,因为元旦只放假一天,上午10点,梅贻琦就到联大办公处工作。午饭后1点05分,梅贻琦听到了空袭警报,1点40分,飞来了8架日寇飞机,轰炸了昆明巫家坝和石龙坝。这是很平淡的一天,但生活在昆明的人们又经历了一次生与死的考验,而昆明的城市公共和基础设施,更是经受了严峻的考验。

1937年抗日战争全面爆发后,云南作为抗战的大后方,其战略位置在国民党军队的节节败退中显得日趋重要。国民党"中央空军航空学校"由杭州迁至昆明巫家坝机场,巫家坝机场成为国民党航空总指挥部所在地。之后"中国航空公司""中央航空公司"因战争所迫逐步向昆明转移,巫家坝成为"两航"中心之一。此时的巫家坝机场成了全国空军和民航的聚集地。1941年,太平洋战争爆发后不久,昆明巫家坝机场成为当时中国唯一的国际进出口机场。石龙坝水电站是中国第一个水电站,建设于1912年,480千瓦的电流为昆明市民送来了第一缕现代工业之光。

有目的地轰炸昆明的城市基础设施,可见日寇的险恶用心。但是日寇的轰炸并没有影响联大人过新年的好心情。这天晚上6点,梅贻琦到共和春酒楼为唐绍宾、段晚英证婚。在去这一对新人婚宴的路上,梅贻琦发现昆明城内的电灯有不少是熄灭的,但不久逐渐恢复。日寇轰炸石龙坝,影响了昆明的电力供应。

梅贻琦还曾为西南联大的校医徐行敏证婚。徐行敏作为一名医生参加了从长沙到昆明的湘黔滇旅行团,旅行团途经贵州苗族居住区时,旅行团的成员和苗民联欢,李继侗教授临时拉出医官徐行敏表演交谊舞助兴。梅贻琦不仅为联大的青年职工、教师和学生证婚,也为昆明的社会上层人员的子女(多为官二代或者商二代)证婚,这成为联大教授与云南军政、士绅联络感情的一种方式。

1941年1月25日下午5点多,梅贻琦到西南旅社为李印泉公子希泌与张中立女公子证婚。证婚人还有关麟征(字雨冬)总司令,因事未到。介绍人是龚仲钧、胡简如。梅贻琦在这对新人的婚礼结束后,还去了商务酒店向张家道喜。梅贻琦在日记中提到的关麟征,是抗日名将,所率部队曾参加台儿庄大战、长沙会战。1940年9月,日军占领越南后,进一步切断了中国滇越国际交通线,我国西南边境形势紧张。关麟征部由桂入滇。1944年,国民政府军事委员会为配合盟军作战,在昆明设立陆军总司令部,滇、桂、黔三省的国民党部队统编为四个方面军。次年初,关麟征所辖部队并入第一方面军,卢汉任第一方面军司令官,他任副司令官,仍率部队守备滇南,直至抗日战争胜利。

关麟征在昆明时期,与联大教授交往颇密切。因同是陕西人的缘故,联大教授吴宓与关麟征交往甚密切。吴宓曾为关麟征写古体诗,褒扬他抗战之功绩。而关麟征多次送吴宓现金,求吴为驻防云南高级军官的父母写祝寿诗、墓志铭之类的应酬文章。

1945年10月，关麟征出任云南省警备司令。12月1日，国民党云南省党政当局制造了"12·1"惨案，昆明四位教师、学生惨遭暴徒杀害，群情激奋，引发西南联大的罢课学潮。关麟征当时为云南省警备总司令，成为联大人千夫所指的怒骂对象。

再回到梅贻琦为昆明高层人士子女证婚的话题上来，李印泉公子希泌与张中立女公子的婚礼，有军界、政界、学界的要人参加，在当时的昆明可称得上豪华婚礼。因为介绍人之一的龚仲钧系国民党云南省教育厅长。李印泉即李根源，云南腾冲人，近代名士、国民党元老，时任云贵监察使。徐悲鸿画有水墨人物肖像《李印泉》。

1941年5月10日晚7点，梅贻琦到正丰西餐馆为曹本熹、魏娱之证婚，仪式简单，梅贻琦觉得"颇好"。

1941年10月22日晚5点，梅贻琦到青年会为熊秉信和袁孟仁（云南大学化学系毕业的大学生）证婚，这次婚礼上来宾李石曾致辞，引张静江夫妇不吸烟不食肉的故事。熊秉信是著名数学家、教育家熊庆来之长子。从1938年起，熊秉信先后出任云南省建设厅地质调查员、云南大学矿冶系助教和讲师。熊秉信结婚时，在云南一个旧锡矿工作，结婚后，新娘亦来到该矿化验室工作。熊庆来时任云南大学校长，而国民党元老李石曾任北平研究院院长、中法大学校长，抗战初期，都迁到昆明。抗战时期，李石曾多次到昆明，成为云南大学校长熊庆来的座上客。新人熊秉信和袁孟仁夫妇大概有信仰佛教者，故李石曾"引张静江夫妇不吸烟不食肉的故事"。这可从10月27日的梅贻琦日记看出："晚七点熊校长在云南大学请客，吃佛教会素菜，主客为李石曾。"

1942年，就读于西南联大航空系的吴蔚升（后改名吴大观，成为航空专家）毕业，他和时任清华大学会计的华允娥（后改名华国）恋爱，两人在报纸上刊登了一则结婚启事，在工学院附近的一个小餐馆里举办结婚典礼，请梅贻琦证婚。吴大观回忆说："在那时，大学的教授、校长都没有什么架子。因为我的爱人是清华大学的职员，跟梅贻琦先生的家属很熟悉，他知道华小姐要结婚了，很关心，于是我去请他来做证婚人。"

吴蔚升1916年生于镇江，他进入西南联大求学的经历，值得一提。读中学时,他考入镇江对面的扬州中学。1937年,吴蔚升从扬州中学毕业,原来报考的是清华大学。可是,抗日战争的爆发,打破了以往正常的高考与招生工作。"当时的考试办法是从北京把考试卷子运到上海,在上海组织考试。原定的考试时间是8月10日,我们几个同学是8月6、7日到达上海……临到考期,有告示贴出,说是由于京沪铁路不通,卷子没有运到,考试撤销了。紧跟着就是'八一三'——8月13日,中国军队抗击侵华日军进攻上海的战争打起来了。"比较幸运的是,吴蔚升没有经过考试,直接保送进入长沙临时大学,这要得益于扬州中学的名气和教学质量。"扬州中学在旧社会就已经比较有名了,考清华、交大等名牌大学,被录取的学生比较多。学校看我们是扬州中学的毕业生,答复是你们来,不用考试,可以保送,只要学校写一个证明就行。"

吴蔚升最初读的是机械系,读了三年,转入航空系,谈到为何转系,抱定"航空救国"的吴蔚升说:"那时日本飞机轰炸很厉害,简直拿它没有办法。我有一个同学是飞行员,我常常到他那个坐落在郊区巫家坝机场的航校去看飞机,这个航校就是国民党的中国空军杭州筧桥航校,因为战乱迁到昆明的。同时,西南联大学校里有一些杂志,自己也看了一些,益发使自己觉得还是应该学航空。"读了三年大学,再转系,仅有一腔爱国热情是不行的,吴蔚升有一个爱好,喜欢研究昆虫的翅膀,他的一个日记本中,贴满了各种各样昆虫的翅膀。他拿着这个日记本找到航空系主任王德荣,说明自己转系的愿望和理由。吴蔚升顺利转入航空系,又读了两年才毕业。

吴蔚升在联大求学期间,认识了清华大学会计处的职员华允娥。两人一了解,原来都是扬州中学的同学,之后两人确定了恋爱关系。吴蔚升毕业了,两人决定结婚。证婚人是梅贻琦,还有两位主婚人,代表男女双方的家长。"两位主婚人,一位是著名的社会学家潘光旦,他的腿有残疾,行走不便;还有一位是生物学教授陈桢,他和夫人都是扬州人,和我爱人算是同乡。"

两人的婚礼非常简单,置办了一点小点心、茶水,正面摆一张台子。"梅贻琦先生坐在中间,潘光旦先生和陈桢先生坐在两边。我们两个人向主婚人、证婚人和来宾鞠躬,主婚人和来宾都讲了话。"参加两人婚礼的,除了联大教授，还有吴蔚升的同学，沈元、张世英等三十多位同学参加了他们的婚礼。

吴蔚升结婚后，夫妻双双去贵州大定工作，"那是中国历史上建立的第一个航空发动机厂，买的是美国的发动机专利，在那里制造、生产"。和吴蔚升华允娥夫妇一起去大定的，还有两对刚刚完婚的佳偶——梁守槃教授夫妇和潘延龄夫妇。梁守槃1937年毕业于清华大学，1939年获美国麻省理工学院航空工程硕士学位。1940年毅然回到战火纷飞的祖国，先后执教于西南联大、浙江大学航空系。1939年至1941年，梁守槃在西南联大航空系开设"内燃机"课程，吴蔚升上过梁守槃的"内燃机"课。

经常在学生的婚礼上当证婚人的梅贻琦，从长沙到昆明，这8年的时间，他送走一届又一届的毕业生，不知道见证了多少对联大学生的婚礼。在学生的婚礼上，性格内向、情感含蓄的梅校长，一定为他的学生感到欣慰。梁守槃夫妇、吴蔚升夫妇，为了中国的抗日战争，制造发动机。如果把战时中国的学术比喻成一架战斗机，那么西南联大就是梁、吴夫妇，他们承担了制造发动机的重任。

附记：

每年春节期间，梅贻琦校长是最忙碌的人，不是在婚礼现场为联大新人证婚，就是在去证婚的路上。

比如，有时他一天为两对新人证婚。1943年2月8日，是农历大年初四，这天下午，在西仓坡，梅贻琦为徐毓枬、姚谷音的婚礼当了一次证婚人。徐毓枬、姚谷音的婚礼上，郑天挺代表男方徐毓枬的家长出席婚礼并讲话。徐毓枬获得剑桥大学经济学博士学位，是著名经济学家凯恩斯的学生，在联大经济系执教。他是凯恩斯《就业利息和货币通论》的最早翻译者。1946年三校复员后，徐毓枬任清华大学经济系教授。1952年任北京大学经济系教授。1958年病逝。

当天晚上，梅贻琦又出现在吴晗的妹妹吴浦月与宋汝纪的婚礼，在婚宴上，梅贻琦为联大经济系的这一对新人证婚。

潘光旦的证婚妙语与贺婚诗

联大师生之间的关系和谐融洽，联大自由恋爱修得正果的恋人结婚，一般男女双方各请自己敬慕的教授（多为自己的导师）当主婚人，再请一个德高望重的学者做证婚人。不论是联大教师的婚礼还是学生的婚礼，总是活跃着一个独特的身影——被誉为"联大通人"的潘光旦先生。潘光旦是中国近代著名的优生学家、社会学家，他为联大学子开设优生学、家庭问题、婚姻问题的课程，关注婚姻、家庭、生育等问题，他提倡适度地早婚，反对晚婚和独身；对知识分子的生育节制也持一定的反对态度。大家都知道他是优生学的权威，中学西学俱佳，新婚时向他索诗、索联，请他证婚的颇多。

婚礼其实是一个联大小团体的聚会，这样的一个交流情感的平台，欢庆、祥和、轻松，把战时的苦难与阴霾暂时忘却。在这样的场合，潘光旦如鱼得水，充分展示出他的才情和性情。

潘光旦的《存人书屋拊掌漫记》记录了他参加婚礼常有的妙语，可见他的风趣幽默。这幽默的背后是他敏捷的思维，以及对传统文化的领悟。联大喜结良缘的学子结婚，常向潘光旦索诗。潘光旦总是灵感泉涌，妙笔生花，写下有趣的志贺诗，我们可以在《铁螺山房诗草》中欣赏到这些贺诗。

1937年7月2日，清华数学系赵访熊教授与王繁结婚，校长梅贻琦为证婚人。结婚那天，下起大雨，有客说"天公太不作美"，潘光旦灵机一动说：

"既云且雨，天地交泰之象，是天公为新夫妇现身说法，大可贺也。"

清华女同学黎宪初（黎锦熙之女）在清华大学求学时，与欧阳采薇（嫁给清华政治学系吴之椿教授）等四女生被称为"四喜元子"。黎宪初跟随吴宓一路从北平到长沙，吴对黎照顾无微不至。黎宪初到达长沙临时大学时，与清华政治学系陈之迈教授相恋，随后在1938年1月15日结婚。吴宓对黎宪初的"闪婚"百感交集，其微妙的内心变化，在《吴宓日记》中有记录。新婚夫妇宴客于"三和酒家"，潘光旦和沈履、陈岱孙合送一副喜联云"三和四喜，元夜双星"。将新娘的绰号与婚礼的地点巧妙地镶嵌在喜联中，不着痕迹，对仗工整，而又韵味无穷。

清华航空系教授庄前鼎与周撷清的婚事，是潘光旦和顾毓琇做的月老，两人新婚典礼，潘光旦上台讲话。潘光旦说，周撷清（毕业于上海大同大学，潘光旦太太的校友）从无锡来，让自己给她介绍一个工作，就答应了。后来想，既然介绍工作，与其介绍一个有薪水的短期工作，不如介绍一个无薪水但可以托付终身的如意郎君。"今天介绍成功，我的使命完成了。"潘光旦语音尚未落地，前来庆贺的宾客哄堂大笑。

清华社会学系毕业生周荣德和冯荣女士结婚时，潘先生赠一横幅，上书"一德共荣"四字。横幅简洁，但饶有韵味，有"在天愿作比翼鸟，在地愿为连理枝"之意。

1943年西南联大历史系的两名学生丁则民、许令德结婚，潘光旦赠诗志贺：

画楼今夕绮筵开，争看班家女史才。
郎既心相期许矣，侬能目不识丁哉。
业勤终获颜如玉，德合何妨史作媒？
席上座师添色喜，弦歌韵里唱随来。

我们先来认识一下新郎新娘，再来欣赏潘光旦写的贺诗。

丁则民于1938年奔赴昆明，就读于西南联大历史社会学系，并在陈寅恪、钱穆、雷海宗和潘光旦等大师的影响下，对世界史的兴趣日增。在读期间，他积极参加了当地的抗日工作，收集并编译有关日军的情报。1942年从联大毕业，1947年负笈美国华盛顿大学，攻读美国史。1949年得知中华人民共和国成立的消息后，兴奋不已，毅然放弃了攻读博士学位的机会，克服重重阻碍回到祖国。后又想方设法与被骗至台湾的夫人取得联系，取道香港，经海路到天津。此后，他任教于北京师范大学历史系，并于1951年晋升副教授，1952年全国高校调整时，他响应政府号召来到长春市，在东北师范大学历史系任教，后成为著名的研究美国史的专家。

许令德曾在西南联大学生演出的话剧《雷雨》中扮演繁漪。关于这次演出的情况，联大的女生孔令仁后来在《梦想成真——1941年我有幸考上了联大先修班》文中回忆："不久就开台排演，许令德演繁漪，汪雨演周朴园，劳元干演周萍，邹斯颐演周冲，张定华演鲁妈，刘育才演鲁贵，高小文演鲁大海，我演四凤。除我以外，其他演员都是联大的学生。剧团还请联大剧艺社的肖荻、冯家楷来协助做舞台设计工作。"

丁则民、许令德喜结良缘，在联大师生看来是郎才女貌、天作之合。潘光旦的庆贺新婚的诗中，"郎既心相期许矣，侬能目不识丁哉"这一联，将新郎新娘的姓镶嵌其中，大有妙趣。

这里还需要一提的是，联大最初将历史学和社会学合为一系，成为历史社会学系。直到1940年5月，社会学系独立设置，一年后从隶属文学院改为隶属法商学院。丁则民是1938年考入联大，可能是因为在一个系的缘故，丁则民深得潘光旦的赏识。

西南联大有两个学生张征东、邝文宝毕业后一同到云南丽江工作，不久结为夫妇，1943年潘光旦作贺诗：

张生征东、邝生文宝年前同赴丽江，从事边疆教育，近顷结为夫妇，同学同工，终成同室，喜可知也！
此去金沙西复西，石榴花发鸟双栖。
弦歌一缕联秦越，风化二《南》到狄鞮。

> 莫道广文居职冷，从来京兆画眉齐。
> 边城昨夜薰风作，吹彻琼山颊若泥。

西南联大学风自由，言论自由，恋爱自由，诚如潘光旦贺诗序中所言"同学同工，终成同室，喜可知也"。

1944年，西南联大年轻的同事丁则良结婚，潘光旦有诗贺：

> 元日为则良、淑蓉证婚，婚后则良将赴美游学：
> 献岁椒花酿倍香，两般正始义初长。
> 一声爆竹开妆镜，五味辛风入洞房。
> 无限绮情抒博议，有余壮志涉重洋。
> 寻盟此夕何须证，天半衡星作主张。

丁则良1938年入西南联大历史系，受业于陈寅恪、张荫麟、雷海宗、姚从吾等名家，被史学界寄予厚望。毕业后任联大师院史地系助教，不久任西南联大、云南大学历史系讲师。联大时期，丁则良还只是史学新秀，但已初露峥嵘。他和一些老师同学组织了"十一学会"，进行自由演讲和讨论。丁则良在昆明时，经过业师雷海宗的推荐，为杨振宁父亲杨武之所聘，做过杨振宁的家庭教师，讲《孟子》，杨称受益匪浅。可惜1957年丁则良被划为"右派"，访苏联归来后在北京大学未名湖自沉。

历史学家雷海宗夫妇与潘光旦夫妇关系特别好，潘光旦不仅为他们证婚，在他们结婚二十周年时，亦赋诗五首以赠之，此处录其两首：

> 双飞歇浦证前因，弹指声中二十春。
> 闻道天工人可代，当年我忝代工人。

> 由来佳耦不须媒，人力天工莫浪猜。
> 恩爱亦关弧矢事，清河家世打弓来。

雷海宗夫人张景苾，为著名植物学家、联大教授张景钺之妹，毕业于南京"中央大学生"物系，为了照顾雷海宗，她放弃工作，操持家务，伉俪情深。长沙临时大学时期，潘光旦曾打趣过雷张夫妇。

梅校长于宅内举行冷餐会，雷海宗迟到了，这一天恰好为雷的生日，众人劝酒说：半所以贺，半所以罚。并指定雷和夫人张景苾共饮，张景苾不善饮，强迫自己喝了一多半，杯子中仍剩下少许，不胜酒力，让雷海宗代自己喝。众人不允许，潘光旦解围说："是亦有所本，曰，涓滴归公！"众人听了潘的妙语，大笑，痛快地答应了雷代夫人饮杯中剩余酒。

潘光旦的证婚妙语与贺婚诗，虽然是联大师生生活中的日常琐事，但亦关乎文化传承、种族繁衍和抗战风云，所以潘光旦贺雷海宗、张景苾结婚二十周年诗，有"恩爱亦关弧矢事"之句。弧矢原指弓箭，指代战乱和战事。"弧矢之间显丈夫"，联大人的婚礼，也显示出他们的爱国情怀。

黄钰生和他的两位妻子

黄钰生漫长的一生先后拥有两位妻子——梅美德和叶一帆。

1919年秋,黄钰生怀揣着教育救国的理想,官费赴美留学。次年转到芝加哥大学,专攻教育学和心理学。1923年,黄钰生获得硕士学位,次年开始写博士学位论文。此时,他在美国留学,得不到国内官费资助。但是,他收获了爱情。在芝加哥大学他遇到了梅美德,这位出身于旅美华侨家庭的同学,后来成为他的妻子。

梅美德是芝加哥华人领袖梅宗周(广东江门人)的长女。梅宗周将大部分财产用于慈善事业,对社区贡献卓著,还获得清政府授予的四品官爵。1909年3月,中华会馆成立"大清海外居民学校",他为首任校长。1912年,芝加哥中国城正式成立。梅宗周逝世,芝加哥报纸称其为"中国城之王"。

1925年,黄钰生与新婚妻子梅美德一起回国。黄钰生任南开大学哲学系教授,后为南开秘书长;梅美德任南开女中数学、化学教师,后为女中部首任主任。

黄钰生与梅美德没有生育孩子,但夫妇抚育培养了多个孩子。黄钰生的侄儿黄明信,侄女黄燕生、黄书琴都在他们家里长大。梅美德在南开中学是学生的良师益友,在家庭中是黄钰生的贤内助。五十年后,黄钰生的侄女、梅美德的学生,都无限怀念梅美德的善良、光明、无私等可贵的品质。

据黄燕生、黄明信、黄书琴撰写的《黄钰生小传》，梅美德学习普通话时有一个故事："她生长在美国，平时在家中和三叔谈话总是用英语。为了工作，她努力学普通话。当了部主任以后，她竟奇迹般的在女中的小礼堂里，用广东腔的官话对学生进行着活泼、生动而具有说服力的讲话。是爱祖国、爱工作的热忱，使她冲破了语言的障碍，赢得了学生的爱戴。她走进教室，是一丝不苟的严师，迈出教室，是谈笑风生的良友。周末在家中招待朋友、学生，几乎成了常规。"

平静的家事连着蜩螗的国事，师生之间这样谈笑风生的家庭聚会，没有持久地延续下去。七七事变后，黄钰生、梅美德到了长沙。

1936年考入南开大学化工系的申泮文在长沙遇到一个难题。黄钰生、梅美德施予援手，不仅解了燃眉之急，还对他的学业和人生产生了重大影响。申泮文在南开就读的第一个学期结束，因为学业成绩优异，获得南开大学"三六"奖学金（南开校友为纪念南开中学成立30周年和张伯苓校长60岁诞辰而筹集的），梅美德是这项奖学金的管理委员会委员。全面抗战爆发后，申泮文为了救国，加入国防部门，开赴前线受伤。长沙临时大学开学后，他辗转到了长沙，由于养伤，耽误了学业。加之目睹军民死难、国土沦丧因而情绪低落，学期结束有几门课没有成绩，被学校布告退学。此时，长沙临时大学要转移到昆明。申泮文请求黄钰生梅美德夫妇带上他，黄钰生、梅美德觉得申泮文因参战情有可原，与几位南开大学教授商议后，同意了他的请求。申泮文自费参加湘黔滇旅行团，这笔路费是黄钰生、梅美德资助的。

这一对学界伉俪在战争期间，为了带领学生迁移，分别带队，沿着不同的路线去昆明，这是两人自从结婚后最长的分离。

1938年1月20日，长沙临时大学第四十三次常委会对西迁做出安排：临大师

黄钰生与夫人梅美德在昆明合影

生分三路赴滇：一路由樊际昌、梅美德和钟书箴带领，成员包括教师及家属、体弱不适合步行的男生和全体女生，共计600多人。他们分批经粤汉铁路到广州，取道香港，走海路到安南（今越南）海防，由滇越铁路到蒙自、昆明。第二路是陈岱孙、朱自清、冯友兰、郑昕、钱穆等十余名教授的乘车路线，经桂林、柳州、南宁、镇南关（今友谊关），抵河内，再由滇越铁路到蒙自、昆明。第三路是湘黔滇旅行团的西迁路线，即从长沙经益阳、常德、桃园、芷江、晃县（今新晃），贵州玉屏、贵阳、镇宁、丰彝（今云南富源县），最后到达昆明。黄钰生担任湘黔滇旅行团指导委员会主席，带领学生完成了"长征"。

抵达昆明后，黄钰生在西南联大担任了多个职务。1938年8月任西南联合大学师范学院院长，1940年7月兼任西南联大师院附设学校主任。

在昆明西南联大任职一年多，年方四十的梅美德患了不治之症。弥留之际，她对黄钰生说："人终有一死。你我夫妻恩爱十五年，弟妹侄甥都已成人，学生也爱我，死而无怨了。"

黄燕生在《悼三姊》一文中写道："三姊好说，好笑，好哭，也好怒，但你从不会在她脸上找到颓丧与消沉。她的豪爽、辽阔超过许多男人，深情和智慧又超过许多女人。也就是风的豪爽，天的辽阔，海的深情和云的智慧，使她爱阳光，爱人类，爱世界，也受到多少亲友、学生甚至陌生人的爱戴。"

梅美德的确深受学生的爱戴。她去世后，陈佩月、陈佩桃两女士从美国纽约汇款三百元给黄钰生，黄钰生将这笔钱转给西南联大，提请在本大学设立"黄梅美德夫人纪念奖金"。1939年11月28日西南联大召开第一二八次校务会议，通过了黄钰生的提议，成立"黄梅美德夫人纪念奖金"委员会，樊际昌、查良钊、陈蕙君三先生为"黄梅美德夫人纪念奖金"委员会委员，樊际昌为召集人。

几十年过去了，梅美德依然藏在黄钰生的心底。1977年，在梅美德的忌日，黄钰生面对窗外的夕照，写诗缅怀：

湖光山色依旧好，离别转瞬卅七年。
多情唯有西山月，夜夜清辉照长眠。

一轮皓月当空,清辉遍地,黄钰生回首昆明往事,梅美德的身影依旧停留在他内心深处。

梅美德病逝后,不少联大同人给黄钰生介绍对象,甚至他出差去重庆,亲友也给他创造与女性接触的机会。

梅美德过世后两年,黄钰生又选择了这位数学教师——叶一帆做第二个妻子。黄钰生与叶一帆在昆明邂逅,两人一见钟情。战时的昆明,物价飞涨,他们在清寒与艰难中生儿育女。叶一帆除教书、管家、抚养子女外,还从事刺绣工作贴补家用。抗战胜利时,她把辛苦积攒下来的五百美金交给北上复校的黄钰生。不料途经上海时被扒手偷走了。事后叶一帆安慰黄钰生:"咱们以后的日子还长着呢!这点身外之物算不了什么。"

20世纪50年代初,黄钰生因深受西方哲学思想的影响,一时对马列主义不能理解,叶一帆千方百计地开导、劝解,才使他的思想开始解冻。在"五反"运动中黄钰生被诬贪污,蒙受不白之冤。此后,在历次运动中黄钰生承受巨大精神压力之时,叶一帆都是他坚强的后盾,与之共同渡过难关。

黄钰生与夫人叶一帆以及子女在南开大学合影

"文革"中，黄钰生和叶一帆受到冲击，被扫地出门。而他们的儿女们上山下乡，奔赴内蒙古、新疆、山西、河北等边远地区。叶一帆遭受了精神上的摧残、肉体上的折磨。她单薄、瘦削的身体，遭受不了恶浪的冲击，健康开始远离她。黄燕生等侄女再见到婶子时，"已是白发苍苍，瘦骨嶙峋了"。阴云散尽，风浪平息，她却身患癌症，已到晚期，1979年病逝。38年的琴瑟共鸣，38年的时代浮沉，38年的相濡以沫，叶一帆病逝，给黄钰生留下了无尽的怀念。所幸她亲手抚养的五个子女都已在大风大浪中成长。1983年，黄钰生在叶一帆生日，怀念同甘共苦的日子里写下了《忆一帆》：

　　　　我有喜，谁与共。
　　　　我有忧，谁与痛。
　　　　我有过失谁力讼。
　　　　饭食谁烹衣谁送。
　　　　三十八年夫妻与诤友，
　　　　实得昆明湖畔再携手。

　　两位妻子先后离开了黄钰生，孤独的他在晚霞灿烂之时，拥有了一个红色的晚年。这让笔者想起英国诗人狄兰·托马斯的诗句：

　　　　不要温和地走进那个良夜，
　　　　应当在日暮时燃烧咆哮；
　　　　怒斥，怒斥光明的消逝。

　　黄钰生前半生与南开紧密联系在一起，后半生在天津市图书馆任馆长，与万卷藏书联系在一起。不论是教书育人，还是典藏图书，都是书香浸润的人生。先后有两位妻子相伴，度过大风大浪之后，又能以高龄安享晚年。当年从昆明翠湖走出来的联大学者，拥有这样的命运，实属罕见。

周先庚与郑芳：铭记战时家庭生活

清华大学数学系元老郑之蕃（郑桐荪）的侄女郑芳嫁给周先庚，周后来任西南联大哲学心理学系心理学教授。周先庚是中国实验及应用心理学的奠基人，中国心理学会的主要发起人之一。

郑芳1910年出生于江苏吴江盛泽郑氏家族，她的姑姑郑佩宜嫁给了柳亚子。西南联大外文系教授柳无忌（柳亚子的公子）是郑芳的表哥。陈省身娶郑之蕃之女郑士宁为妻，陈省身是郑芳的堂妹夫。

郑芳12岁的时候，父亲郑咏春突发脑溢血病逝于苏州滚绣坊寓所，年仅37岁。虽然少年失怙，但郑芳受到良好的教育。1923年9月就读浙江湖州私立湖郡女子中学。1928年12月，借读苏州景海女子师范学校。著名女作家苏雪林曾在此校任教，陈梦家的夫人赵萝蕤在此校考入燕京大学。

1930年，郑芳由叔父郑桐荪接到北平，9月入燕京大学外文系就读。

1933年1月10日，郑芳与清华大学心理学系教授周先庚在清华工字厅结婚。证婚

郑芳

1932年,周先庚与郑芳摄于清华工字厅

1938年,郑芳于香港留影

人是梅贻琦校长,介绍人是吴有训与杨武之,主婚人是郑桐荪和周先孚(周先庚的大哥)。婚后住清华新西院27号。周先庚与郑芳在清华园度过了一段安宁的美好时光。在清华学子眼中,他们是神仙眷侣。夫妻经常在一起打网球。"运动方面周先生特别喜欢网球。功课完毕太阳西下,有时可以看到教授夫妇驾驶着铁驴,一前一后地向网球场进发了。"

1937年8月,郑芳随清华南迁长沙临时大学。次年,郑芳离开长沙奔赴广州。在广州,儿子出生,取名周广业。后来,周广业回忆说:"由于从长沙至广州的火车上颠簸,母亲在广州美国人开的'诺罗'医院七个月早产生下我,在保温箱里待了一周后出院,全家赴九龙住了一年多,父亲已先期到云南蒙自在西南联大负责心理系的工作。"

1939年初,郑芳带着孩子辗转到达昆明,他们一家终于团聚。最初住在西仓坡民强巷1号,后疏散到滇池边的乌龙浦。1943年又搬家,因周先庚在昆华师范学校兼职,住昆华师范学校旁的胜因寺。周家对面是楚图南家。楚家门口有一尊大佛像。

在周广业幼年的记忆中，胜因寺的大院中有一棵巨大的银杏树，还有枇杷树。小孩子无忧无虑，胜因寺成了童年的乐园，"小时候最高兴的是爬到枇杷树上摘枇杷和到田地里摘嫩蚕豆吃"。

1942年，女儿周明业出生。郑芳生了孩子后，没有奶水，为了保证几个孩子的营养，她在胜因寺外的一家农户寄养了一只母羊，周家的几个孩子都是喝羊奶长大的。

张世富1946年毕业于清华大学研究院心理学部，他对恩师周先庚在昆明的生活状况非常了解，在《一间教室引起的思念》文中写道：

> 周先生一家五口，周师母虽然是燕京大学的高才生，但在抗战期间的昆明却找不到工作。周先生家中还有一个患慢性病的孩子，每月需大量的费用为孩子治病和养病。我们可以想象，在极度贫困的旧中国，周先生过的是很贫困的日子。我多次去周先生家，见到全家饭食简单清淡，常年是白菜挂帅。周先生瘦瘦的高个子，脸色又不见红润，嘴唇总略显苍白，显然营养不良。他一年到头穿着从北京带来的灰色西装上衣，冬天穿着灰色带格子的花呢大衣。在昆明期间再没见他穿什么新衣服。由于通货膨胀太猛，他的工资支付全家费用实在困难。

张世富文中提到的周家患慢性病的孩子，指的是患了大脑炎脑受损痴呆加重的周伟业。而另一个儿子周宏业患病夭折，是教授之家一个沉痛的悲剧。

1941年5月，5岁的周宏业突然得了可怕的白喉病，郑芳心急如焚，抱着孩子赶上火车，赶到云南大学附属医院。医生不在，郑芳又抱起孩子赶到医院大夫家中，给孩子打上了针。郑芳希望孩子病情好转，连夜赶回乡下家中。周先庚获悉孩子生病，也从昆明赶回。夫妻两人守着周宏业，一夜未合眼。谁料，周宏业发烧越来越高。天一亮，夫妻两人再赶到云大医院，医院医生说，昨天针剂用量少了，已经没有救了！不到一周，周宏业就死在父亲周先庚的怀抱之中。这个家庭变故，给每个人当头一棒，大家陷入痛苦和绝望之中。周先庚的外甥女程淑端哭成了泪人，她看护着周宏业长到5岁，悲痛欲绝，接受不了这个残酷的事实，竟服下了鸦片土，结束生命。周先庚、郑芳夫妇发现后，紧急送往云大附属医院抢救，又是抢救无效！后来也埋在城外坟山脚下。几天之内，这个家庭被死亡的阴影笼罩，接连失去两个孩子，成为周家难以痊愈的伤痛。

患慢性病的周伟业每天都吃药，但病情不见好转，为了防止他走丢，郑芳在他的胳膊袖子上缝了一个白布套袖，上面写着家庭地址。1946年3月18日，患病8年的周伟业，因患羊痫风去世。周先庚将孩子的遗体送到云南大学附属医院做了病理解剖。

即使生活如此艰难，周先庚对教学没有丝毫的懈怠，培养了大量的心理学栋梁之材。张世富写道：

> 周先生教学任务很重，系里的工作繁多，毕业生的论文他要细心详阅并提出意见。我的研究课题和论文都是在他多次指导下才完成的。虽然他身体欠佳，生活劳累，教学与教务工作很繁重，但他每次对我的研究提出指导意见时总是那么精神抖擞，滔滔不绝，就好像一位精力充沛的青年人。
>
> 每一次这样的指导谈话后，我的心情是复杂的。我感谢他对我不知疲倦地精心指教，让我从中获益。同时又让我深感不安，他的担子如此繁重还要为我付出那么多的精力，我佩服他甘为孺子牛的精神和敬业的高尚情操。

此时，联大教授生活陷入赤贫之中，为了维持生计，八仙过海，各显神通。教授太太们也开始工作，最初郑芳在云瑞中学教英语，后当起了专栏作家，卖文补贴家用。正如郑之蕃在诗中的形容："操作朝朝迫，撰文夜夜萦。"

1944年，郑芳开始写作大量文稿，先后担任昆明《中央日报》"妇女文艺"、《北平时报》"妇女与家庭"栏目的主编。郑芳在昆明时期发表了大量的稿子，集中在婚恋、家庭和儿童方面，堪称联大女生的人生导师。她发表文章挣稿费补贴家用。郑芳的稿子是研究战时昆明生活史的重要资料。梅贻琦夫人韩咏华、袁复礼教授夫人廖家珊、潘光旦教授夫人赵瑞云做"定胜糕",送到冠生园食品店寄卖,补贴家用。这个故事广为流传,出自郑芳的《抗战中的教授太太们》。

郑芳与周先庚相濡以沫,度过了抗战时期最艰难的时光。三校复员后,周先庚仍执教清华心理系。"时平还北国,壁立对阶槛。"胜利北归,重返清华园,因内战阴云,境况萧条,与战前境况迥异。

1948年底,周先庚郑芳夫妇选择留在北平,迎接一个新时代的到来。郑芳不仅是周先庚的贤内助,也重登讲坛。"助外编劳瘁,登台讲释明。"周先庚郑芳夫妇合著的《谈天才》流传甚广,洛阳纸贵。郑芳先后在清华附中教俄语、北京体育学院教英语。

"何因来恶疾,无计觅长生。"1961年12月24日,郑芳因患癌症病逝。周先庚含泪撰写挽联:

撰写经年精神几粹,可怜积稿已成堆,未及整编寿梨枣;
沉疴两载医药兼施,岂是死生原前定,竟难并世觅卢扁。

上联是说郑芳笔耕不辍,发表的稿子还没有结集出版,遗稿堆积,也未整理。下联是说郑芳患病两年,与病魔斗争,可是生死在天,在人间难以找到神医扁鹊可以妙手回春。

郑芳51岁病逝,周先庚此后没有再娶,他每天在家中墙壁上挂着郑芳的画像下从事心理学研究。晚年编订《郑芳文集》出版,告慰亡妻在天之灵。1996年,周先庚逝世。

林文铮与蔡威廉

　　林文铮，林风眠，两人同乡同宗兼同事，一个是美术史家，一个是美术大师，他们是中国现代美术的双子星座。林风眠的名字和他的画作被不断提及，炙手可热，可是人们忽视了他的作品中"一种淡淡的哀怨和孤寂"。和林风眠的生前身后名相比，林文铮是沉寂的，沉寂是艺术史家的归宿。林文铮命运多舛，一生颠沛流离，具有感人魂魄的悲剧美。

　　林文铮的一生，如果没有日本全面侵华的战争，他会以美术史家的身份终其一生。可是，战争改变了中国的现代化进程，同时，改变了无数中国人的命运和生死。我们来看一下林文铮因战争转变的人生，以及由此带来的悲剧。

　　1919年夏，那个火热的夏天，五四运动激荡中国的风云，时代的风吹向林文铮所在的广东梅州中学，在这里，林文铮毕业了。1920年1月31日，林文铮、林风眠、李金发、蔡和森、蔡畅等百余人，乘邮轮行程万里抵达法国马赛港。

　　1924年5月21日，国际工艺美术学展览会在法国巴黎举行。在法国考察的蔡元培走进展览会，林文铮和林风眠以他们耀眼的艺术才华，获得蔡元培的赏识。此时，林文铮在巴黎大学留学，担任中国馆的法文秘书，蔡元培在"展品目录"上写的序言，由林文铮译成法文。

蔡威廉

1928年春,"杭州国立艺术学院"(后改为"杭州国立艺专")成立。蔡元培任命林风眠为院长,林文铮为教务处长兼西洋美术史教授。林文铮是在杭州艺专时初识蔡元培的长女蔡威廉的。

蔡威廉有家学渊源且受过西洋教育,曾随父亲到过法国、德国、比利时留学,专修油画,并打下深厚的德文、法文功底。她长得漂亮,风度优雅。回国后,在杭州国立艺专任西画系教授。

蔡威廉留学归来之后,以她的家庭背景和个人才华,成为上层文化人中引人注目的女性,当然不乏仰慕者和追求者。但她和林文铮一见如故,相识一个月后,就在林风眠陪同下到南京面见蔡元培。蔡元培大喜:"马上订婚!马上订婚!"此后又经历了说服蔡夫人和向广东省有关方面了解林文铮家庭情况的过程,林蔡二人于1928年7月在上海结婚(有的文章说是1928年11月在杭州喜结良缘),证婚人是蒋梦麟。

婚后,夫妻住在蔡元培先生为他们建造、题词"马岭山房"的别墅里。他们琴瑟和鸣,在家中用法语对话。蔡威廉为林文铮耗时三个月画了一幅肖像,画中倾注了他们的恩爱。

蔡威廉一边教课,一边以单纯而强烈的表现主义风格画大气磅礴的油画,林文铮则作为中国现代艺术的阐释者,向青年学子作西方艺术史的启蒙。当时的学生李可染说,听林文铮讲课,真是"得未曾有"。

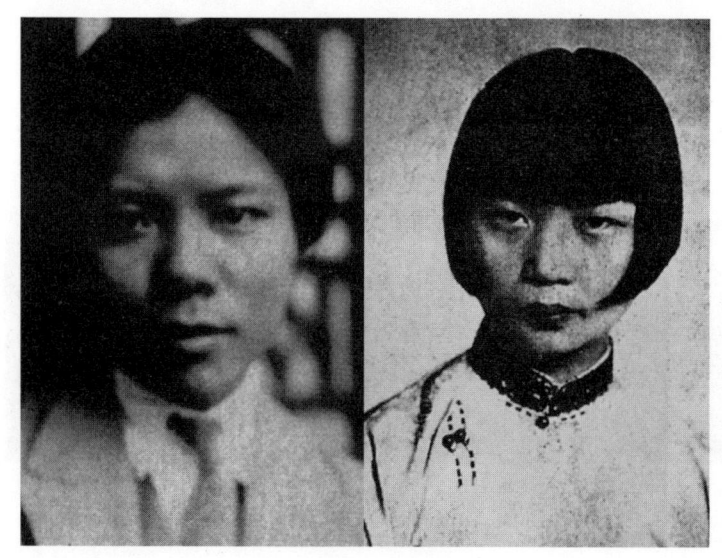

林文铮与蔡威廉

　　1929年，蔡威廉的肖像画在全国第一届美展中引起轰动，代表作有《秋瑾在绍兴就义图》《天河会》《孙中山》等。著名画家吴冠中回忆，七七事变后杭州艺专迁至湖南沅陵时，他于课外画了大量水彩画，在全校作品展中获奖，蔡威廉很赏识他，传话要以她的一幅油画换吴冠中一幅水彩，这使他备受鼓舞。在吴冠中笔下，当时的蔡威廉是这样的："她没有在教室教过我，不相识，我只远远以尊敬的眼光看她。她是一个少妇，经常着黑衣，体态优美，少言语，显得分外静穆、内向。"

　　抗战爆发，改变了林文铮、蔡威廉夫妇的人生道路。林文铮带着家人离别了"马岭山房"，跟随着杭州艺专的师生内迁到湖南沅陵。1938年12月，"教育部"下令北平国立艺专和杭州艺专合并，改名"国立艺术专科学校"，林风眠为主任委员，滕固任校长。两校合并后，由于人事矛盾和派系纠纷，蔡威廉、林文铮离职。蔡元培在《哀长女威廉》文写道："二十七年，杭校奉教育部令与北平美术专科学校合并，在沅陵改组，威廉因而去职。文铮任杭校教务长十余年，亦于是时去职。"蔡元培在这篇很短的悼念蔡威廉的文章中，特意提到林蔡去职，可能如是想——林蔡双双失业，是导致蔡威廉在昆明病逝的一个原因。

去职后的林文铮一家，在战乱中流寓昆明。西南联大、国立艺专都在昆明，此时昆明成为全国的文化艺术中心。

在昆明，林文铮、蔡威廉一家起先住在北门街与丁字坡夹角内蔡锷公馆旧址房舍。沈从文记下了蔡威廉一家1939年的生活状况：

> 房子那么小，大杂院那么乱，想安静作画是不可能的。初来雇的本地佣照例不合适，做不上3天又走了，作主妇的就得为一家大小8口做饭。5个孩子虽然都很乖，大的是个女孩，家务事还能帮点小忙，提提水，炉子里加加松毛，拌和稀饭，最忙的自然还是主妇。并且腹中孩子已显然日益长大，到四五月间即将生产。我住处进出需从他们厨房楼下经过，孩子们一见我必大声招呼，我必同样向这些小朋友一一答话。常常看到这个做母亲的，着了件宽印花布袍子，背身向外，在那小锅小桌边忙来忙去。听我和孩子招呼时，就转身对我笑笑，我心中总觉得很痛苦。生活压在这个人身上，实在太重了，微笑就是一种无可奈何的表示。想用微笑挪开朋友和自己那点痛苦，却办不到。

1939年夏季的一天，蔡威廉痛苦地生下了一个女婴，产后数小时，她在床前的白壁上用铅笔画出新生女儿的肖像，并写上"国难！家难"四个字，没想到这是她的绝笔。两天以后，这位中国著名的女画家，因难产流血过多英年早逝。

沈从文痛心地指出："死的直接原因是产褥热，间接原因却是无书教，无收入，怕费用多担负不下，不能住医院生产，终于死去。人死了，剩下一堆画，六个孩子。"

蔡威廉去世，当时在香港的蔡元培并不知情，所以在当年6月还给女儿、女婿写信说给外孙取名的事，并记入日记："为其子拟征明（从生于昆明着想）、六如（从行六着想）二名，嘱其选用。"

6月下旬，昆明举行纪念蔡威廉的系列活动，蔡元培从昆明《益世报》上看到相关新闻，才知爱女确已离开人世。他在7月13日写的《哀长女威廉》

文中，如此记述当时的经过及心境：

> 近两月来，友人来函中，偶有述及报载威廉不幸之消息者，我于阅报时留意，竟未见之，而文铮来函，均为威廉附笔请安，疑诸友人所述之报误也。日内阅昆明寄来之《益世报》二十六日有女画家蔡威廉昨开追悼会新闻，二十七日有女画家遗作展览新闻，于是知我威廉果已不在人世矣，哀哉！亟以告养友（指蔡威廉继母周养浩），始知养友早已得此恶消息，且已电汇法币四百于文铮充丧用，饮泣数夜，但恐我伤心，相约秘不让我知耳。

蔡元培文中所说的"养友"，是指他的夫人周峻，字养浩。周峻为了蔡元培的健康考虑，隐瞒了蔡威廉去世的消息，可从蔡元培的女儿蔡睟盎的回忆得到印证。

蔡睟盎谈起蔡威廉去世的"家难"时说，父亲最爱大姐。"后来大姐不幸去世，这个消息，母亲不敢告诉父亲，她和大姐夫商量好，每次写信仍落款'威廉附笔请安'。母亲也没有告诉我们，只是让我脱掉红色的鞋。"

蔡元培伤痛难抑，得女婿信告善后情形，知威廉柩寄存昆明郊外金鼎寺内，将来拟运回杭州安葬。

蔡元培移居香港后忧心国事，精神渐衰，爱女的早逝对他更是极沉重的打击。1940年春，又因失足仆地，病遂加剧，在3月5日走到生命尽头，享年74岁。据说，蔡元培临终呼唤着"威廉"离开这个世界。

爱妻病逝，林文铮肝肠寸断，痛不欲生。但为了嗷嗷待哺的孩子，林文铮肩负起家庭的重任。

1939年7月18日，联大常委会召开第一百一十三次会议，决定聘请林文铮为外文系讲师，每周六小时，其薪金暂由北京大学方面支付。林文铮在联大外文系先后开设法文、法国近代文艺思潮史、法国诗史、法国戏剧史等课程。

林文铮曾在杭州国立艺专任教务处长兼西洋美术史教授十余年，为何在联大只被聘为讲师？查联大 1941 年 12 月 10 日公布的《本校教师资格标准》，其中副教授任职资格第三条规定："曾任大学或同等学校教授、副教授或讲师，或在研究机关研究，或执行专门职业共四年，有特殊成绩者。"按照这个标准，大概杭州国立艺专只能算艺术专科学校，不是大学或者研究机关，尽管林文铮有巴黎大学的留学经历，却无法与 6 月 27 日联大常委会第一百一十一次会议聘请沈从文为师范学院副教授（月薪 280 元）相比。查联大 1942 年教员名册，林文铮已升为教授，月薪 360 元，属于教授月薪中的最低档。

蔡威廉去世，对林文铮是一个沉重的打击，遭此人生重大变故，其精神转向佛教，经常参加佛教的活动。不过，佛教也不能缓解他心中的伤痛，他经常挥泪写诗怀念亡妻，写有《苍茫楼诗稿》约百首，以示他对亡妻忠贞不渝的爱情。

林文铮在昆明，和吴宓交往甚密。一方面他们都在西南联大外文系任职，在昆明青云街的居所离得很近；另一方面，两人同病相怜，生活情形相似，吴宓自 1927 年和妻子陈心一离异，孤身一人，而林文铮自蔡威廉去世后，未曾续弦。两人经常在一起吃饭、谈心、切磋诗艺、论二战时局。吴宓 50 岁生日时，吴宓请客，座有林文铮，席间，林文铮赠诗《吴公雨僧五秩志庆》：

泾阳季子岂蹉跎，梦笔生花今古歌。
末世浮沉悲和寡，满身雷雨喜才多。
流年一一栽桃李，华发星星散绮罗。
万里南山诗酒颂，云天北斗粲龙莎。

1943 年 7 月 29 日，吴宓访林文铮，林文铮对吴宓讲起自己的最新感悟："万事皆空，不宜稍有留恋。"林文铮的这番感悟，和刚刚开启了蔡威廉的衣箱有关。箱内用纸包着蔡威廉生前喝水的瓷壶，被大女儿看见，取出玩耍，不小心掉到地上，摔得粉碎。林文铮触景生情，缘此顿悟："去来皆非，今本不存。人生全如梦幻，亦如箱物已毁三年，犹误以为在世而属于我。"

1943 年 8 月 25 日晚 7 时至 10 时，翠湖招待所的法文友谊会上，林文铮演讲《法国文学中的厌世主义》，并和大家一起讨论。吴宓参加了这次的演讲，并记录到日记中。"宓是晚周旋宾客，布置事务，极为兴奋。一若新得自由解放也者。"林文铮演讲的具体内容，吴宓未在日记中记录，但从演讲的题目来看，爱妻蔡威廉去世之后，林文铮思想是有一些颓废的。命运的凄惨，生活的困顿，精神的苦痛，无法解脱之时，往往诉诸宗教。在这样的情形下，林文铮和吴宓在佛教和文学中寻求解脱。

面对昆明物价飞涨，百物腾贵，西南联大的教授如何生存成为最大的问题。有一次，吴宓和林文铮谈心，吴宓说自己正在力行节俭，量入为出。而林文铮则认为，只有开源一法。"故铮现正在出售所藏古玩字画，得巨款，为资本，以营商业，孤注一掷，或可致丰裕。至于联大薪金，视为微末。教授作为纯尽义务而已。"（吴宓1943年7月22日日记）吴宓记录的可能是林文铮天马行空的想法，一介文人，在战争时代，鲜有经商成功者。

林文铮为维持生计，卖光了古玩字画，只得变卖家物，甚至连夫人蔡威廉的嫁妆首饰都卖了换米煮。为了养活6个孩子，他在教学之余还为报社、杂志社写文章。他文学功底很厚，散文和新诗写得好，读者喜欢他的作品，约稿的报刊很多。

联大结束，三校复员，林文铮被聘为北京中法大学教授。1950年中法大学解散，他去广州中山大学执教。1952年，林文铮赴南京大学担任教授。1954年，林文铮与南京大学出版社的校对员连棣贞结婚。正当林文铮开始人生第二春之时，知识分子的早春，瞬间变为严寒。

1957年，林文铮被划为"右派"。但不论是在战争时期的昆明，还是在动荡的政治运动期间，林文铮都按照密宗方式在蔡威廉照片前焚香献花诵经礼拜，数十年如一日。不料，他的这种举动，被革命群众揭发，再加上曾与西南联大一些有同好的教师一起研习"黄教"的经历，成为历史问题，被认为是参加过"反动道会门"，因此被捕入狱。林文铮身陷牢狱，关押了20年时间。

连棣贞由教授夫人沦为囚犯之妻，这个柔弱的女子，身负巨大的压力，不肯与林文铮离婚。1968年，"文革"期间，连棣贞被视为反革命家属，揪斗、游街、关押,像狂风暴雨一般,席卷而来。连棣贞受尽了折磨,迫于家庭和社会的压力,这年冬天,连棣贞忍痛含泪与林文铮办了离婚手续。从此她的精神受到了创伤,患了精神抑郁症,病了两年不治而逝。

1975年,国家出版部门要把鲁迅先生著的《中国小说史略》译成法文。此时,国内竟找不到合适人选。行家告知领导,唯有林文铮方可胜任,但此人现在还在狱中服刑。后经中央领导审批,准许林文铮在狱中翻译《中国小说史略》。

1976年春,林文铮终于跨出了牢狱的大门。出狱后,他来到阔别已久的杭州,住在小女儿林征明家中。《中国小说史略》法文版于1978年春翻译完后,林文铮得到900元的稿酬。

1989年,饱经磨难的林文铮因病在杭州去世,享年87岁。

附记:

2018年春节假期,读余斌先生《西南联大的背影》,得知林文铮在蔡威廉病逝后,与女诗人施莉侠有过一段恋情。

余斌先生考证:"1941年9月27日,吴宓与同系林文铮教授及另外几位友人去天南酒家赴宴,当天日记有如下文字'座客中有施莉侠小姐,会泽人。唐继尧之戚。等',在此后三年里,施莉侠是吴宓日记中常常出现的人物。读下去才知道,原来当时施小姐正与林文铮恋爱,而且一波三折。"

施莉侠5岁时,在昆明姨父唐继尧家生活,与唐之长子唐筱蓂青梅竹马,暗生情愫,未果。1928年,她弃医学文,考入东京文化学院大学部文学系,对诗词歌赋尤感兴趣。1931年,她由日本赴法国,入法国巴黎大学文科博士班,获博士学位。很多文章称她是"云南第一位留洋女博士"。

才华横溢、心性高傲的女子,走到哪里都是众星捧月,光彩照人,"忆昔衣绯留异国,人夸天下第一红"。这位女诗人情路坎坷,未修得正果。据余斌先生《浪漫寂寞施莉侠》可知,施氏在法国留学时,与杨玉清(著名的政治家、法学专家、外交家、翻译家)相恋。恋情时断时续,维系多年。杨玉清在法国时,就已有家室,注定了这段恋情没有结果。抗战期间,施氏与英国驻昆的航空军官怀特相恋,同时又爱上林文铮。

1942年端午节,林文铮与施莉侠一度谈婚论嫁。不到两个月,吴宓发现"铮与莉似将断绝了"。两人到底为何没能牵手相伴一生?施莉侠写诗给出了答案:"两年频示百年心,谈破相如绿绮琴。合是无缘缘太浅,幽篁一笑凤骄吟。""幽篁一笑",施莉侠的"侠"气,气度不凡,而"骄凤"抽身而退,未免气量小了。吴宓也曾在日记中说林文铮"故示骄矜"。

情茫茫,路茫茫,此后,施莉侠在漫长的岁月中,终身未嫁。这归宿和吕碧城相似。

诗魂应去捉流光。1993年3月,82岁的女诗人施莉侠病逝。

许宝騄:一生治学终身未娶

俞平伯的妻弟许宝騄,数学家。西南联大时期,和华罗庚、陈省身被称为联大数学系"三杰"。

许宝騄19岁考入清华大学数学系,他和戏剧家曹禺、诗人孙毓棠被称为"清华三杰"。1936年留学英国,在伦敦大学学习数理统计,攻读博士学位。1938年获得哲学博士学位,在伦敦大学任教。1940年,许宝騄因发表与数理统计有关的论文,成为该领域的佼佼者,从而获得科学博士的学位。

许宝騄

在战火纷飞的抗日战争期间,许宝騄放弃了在英国优厚的生活待遇,回到祖国,任教于西南联大,首次系统地开设数理统计课程。抗战期间,他在统计学中多元分析数理统计方面的贡献极大,国际声誉极高。1948年,许宝騄当选为"中央研究院"院士。

在战时昆明,许雅好昆曲,常与罗常培一起参加曲会。老舍到昆明,去联大做演讲时,住在"发小"罗常培的住处。老舍在昆明写了几篇散文,写到了许唱昆曲、打桥牌的情景。数学家打桥牌,会运用缜密的逻辑进行精确的计算，失误的概率极低，许的专业是概率论和数理统计，所以自然是桥牌高手。

抗战时期，联大教授生活清贫，生活条件非常简陋。许宝騄和罗常培、郑天挺、袁家骅等教授住在联大的教职员单身宿舍。许住的一间宿舍，既是卧室又是书房，除了书桌、床铺和一块大黑板外，别无其他家具。那时的昆明，老鼠非常猖獗，把许的被褥枕头都咬破了，有时还会咬坏他最珍贵的书或是他正在写的论文。为了避免这些灾害，他独出心裁，把枕芯打开，让老鼠钻进去随意取用里面的荞麦皮、蒲绒子。最后，他宣布，房间里的老鼠被他感化了，不再咬他最有用的东西。

钟开莱1940年毕业于西南联合大学数学系，之后任昆明西南联合大学数学系助教。钟和许经常在一起讨论数学问题。后来，钟成为举世闻名的概率学家，这可能是在联大受到了许的影响。

有一个小故事，可见西南联大可贵的学风。钟开莱给人的印象那是非常牛的。一天华罗庚老爷子啰里啰唆地讲了许多关于甫列华氏门墙的内容，钟开莱不服气，回家折腾出了10页的纲领性文字，第二天上课的时候扔给华罗庚，意思是你拿去看吧。华老爷子很不爽，心想你不就是个毛头孩子吗？跟我玩这套，华罗庚也折腾了一晚上，硬是把这10页纲领压缩成3页，回敬给钟开莱。师生之间互相探讨，自由、融洽，可谓教学相长。

20世纪40年代，姜晓玲就读于西南联大数学系，经钟开莱的介绍，认识了许宝騄。姜晓玲在与许的多次接触交谈中，"在数学学术思想方面得到他的教益和启发是很多的"。

姜晓玲在回忆文章中说：

> 记得1944年左右，我在西南联大求学时曾一度喜欢代数学，有一次我去看许先生，想问问他的意见。他立即告诉我说，数学是离不开抽象的，最基本最深刻的东西都是要经过抽象才能揭示或显示出来的。许多看来很难很复杂的东西一经抽象就显得简单而易于掌握了。所以要搞代数研究，就必须研究抽象代数。他说，他自己不搞抽象代数，但他知道抽象

代数主要是由德国数学家发展起来的。

许宝騄出身于杭州的书香门第，自幼受过很好的文学熏陶，所以他善于运用形象思维的语言来解释现代数学基本概念产生的必然性。"许先生讲演的特点是，许能慢条斯理地用不多的言辞，阐明事情的要点、关键和概貌。表面看讲话时间不长，但内容信息量还是很多的。"姜晓玲推测，这也与许先生的古文修养有关，因为中国的古文（或文言文）就体现着意义表述方面的简明、概括和浓缩化的特点。

有一次，姜晓玲在许宝騄宿舍里的大黑板上，看到上面写着一对数论上的Möbius反演公式，那是钟开莱的笔迹。姜晓玲在《回忆西南联大时代的老师许宝騄先生》一文中，提到华罗庚破解日记密码的故事：

> 我没有问许先生，但立即联想到那一定是我的另一位老师华罗庚先生传去的信息。那是1944年左右，华先生出差去重庆，一次为当时的国防部长俞大维解决了一个关于日军军用密码的破密问题。华先生发现密码的转换工具即数论中的Möbius公式（这对我们当时选修数论课程真是一种意外的鼓舞）。华先生回到昆明后，信息很快传遍数学系。所以许先生和钟先生讨论Möbius公式，想必是出自好奇心的驱动，显然也表明许先生对新鲜事物的关注。

许宝騄讲课非常认真，他的很多学生都有点怕他。听他的课时，学生思想要高度集中才能跟得上。杨振宁当时也是他的学生。

在西南联大简陋的教室讲课，往往无法听到上下课的摇铃声，许宝騄又没有手表，于是每次上课时他就将装有一只闹钟的布袋放在讲台上。上课的学生们忽然听到讲台上布袋里铃声大作，而许先生又笑着说了一声"下课了"时，大家总是惊喜交加。

许宝騄几乎把生命中的全部时间都用于学术，他不喜欢游山玩水，也不擅长社会交际。除了唱唱昆曲，他都沉浸在数学的世界中。在西南联大学生的心目中,有他在翠湖边散步的身影:"他喜欢穿一件风雨衣出外散步。在校园附近漫步时学生们常能看到他的儒雅风度。"

许宝騄终身未娶,一个原因是他把全部的精力用于学术研究,无暇顾及私事。还有一个原因是他觉得自己身体不好,担心病体连累对方,多次谢绝提亲。

俞平伯的长女俞成,1937年卢沟桥事变爆发时就读齐鲁大学,后转往云南,在西南联大就读,和作为数学家的七舅许宝騄同在昆明,过从亲密。在许宝騄的单身宿舍里,除了书籍,就是烟灰烟头,还有伴随许宝騄长夜治学的蜡烛油。俞成来收拾房间时,都要清理这些东西。因为烟抽得很凶,许宝騄的身体健康受到影响。

俞成说,七舅天资聪颖,如果不从事数学研究,在文学或音乐方面,肯定会大放异彩。许宝騄在清华园读书时,俞平伯在清华大学创办"清华谷音社",结社雅集,吸引了大批喜欢昆曲的文人。许宝騄无论学什么,都触类旁通,一学就会。"那时父亲(俞平伯)喜欢唱昆曲,一天七舅买来一把胡琴,我们都惊异地望着,觉得很新鲜。只见他把胡琴放在腿上,用弓子调了调音,立刻就拉出了《游园》中那段'袅晴丝吹来闲庭院……',虽然音调还不是那么美,但使当时在座的无不吃惊。"到了云南,许宝騄在昆曲同好的雅集上,就是很专业的操琴手了。

1946年,许宝騄(右一)与
美国的数学家在美国留影

许宝騄喜欢读《福尔摩斯探案集》，俞平伯也喜欢读。许宝騄身材瘦削，常扮演福尔摩斯，俞平伯的憨态神情像华生。有时老君堂中猫偷吃了鱼，或者鸡被黄鼠狼叼走了，两人煞有介事地侦探一番，以此自娱自乐。

"文革"批斗凶猛浪潮过后，俞成去看望七舅。看着七舅瘦成一把骨头，俞成眼泪欲滴。许宝騄什么也没有多说，只告诉俞成，虽然没有被拉出去斗，"但受的罪也不比拉出去批斗轻，又告诉我他自己承认了是漏网的'右派'……"

许宝騄于1970年病逝。他离开这个世界时，凄凉，孤单。"没有一个亲人在身边，也没有留下任何遗言或一丝遗物。床上只有几页未写完的手稿和一只开着的墨水笔……"

任继愈和冯钟芸

"我一岁时出过天花,未死;三岁时得过白喉,未死;八岁时得过猩红热,未死。在昆明一次骑自行车,从一个小石桥上摔下去,桥高约一丈,河底为细沙,半干半湿(河内无水,如全干会摔伤,有水会淹死),未伤。这些偶然的遭遇如果有一次过不了关,我这个人就不存在了。"

这是《念旧企新——任继愈自述》一书序言中的一段话。

晚年任继愈回望自己漫长的一生,不由得感叹:个人做出点成绩,主要在大环境,也看机遇,个人的作用微乎其微。人的成就是靠天赋、努力,还是机遇、环境,这真是一个复杂的哲学问题。

1940年,任继愈在西南联大北京大学文科研究所读研究生时留影

生命是一部深奥的巨著,对于任继愈来说,他书写的生命之书是哲学和宗教思想。在他的生命之书中,爱情是无法绕开的精彩章节。他的学术起点在西南联大,他的爱情萌芽发于昆明。

1941年,任继愈在西南联大哲学心理系担任讲师。冯友兰除讲"中国哲学史"外还讲"史料学";汤用彤讲"隋唐佛学""魏晋玄学";王维城讲"老庄哲学";任继愈讲"朱子哲学"。

任继愈结识陪伴他一生的知心爱人冯钟芸，缘起王维城。人世间的机缘巧合，大多来自于师友。

查《国立西南联大校史》，有王维城的资料，抄录如下：

> 王维城（1904—1964），福建长汀县人。北京大学哲学系毕业。受聘往英国牛津大学任教，回国后任北京大学哲学系讲师、副教授，抗日战争期间任西南联合大学哲学系教授，复员后任南开大学教授，后转任北京大学教授、中国科学院哲学研究所研究员、辽宁大学哲学系教授。着重研究中国哲学，著有《老子化胡说考证》等，译有黑格尔《哲学史讲演录》中东方哲学部分。

任继愈在西南联大攻读硕士学位时，导师是汤用彤先生。北大文科研究所规定，导师外还要有一位副导，任继愈的副导师是贺麟先生。王维城也是汤用彤先生的研究生。师出同门，论起来，王维城是任继愈的师兄。

王维城的夫人在联大附中教语文。有一段时间夫人生病了，王维城就想到让任继愈去代夫人的语文课。老朋友出言求助，理应责无旁贷，但任继愈对能不能教好语文课，真是拿不准。在学长的劝说下，任继愈决定试试。

此时，冯钟芸在联大附中另外一班教语文。因为是同一年级的课，任继愈有时向冯钟芸取经，接触多了，就熟悉了。两人经常在一起切磋语文教学，交流教学心得。

冯钟芸出生于一个显赫的学术世家。她的父亲冯景兰是我国著名的地质学家，是中国矿床学的重要奠基者。早在20世纪20年代，冯景兰就在广东考察时发现了红黄色砂质岩经过风化以后形成的一种特殊的地文现象，他把这种地文现象命名为"丹霞地貌"，这一命名一直为国际地质学界所沿用。冯钟芸的伯父冯友兰，是著名的哲学大家。冯钟芸的姑姑冯沅君，是曾受鲁迅称赞的五四时代著名女作家，时有"黄（庐隐）、凌（叔华）、冯（沅君）、谢（冰心）"之称。冯沅君从作家转型为学者，嫁给陆侃如。陆侃如和冯沅君同为蜚声全国的著名教授，共同执教于山东大学。

冯友兰、冯景兰和冯沅君并驾齐驱，在学术界享有唐河"三冯"之誉。他们的堂妹冯让兰嫁给了中国哲学家、哲学史家张岱年。

此时，冯景兰在西南联大地质学系任教。1941年，冯钟芸毕业于西南联大中国语言文学系。

短暂的代课结束了，意味着任继愈很长一段时间见不到冯钟芸，他的心头时而会浮现"芸影"。有时，读书至深夜，灯熄灭了。窗外虫声唧唧，透过窗棂随风飘进窗。看着窗外皎洁的月光，他想象着，月光下冯钟芸在吟诗。如在画中，如在梦中。"这不是一见钟情，我还是中意于她。"任继愈认清了自己的内心，慢慢进入梦乡。

1943年夏，似乎是老天要促成一段姻缘，冯钟芸又被聘到联大中文系当了助教，成为西南联大第一位女教师。

中文系当时有一部《四部丛刊》，哲学系没什么书，研究中国哲学史，《四部丛刊》很有用，任继愈便常去借书。中文系与哲学系办公室连着，正巧冯钟芸备课也到那里借书。或无意，或有意，两人经常遇见，接触的机会就更多了。因为在联大附中共同教语文的经历，使两人互相欣赏，彼此都有好感。此时相见，两人都在彼此的眼睛里看到了爱慕。

有一次，任继愈去冯友兰家请教中国哲学问题，恰巧又见到冯钟芸。冯钟芸就在一边，有意无意地听他们探讨中国哲学。在冯友兰眼中，任继愈平时话不多，也不会献殷勤，性格直来直去，但他身上有一种沉静的力量。

在抗战时期，国家多难，大家都在流亡中，学生生活有困难，老师很自然地给予帮助，师生关系比在平时更加亲近。汤用彤先生很关心任继愈的人生大事，觉得他和冯钟芸很般配。中文系的系主任——北大的罗常培，和任继愈住在一个集体宿舍，他对任继愈的印象也很好。而冯钟芸就在罗常培的系里当助教。汤用彤先生和罗常培先生不约而同，都想到一块儿去了。

汤用彤在家里请同人吃饭，同时请任继愈和冯钟芸两人去作陪。罗常培有时还请他们逛昆明滇池公园，当然醉翁之意不在酒，包括罗常培在内的三人都心知肚明。

任继愈回忆说，汤用彤先生很关心他的婚事，曾经代表他的家长，穿长衫又加一个马褂，很郑重地到冯家提亲。任继愈动情地回忆说，正是因为汤用彤和罗常培这两位师长的厚爱，才促成了他和冯钟芸的婚事。

水到渠成，任继愈和冯钟芸在昆明举行了一个订婚仪式，证婚人就是罗常培先生。

1946年，三校复员，回到北京，任继愈和冯钟芸两人结婚成家。

张世英与彭兰：哲学与文学的联姻

张世英，哲学家，北京大学哲学系教授。1921年出生于武汉。张世英自幼受父亲——一个普通的中小学语文教师——的思想影响，喜爱老庄和陶渊明，养成了"少无适俗韵"、自命清高的性格。读初中时，便以父亲的教导为座右铭："不求闻达，要做学问中人。"

1937年抗日战争全面爆发，1938年武汉沦陷，张世英离开家庭，只身到鄂西山区读高中。1941年秋，张世英和一位同时考取西南联大经济系的同学同坐一辆封闭型大货车（当时称"黄鱼车"），从重庆出发，途经贵阳，走了七天七夜，到达昆明。

西南联大的政治气氛和学术气氛一样浓厚，让张世英这位新鲜人感受深刻。进校不久，张世英就碰上由联大学生带头的"倒孔"运动。

1941年12月7日，日军偷袭珍珠港，太平洋战争爆发。不久日军攻占香港，何香凝、柳亚子及西南联大教授陈寅恪等滞留香港的著名人士无法及时撤离，而孔祥熙等达官贵人却垄断中航公司的飞机，专事运输私人财物，孔家甚至把洋狗也用飞机运回重庆。消息传来，舆论哗然，西南联大师生群情激愤，很快贴出由26名同学联名发表的《倒孔宣言》。

张世英谈到联大师生专注学术而又不忘情政治活动时，说：

西南联大的学生，白天游行示威，晚上却照样自学到深夜；白天在大街上高喊"打倒孔祥熙""要民主"，晚上在宿舍里照样交谈数学方程式和"边际效用"；刘文典讲《红楼梦》，从傍晚讲到深夜，还有人向他不断提问，探讨一些文学、甚至佛学的问题。西南联大，就是这样一座春风化雨、弦诵不绝的学术殿堂。在西南联大，德先生与赛先生这两位北大旧交，似乎友情依旧，往往携手同行。这是西南联大自由学风的一个重要特征。

张世英感受到联大的自由学风不仅停留于此，他转了两次系，最后才找到了自己喜欢的专业——哲学。刚入联大，读经济系，原以为经济系讲的是经世济民之道，不料经济系一些课程尽是什么货币、银行、会计之类的"生意经"，他觉得太庸俗，于是转入了社会系。可是他不喜欢社会系的"人口调查"之类的课程，特别是其中一门课是老师带领同学去妓院搞调查，让张世英感到厌烦。于是，张世英选修了贺麟先生的哲学概论，这是一个转机，贺麟先生将张世英引领上哲学之路。

联大学生喜欢泡茶馆，而同乡的同学多喜欢在泡茶馆时聚在一起。张世英认识了读中文系的湖北同乡彭兰。张世英回忆说："当时，男女同学都在云林街的茶馆里念书，湖北人就和湖北人凑在一起，湖北同学会主席、中文系的彭兰是湖北浠水人，比我高两届，她是靠近共产党的进步分子，性格比较活泼。我对同学会没什么兴趣，但毕竟是同乡，所以混在一起。"

彭兰1940年考入联大，入学时，历尽艰难只身到了西南联大叙永分校读中文系，次年转入昆明。彭兰是联大的才女，在中文系的读书报告上经常附录自己写的古体诗，深得闻一多、朱自清、罗庸、浦江清等先生赏识。彭兰和同班或同乡同学交往，也常以诗相酬和。

彭兰的父亲是前清翰林。闻一多家乡观念很重，彭兰是西南联大湖北同乡会会长，闻一多自然对这位同乡加倍关照。彭兰家乡已经沦陷，一个人漂泊在昆明，视闻一多为自己的家人，于是认闻一多为干爹，自此，彭兰成了闻一多的干女儿。①

彭兰刚认识张世英时，起先不知道张世英读哲学系，说了一些令张世英难堪的话："哲学系的人，好争辩，寡人情，不通世故。"而且，她认为学哲学的多是疯子。彭兰可能耳闻联大著名的哲学家沈有鼎教授，被人称为"疯子"，难免对学哲学的人产生一些偏见。彭兰还经常说"决不会同一个学哲学的人结婚"，可彭兰自己却是闻一多欣赏的女学生中最有哲学头脑的人。

后来两人彼此熟悉了，张世英发现彭兰喜欢作旧诗，受彭兰的影响，张世英也学着写点诗。但张世英完全不用平仄，彭兰鼓励他："你的诗有意境，这就不易，平仄我可以教你。"两个人切磋诗艺，关系逐渐亲密了。

当时联大学生中间，思想立场左中右都有，张世英属于中，彭兰觉张世英是一个政治性不强、不进步的人。于是，征求闻一多先生的意见。闻一多邀请彭兰带张世英到家里"面试"。闻一多了解了张世英的家庭状况之后，接着说："听说你很有哲学头脑，我很愿意你能常来我家聊聊。现在的形势，我想，你也清楚，希望你走出象牙之塔。"闻一多在联大青年学子中，具有很强的号召力和影响力，很多像张世英这样只想做学问的学生，渐渐走出象牙之塔，思想向左，投入革命的历史洪流之中。临别时，闻一多送了张世英一本《海上述林》，黑绒面，烫金字。走出闻一多的家门，张世英觉得人生面临一次重大转折。

显然张世英通过了这次"面试"，闻一多认为张世英具有哲学头脑，值得培养，哲学与文学就这样联姻了。1945年7月22日，张世英和彭兰结婚。此时，张世英即将上联大哲学系四年级，彭兰已经在联大中文系毕业并在建国中学执教一年。他们在《云南日报》上刊登了一则启事："我俩定于七月二十二日结婚，国难期间一切从简，仅此敬告各亲友。张世英　彭兰。"他们发表结婚启事的时候，还没有意识到抗战胜利马上降临，他们结婚之后的第四天，中英美公开发表促令日本立即投降的《波茨坦公告》。张世英和彭兰结婚的当日，在云林街竹安巷的一个二层楼请了一桌酒席。"汤用彤先生

---

① 见闻黎明《张世英、何柄棣、何兆武三书读后》。

做证婚人，闻一多先生是女方主婚人，冯文潜先生是男方主婚人。"

闻一多先生用篆字写过一个横幅"我心则悦"，赠送给这一对新人。上款写"若兰世英结婚纪念"。闻一多对新人解释说："这不仅是因为彭兰是单名，不好写，更重要的是若兰者，似兰非兰也，真正的兰花太实，我想虚一点好，专取其幽香清远之意。"后来，这个横幅在张世英出差的时候被贼偷走了。看来这是个雅贼，他也喜欢闻一多先生的篆体书法。

张世英和彭兰的婚礼上，还闹出了一个小插曲，给婚宴增添了喜庆的气氛。汤用彤夫妇带着他们的二儿子汤一玄去参加婚礼，汤一玄那时候还很小，不懂事，童言无忌，看到新郎新娘后说："什么叫结婚啊，结婚是不是两个人拥抱啊？我爸和我妈就拥抱！"话刚落，汤先生的夫人就大骂汤一玄"死鬼"。闻一多的夫人高孝贞就说，这有什么啊，什么"死鬼死鬼"的，亲就亲呗！

张世英的回忆录《归途》中还讲到汤用彤夫妇的一则趣闻：

汤用彤先生矮矮胖胖的，头发花白，就像一个菩萨，我们老叫"汤菩萨"。他和他夫人关系特别好，虽然他们结婚是受父母之命，他夫人识字不多，但很贤惠，长得很漂亮，属于旧式妇女。有一次，碰到汤夫人，我们就问她："你和汤先生关系特别好吧？汤先生特别爱你吧？"她说，是啊！人家说我是一朵好鲜花，献给活菩萨。

我们从张世英和彭兰的婚礼可以感知，联大教授和学生交往密切，亲如家人。亲其师而信其道，联大对学生的培养并不仅仅局限在教学课堂，他们的课堂无处不在，甚至就在教授的家中。联大教授对学生的影响，也是潜移默化的，不仅仅停留在做学问的层面，而是生活的方方面面，如春风化雨，滋润学生。

1946年，联大复员，张世英和彭兰即将北归，退掉租房，暂住闻一多西仓坡的家中。闻一多与张世英、彭兰夫妇闲谈时说："一个人要善于培植感情，无论是夫妇、兄弟、朋友、子女，经过曲折的人生培养出来的感情，才是永远回味无穷的。"他夸赞另一位学生季镇淮不弃糟糠之妻，说："只

张世英1946年毕业于西南联大　　张世英夫人彭兰女士1948年在南开大学执教时留影

有对感情忠实的人，才能尝到感情的滋味。他未来的家庭一定比较幸福。"闻一多说这话时是1946年7月5日，即他遇难的前10天。他对学生说的，显然也是自己对婚姻和爱情的亲身体会。

这一晚，闻先生给张世英和彭兰讲了很多话，并谈论到内战爆发和将来的局势。西南联大解散了，进步人士的后备力量——学生都走了，教授再说进步的话就危险了。当时，已经有传言：几位联大进步教授已经被列入黑名单。张世英说："我们就劝闻先生先去重庆，然后到北平。闻先生脾气比较犟，硬是不走，要坚持下去。他还劝我们说，你们到了武汉回老家看一下就赶紧去北平。他预测，国民党要把整个国家统一起来不太可能，分析中国的形势应该是南北对立，估计长江以北都是共产党。闻一多还对我们说，我不是一个搞政治的，将来到了那一天（指共产党得天下），你们懂吗？我还是要做我的学问的。我和彭兰直点头说'懂'。"

闻一多对北归的季镇淮和程应镠（流金）也说了类似的话，鼓励他们早日到北平,不要在老家滞留。辞行时,闻一多对流金说:"你在江西是待不住的,你没有可以沉默的性格,纵使去中正大学教书,再好的读书环境,也终必苦闷,要向大地方跑。"

所有和闻一多告别的学生,他们都无法料到,这是一次生离死别。张世英回忆道:"回乡途中,当我们的车开到曲靖的时候,得到李公朴被刺的消息。过了几天,我们的车开到贵阳的时候,报纸上刊登了闻一多被刺的消息。我们得知了这个消息后就想回去看他,一个进步的同学劝我们说回去也解决不了什么问题,结果我们就没有回去。"

1946年秋,张世英到南开大学任助教。在进步同学的影响下,加上与彭兰和闻一多烈属的来往,受他们的熏染和启发,积极参加了反内战反饥饿的游行示威活动。

1952年全国高等院校调整,各大学的哲学系取消了,并入北大。张世英调入北大,他回忆北大哲学系说:"北大哲学系有来自全国的二十几个系主任和十几位文学院院长,按理说比西南联大强,真是盛极一时,但在当时的政策下,所有老先生不许开课,那时主要靠我们年轻讲师讲课,那时的一些东西让我今天还惭愧。"

笔者想,让张世英惭愧的,一定有帮助金岳霖写的检查稿件吧。知识分子改造思想的运动中,"冯友兰、金岳霖、贺麟等就成了批判对象了,叫他们写自我批判,他们又都不会写,就叫我们这些年轻人帮他们写自我批判"。

张世英在回忆录《归途》中,谈及帮助金岳霖写自我批判文章时的详情:

> 1954年要批判胡适,金先生写不出来这样的批判文章,汪子嵩是当时哲学系的党政负责人,就由他组织我和黄楠森,共三个人替金先生写批判胡适的文章。我和黄楠森写好了后就由汪子嵩统稿,第二天就拿给金先生看。当时,听党的话就是听一个年轻党员的话。金先生看完我们写的批判文章后一个劲儿说,好啊!好啊!最后署名为金岳霖、汪子嵩、张世英、黄楠森的批判文章在《北大学报》的创刊号上发表了。

张世英回顾自己的一生，认为经历了两次大转折：第一次是中华人民共和国成立，是"走出象牙之塔"的转折点；第二次是改革开放，是"迷途知返"的转折点。一代学人从西南联大的专注学问，不关注政治，到"走出象牙之塔"，随后经过了几十年的风云变幻，当哲学从政治的桎梏下解放出来，他有"迷途知返"之感。张世英以《归途》命名自己的回忆录，有回归西南联大的学术传统之意吧。

1988年，张世英的夫人彭兰病逝，夫人病逝的第二天，张世英写了一副挽联：

春城弦诵喜结缡，争吟韵事，从此谁与正平仄；
人海徊徨承解惑，共倾衷肠，他生再面嗟沧桑。

林文奎与张敬：剑与花喜结良缘

1941年5月4日青年节，昆明，林文奎和张敬在西南联大常委、清华大学校长梅贻琦的宅院喜结良缘，这一对璧人是抗日名将与联大才女的结合，是剑与花的结合。这次婚礼，被西南联大教授关注，《梅贻琦日记》《吴宓日记》都有记载，尽管寥寥几句，却是考察西南联大知识分子婚恋的一个绝佳个案。同样，也能了解战时昆明军界与学界的交往。

林文奎（1910—1982），字忠用，广东新会人。从清华大学地理系1932年毕业后投笔从戎，考入杭州笕桥航空军官学校。林文奎第一次出现在《吴宓日记》是在1930年2月23日。林文奎与吴宓交往应从此日起。

两年的航校学习时间，林文奎在同学中脱颖而出，成为杭州笕桥航空军官学校第二期（原为第一期）毕业生中的第一名，得到宋美龄的赏识，宋是笕桥航空军官学校的名誉校长。林文奎同时也深受蒋介石的青睐，1934年2月举办毕业典礼，蒋介石及宋美龄均前来参加，林文奎荣获蒋介石颁赐佩剑及怀表等奖励，随后蒋介石立即派林文奎赴欧深造四年。

抗战期间，林文奎先后任职昆明航校、成都航校。1941年，林文奎奉令协助美国陈纳德将军在昆明创立美国空军志愿军，任少校机要秘书兼情报作战主任，调度中美空军歼击日本空军，协助陈纳德上校指挥作战。

在昆明期间，林文奎认识了张敬。张敬（1913—1997），女，原名清徽，贵州安顺人。北平大学女子文理学院毕业，考入北京大学研究院。全面抗战爆发，北大、清华、南开辗转迁到昆明，张敬随校到了昆明。1938年，北大女诗人、暗恋胡适的徐芳到达昆明，住在昆明市玉龙堆4号，她和张敬共住一间房，而高青子（沈从文婚外恋对象）和熊瑜（熊希龄的侄女）共住一间房，她们四人共享一间客厅。

抗日战争全面爆发前，张敬与清华教授吴宓有交往，她是吴宓心仪的女性之一。《吴宓日记》1936年7月12日说："按宓现今所接近之诸女士中，敬（指张敬）与宓在精神思想（文学艺术）上，最相契合。"但落花有意流水无情，吴宓也觉得和张敬保持友情最佳，并为她介绍男朋友。1936年7月6日的日记中说："晨获敬复函，怒责宓。知敬盖喜宓，不得宓爱，则必与宓绝，而不免自苦。"对于张敬的生气，吴宓的解读未免有点自作多情。在昆明时期，吴宓与张敬交往频繁，一方面是赏识她的才华，另一方面是想通过她，向熊瑜打听毛彦文的行迹和状况。让笔者感到惊奇的是，有一次，吴宓邀请张敬和毛子水等人吃饭，原来是想把张敬介绍给毛子水做女朋友。

近读《郑天挺西南联大日记》才发现，原来张敬来昆明，正是毛子水邀请。更出乎意料的是，罗常培与张敬过从甚密，以至于被联大同人视为师生恋。郑天挺在1939年10月26日的日记中，记录得非常翔实，抄录如下：

> 张初与毛子水相稔，子水倾倒之甚，张之来，子水实招之。既至昆明，莘田为觅居处，并介之于袁守和。于是过从渐密，而蜚语四起。余自上海归，始闻之。尝微言以讽，一年以来，每独晤，必以张事为言。或婉劝，或直规，深知莘田天性甚厚，笃于父子夫妇之情，向上之心甚富，必不致有非分之举，但人较慈弱，遇事不免徇人，遂为流言口实。前日朱佩弦请常务委员会聘张敬为国文系助教，其事实出佩弦意，佩弦向余亲言之，而友好大哗，以为出之莘田。矛尘、膺中、雪屏均有违言，孟真言之尤切，余亦期期以为不可。今日与莘田再言之，莘田以不得诸友谅解，为之失声落泪。

这段日记信息量巨大。朱自清本打算聘请张敬为联大中文系助教，但是诸位同人尤其是北大的几位教授，因为流言蜚语，为了保护罗常培，更是为了联大的名誉，傅斯年、郑天挺、章廷谦、罗庸、陈雪屏都反对朱自清的提议。

罗常培与张敬，这大概是西南联大可以看到记载的"师生恋"。郑天挺在日记中说："莘田偶述及与张君之情言雅谑，其亲昵实远过于友辈，然各能守以清白，此求之古人亦不易多得者，甚可佩也。"想来罗常培与张敬两情相悦，但发乎情、止乎礼。

联大学者爱慕张敬者，有毛子水、吴宓等人。张敬为何对罗常培心生爱慕之情？笔者推测，两人都爱昆曲，有共同的爱好和话题。张敬自幼喜欢昆曲，也会唱昆曲。1949 年张敬离开大陆到台湾，在台湾大学执教，是台大著名的戏曲教授，而今台湾的戏曲研究者，多半出其门下。

罗常培是语言学家，研究音韵学、语言学，他在昆明热衷于昆曲，有曲会处，就有其身影。罗常培曾在张充和的昆曲册页题词，还把张充和称为女弟子。罗常培与张敬本来就有师生之情谊，加之昆曲之好，交游甚密。

就在朱自清提议聘请张敬为联大中文系助教被否不久，张敬被北平图书馆馆长袁同礼（字守和）聘为该馆职员。后来，有人热心为张敬介绍对象——"中国银行"龚某，郑天挺、陈雪屏热心张罗。但是，张敬看不上龚某。

张敬还是为联大校歌谱曲的张清常的姐姐，著名的才女，为联大教授瞩目。诗词文章有谢道韫才思、李清照风韵。《吴宓日记》里也有不少感性的赞词。张敬容貌才华出众，联大外文系学生许渊冲目睹过，"人很端庄典雅，无怪乎吴宓常说她最美了"。

从吴宓日记可知，吴宓多次到北平图书馆借书，并访张敬。

张敬与林文奎从认识到结婚只有短短两个月的时间，可谓闪婚。这么快就决定嫁给林文奎，这其中是有原因的，张敬的妹妹张寄谦（就读于联大历史系）说："国难当头，恨身为女子不能上阵杀敌，能嫁给军人就是报效国家。"

关于林文奎与张敬的婚礼，从《梅贻琦日记》《吴宓日记》的记录，可勾勒出详细的情况。

1941年4月11日晚，林文奎偕未婚妻张敬及吴达元来到梅贻琦家，商议借梅家客厅，供5月4日结婚之用。4月15日，联大外文系教授赵诏熊遇到吴宓，告诉他张敬的结婚日期。4月23日晚，林文奎张敬一起到吴宓住处拜访。吴宓写道："（张敬）婚期在迩，似甚快适。水（毛子水）固不无怅惘，即宓亦若有所失者，然深喜敬之得所也。"5月2日，梅贻琦赴宴，"七点至曲园赴林文奎及张敬女士饭约，盖二人将于四日结婚，先宴执事者诸君。"

5月4日，下午4点林文奎与张敬女士在梅贻琦宅客厅结婚。"证婚人为王叔铭教育长，在渝未归，由吴参谋长代。予与罗莘田任男女两家家长代表。"

林文奎和张敬的婚礼，因参加的空军军官和联大教授众多，在昆明轰动一时。冯友兰参加了林文奎张敬的婚礼，并赠送手录苏轼的《念奴娇·赤壁怀古》。"大江东去，浪淘尽，千古风流人物。……遥想公瑾当年，小乔初嫁了。……"冯友兰的书法，无疑是一份珍贵的新婚礼物，其寓意是将林文奎张敬比作周瑜小乔。

1941年5月6日，梅贻琦在寓所请客两桌，林文奎夫妇、赵康节夫妇、莫泮芹夫妇、赵诏熊夫妇、王叔铭夫妇、蒋梦麟夫妇、陈雪屏、郑毅生、张清常、沈天梦、龚心海列席。这次请客，似与林文奎夫妇有关。5月23日下午3点至5点，吴宓"访新嫁娘张敬于其宅，谈甚洽"。

抗战胜利前夕，林文奎任职于成都空军总司令部。张敬从昆明转到成都，在燕京大学任国文系讲师。1945年抗战胜利，林文奎参加在湖南芷江举行的接受日军投降仪式。9月16日，中国空军庞大机群飞越海峡，抵达台湾，自日军手中接收宝岛。领队是空军中校林文奎，作为第一位被国民政府委任、代表中国政府踏上台湾土地接收日产的军官，也出现在了当年10月25日的"中国战区台湾省受降典礼"会场主礼台上。

林文奎后来在1953年幸得大他8岁的清华学长孙立人将军赏识，改调陆军总部第二署署长。不过，自1955年"孙立人案"发生之后，林文奎未能继续在其军旅生涯往上发展，在1964年退役。后在台南"中央政治大学"任教。

林文奎张敬的次子林中明曾赋诗《哀清华三杰投笔精忠》一首，作为对其父一生的评价："卢沟烽烟平地起，清华三杰奋从戎。崇诲出云立人系，林公文奎郁殁终。自古英雄多遗恨，夜看流星话长空。"

　　1989 年，张敬和林中明拜访冯友兰，他们追忆西南联大的昆明岁月。张敬半开玩笑半认真地"大声"说，真想变成小狗，给老师看门。此情此景，林中明写诗曰："一别北平四十春，问师可识昔年生？智山慧海传薪火，愿随老师效犬声。"冯友兰脱口而出当年写给张敬的结婚礼物——书法《念奴娇·赤壁怀古》："人间如梦，一樽还酹江月。"多少联大的往事与烟云，多少青春的泪水与欢笑，多少人间的沧桑与苦难，都在梦中了。

高贵的灵魂与美丽的眼睛——巴金和萧珊的爱情

1938年10月,广州沦陷。中山大学此时面临着迁校的问题,校长邹鲁、法学院副院长吴信达商议搬迁事宜。吴信达是云南澄江人,在他的建议下,大学迁到距昆明60余公里的澄江。1939年1月初,中山大学各院系师生、家属分15批4000余人陆续抵达澄江,并于3月1日正式开学复课。

1939年夏天,陈蕴珍在巴金的建议下,考取中山大学读书。她和两个同伴乘海轮绕道越南海防去昆明,在那里她得到在西南联大教书的沈从文的关照,顺利地考进中山大学外文系。就读西南联大外文系的杨苡回忆说:"1939年她到昆明,我到车站接她,是巴金叫我去接她的。"不久,陈蕴珍转学到西南联大外文系。在外文系就读了大约一年时间,陈蕴珍改入历史系。

陈蕴珍刚入联大外文系读书时,和杨苡住在一个宿舍里。几个同学在一起,大约是排行的缘故,同学叫陈蕴珍"小三子",后来她写诗,笔名叫"萧姗子",后来就叫"萧珊"。

住在这个小小宿舍里的三位联大外文系女生,很有意思,杨苡回忆说:"我们在宿舍的时候开玩笑,写信。萧珊给巴金写信,王树藏给萧乾写信,我给李尧林写信。"

此时萧珊和巴金是恋人,王树藏和萧乾已婚,鱼雁传书,传的是情书。而杨苡给巴金的大哥李尧林写信,是笔友间的书信往来。

这里先介绍一下杨苡。杨苡原名杨静如,出生在津门书香门第。祖父曾任淮安知府,兄弟中有四位在晚清时考上翰林。父亲留学日本,在民国时期担任天津的中国银行行长。杨苡的哥哥杨宪益留学英国牛津大学,姐姐杨敏如毕业于燕京大学,后来都成了著名的文化人。1935年大哥杨宪益去了英国留学,再加上一二·九运动之后,杨苡精神苦闷,读过巴金的《家》之后,便给巴金写信。巴金回信,让她和在南开中学教英文的大哥李尧林通信。

1939年3月,联大外文系高年级的学生、杨苡的堂姐,和相恋的同学订婚。杨苡在堂姐订婚仪式的饭局上,遇见了高自己两级的联大外文系学长、联大诗人赵瑞蕻。在此之前,杨苡和赵瑞蕻都是高原文学社的成员,有过一次见面。此后,赵瑞蕻经常约杨苡见面,并将自己写的诗,送给杨苡。两位联大外文系的学生由此相恋了。1940年,两人结婚,各自搬出联大宿舍,租房住在一起。那时西南联大管理比较宽松,也很人性化。大学生可以自由转系,也可自由恋爱,男生女生相恋,搬到校外同居,没人管。

萧珊与巴金的情缘,缘于书信。1936年的巴金,已是名满天下的作家,他的长篇小说——《家》,拥有无数的年轻读者。他每天都能接到很多读者的来信,其中,不乏爱慕者与追求者。这一年早春的一天,他收到一封笔迹娟秀的来信,落款是"一个十几岁的女孩"。这位女孩与巴金通信半年之后,写信要求见面:"笔谈如此和谐,为什么就不能面谈呢?希望李先生能答应我的请求……"信中还附有一张女孩的照片:头上戴着花边草帽,身着白衣黑裙,一脸青春灿烂的笑容,还带着几分天真与稚气。这张照片上写着"给我敬爱的先生留个纪念 阿雯"。

女孩约巴金在新亚饭店见面。也许有了半年的通信,两人初次见面,并没有感到拘谨和陌生。18岁的萧珊,热情、欢快,落座后,开始介绍自己,谈自己被父亲限制不能参加爱国活动的烦恼。巴金耐心地倾听,为她排忧解难,为她指点迷津。这一次的相识,是两人8年相恋的开始。

最初,巴金只是把萧珊当作读者对待。有一件事,让两人的关系明确下来。萧珊的父亲让她嫁给一个有钱人,她问巴金怎么办。巴金内心很矛盾,犹豫着说:"这是你自己的事情,你自己决定。"萧珊听了,流着眼泪,伤心地跑着离开了。巴金一看，慌了，赶紧追上去，向萧珊解释："因为你的年龄还小，你的生活还有很多选择，如果你成熟了，仍然选择我，那我们就在一起生活。"巴金后来在怀念萧珊的文章中，也提到，自己要对萧珊的成长负很大的责任。

抗战爆发后，战争把两个人紧紧地联系在一起。1938年7月，萧珊去广州看望巴金。他俩同住在出版社里，各有各的房间。他们一起上街，一起吃饭，巴金工作时，萧珊料理杂事，互相尊重，十分和谐，像朋友一样生活在一起。不久，巴金应邀去武汉，她随同前往。

1938年10月18日，日军进攻广州，巴金带着萧珊和文化出版社广州分社的同行，急忙包木船去桂林，十多个小时后，广州就陷入敌人手中。去桂林途中，换船等船，防敌机，躲警报，一共用了九天时间。后来，巴金根据这段颠沛流离的生活，写了《从广州出来》等一系列文章，"这些通讯写了我爱情生活中一段经历，没有修饰，也没有诗意，我们就是那样生活，是没有半点虚假"。

萧珊到昆明求学后，巴金与萧珊开始了长远的分离。相爱的恋人，处于飞机轰炸的战争年代，被关山隔阻，好在可以靠云中锦书交流感情。

1940年夏天，正值大学放暑假。《秋》交开明书店出版，巴金拿着样书，从上海出发，马不停蹄地赶路，几经辗转到昆明，看望萧珊以及在西南联大执教的朋友沈从文。

杨苡回忆说："有一次，我进宿舍，看见萧珊、巴金他们俩，我就觉得不寻常。我感觉他们像一家人一样。"假期里，两人每天在一起，游遍周围名胜古迹，处处留下两人欢快的脚印。在这聚少离多的几年间，巴金完成了很多作品，他的写作速度惊人，他常说"我有的是激情，有的是爱憎"。

1941年夏天，巴金从重庆来到昆明。西南联大外文系教授吴宓，遇到了巴金和萧珊。10月18日，吴宓在日记中写道："遇巴金，携一年少而摩登之妻（苏人），寒暄。后知系其女友（联大女生），非妻也。"

这一次在昆明，巴金和萧珊到沈从文家做客。此时，沈从文一家从昆明疏散到呈贡龙街。沈从文带巴金游览滇池。沈从文的长子沈龙珠，此时年方

7岁，他记得这次远足："我们从家中出发，他俩说话，我就跟着跑，提一个小篮子，里面放着吃的。"

沈龙珠回忆说，沈从文和巴金到一个叫乌龙浦的地方，是早期难童学校所在地。校址在山上的一个旧庙里，沈从文的夫人张兆和在难童学校教书，沈龙珠和母亲在旧庙里住过，所以印象深刻。

"旧庙前面是峭壁，峭壁下面是滇池，滇池下面是小码头。晚上，住在那里，可以听到滇池的浪声。听到哗啦哗啦水拍打着岸的声音。旧庙的后山上，是一片松林，松林在夜里摇出阵阵松涛声。"

沈从文和巴金到后山松林的草地上休憩，他们讨论信仰、感情和理性问题。松林距悬崖不远，悬崖下是碧波荡漾的滇池。眺首远望，可以看到西山。沈龙珠在回忆文章中说，从这个角度远眺西山，看上去就像一尊卧佛。

巴金在《怀念从文》——文中写道："我们也乘小火车去过呈贡看望他们。……我们珍惜在一起的每时每刻，我们同游过西山龙门，也一路跑过警报，看见炸弹落下后的浓烟，也看到鲜血淋漓的尸体。"这次远足，是两位大作家在战乱年代难得的相遇，他们尽情地享受着眼前的美景，以及诗意的时光。然而，日寇飞机轰炸，打破了宁静。沈龙珠在文章中写道："我和父亲、巴老伯，躺在草地上，仰着头看天空，敌机就在我们面前飞过去。这已经使在树林中看风景的我们不太舒服了，继而听到敌机在城里乱炸一通。我觉得父亲和巴老伯心情沉重。"

1942年暑假后，萧珊辍学离开昆明，到桂林文化生活出版社办事处协助巴金工作。萧珊在西南联大求学，结识了很多联大的学子，杨苡、王树藏、穆旦、汪曾祺、流金、刘北汜等人，后来都成为巴金家中的座上客。

1944年5月1日，40岁的巴金和27岁的萧珊终于决定在贵阳结婚。在杨苡的记忆中："巴金在结婚前请我们吃过一次饭，他点了猪脑，他喜欢吃猪脑，他说：'我吃猪脑，补脑子。'"战争年代，结婚从简，他们给朋友们送了旅行结婚的通知。去贵阳郊外风景如画的"花溪之地"休息了三天，这就是蜜月了。

抗战胜利后，巴金和萧珊在上海的家，成了一个文艺沙龙。黄裳躬逢其盛，他在回忆文章中写道:"女主人萧珊好客,五十九号简直成了一处沙龙。文艺界的朋友络绎不绝,在他家可以遇到五湖四海不同流派、不同地域的作家,作为小字辈,我认识了不少前辈作家。所谓'小字辈',是指萧珊西南联大的一群同学,如穆旦、汪曾祺、刘北汜等。巴金工作忙,总躲在三楼卧室里译作,只在饭时才由萧珊叫他下来。我们当面都称他为'李先生'或'巴先生',背后则叫他'老巴'。'小字辈'们有时请萧珊出去看电影,坐DD'S,靳以就说我们是萧珊的卫星。"

巴金工作繁忙,一年总有几个月不在家,萧珊承揽下所有家事,从不让丈夫分心,让丈夫回到家总感到温暖舒适。巴金出门在外,心里也总惦着妻子儿女,无论走到哪儿都不忘写家书嘘寒问暖,时刻感激妻子对他的理解与体贴。他们相亲相爱,28年的婚姻生活中,从未吵过一次架、红过一次脸。

巴金,有一颗情感丰富的心灵,在他的作品中,可以感受他高贵的灵魂,人类的良知。萧珊,拥有一双美丽的眼睛,一颗善良的心灵,给予周围世界爱和温暖。他们生活在有情的人世间,但是,"文革"年代,巴金和萧珊受到迫害,受到伤害。他们相濡以沫,度过了人世的风风雨雨。

1972年6月初,巴金从干校回来。萧珊卧床不起已经有好些日子了。萧珊患了肠癌,在医院查出来时,一切都已经来不及。8月8日,萧珊临进手术室时对巴金说:"看来,我们要分别了!"望着手术后极度虚弱的萧珊,在病床前的巴金内心哀伤。他拉着妻子的手,看着她美丽的大眼睛中生命的光彩即将消失,心如刀绞。

巴金先生与妻子萧珊、
女儿小林1948年摄于江湾

巴金先生与妻子萧珊、
女儿小林1949年冬摄于霞飞坊寓所

萧珊曾经对巴金深情地说:"我的心里永远有你。在艰苦中,我会叫着你的名字。你知道我陪你走这一段路程有多么幸福吗?"可是,她再也无法陪伴巴金走下去了。8月13日,萧珊病逝。萧珊去世后,巴金说:"她是我的生命的一部分,她的骨灰里有我的血和泪。"

1972年11月27日,穆旦致信杨苡,写萧珊去世后黯然神伤的感受:"去年年底,我曾向陈蕴珍写去第一封信,不料通信半年,以她的去世而告终……蕴珍是我们的朋友,她是一个心地很好的人,她的去世给我留下不可弥补的损失。这种损失,我想对你说说,你是可以理解的。每个人的终生好友是不多的,死一个,便少一个,终于使自己变成一个谜,没有人能了解你。我感到少了这样一个友人,便是死了自己一部分(拜伦语);而且也少了许多生之乐趣,因为人活着总有许多新鲜感觉愿意向知己谈一谈,没有这种可谈之人,即生趣自然也减速。"

"我要掏出自己燃烧的心,要讲心里的话。""文革"结束后,巴金出版了《随想录》。《随想录》开时代风气之先,经历过"文革"之后,知识分子还处于懵懂阶段,巴金就反复强调"讲真话",对"文革"进行反思。他一再提到"文革"初期被迫不停地"写交代"的经历,这恰是他和萧珊心碎之时。巴金对自己进行自我剖析,并提出每个知识分子乃至每个人都应反思自己的责任。

晚年巴金,成为守护中国文坛的灯盏。2005年10月17日,巴金病逝,生命的灯盏熄灭了。但巴金留给世人的作品,温暖了人间。

巴金向往与萧珊在另一个世界相会,他在《病中集》中说:"想到死亡,我并不害怕,我只能满怀着留恋的感情。"巴公曾说过这样的话:"等我永远闭上眼睛,就把我的骨灰同她的掺和在一起。"

冰心这样评价巴金和萧珊的爱情:"巴金最可佩服之处,就是他对恋爱和婚姻的态度上的严肃和专一。他对萧珊的爱情是严肃、真挚而专一的,这是他最可佩之一。"

袁永熙与陈琏：跨过门槛

在昆明西南联大比翼双飞的夫妻，不乏被政治运动的风浪折断了翅膀的人儿。

袁永熙，籍贯贵州修文，出身名门望族，其祖父是清朝显宦。父亲袁作黁在袁世凯的新军服役，从文书开始起步，逐步升迁。在北洋政府时代，当过营口海关的头目，后移居天津意大利租界，经营粮油，并投资枣庄煤矿。他是一个不折不扣的官商。袁永熙的大姑是晚清盛京将军赵尔巽的儿媳。他的二姑嫁给了徐世昌的公子。

1917年1月，袁永熙出生于天津。出生在这样一个显赫的家庭，他成为风云人物、政界学界的要人，亦是情理之中的事情。他的姐姐袁永熹在燕京大学毕业后，嫁给了清华大学外文系教授叶公超。他的另一个姐姐袁永怡嫁给了清华心理学系教授孙国华。这两个姐夫都是留学美国归来的博士。因为这个关系，袁永熙读中学时，就与清华大学的教授们很熟。因为他喜欢文艺，经常出入闻一多、朱自清家。

20世纪30年代，日寇屡屡在华北制造事端，华北之大，已经放不下一张平静的书桌！袁永熙在民族危亡之际，关心国运，爱国之心炽热，思想活跃。当时中国共产党地下组织在北平各大学、中学发展成员，健全组织，袁永熙进入中共地下组织的视线，把他视为可以发展的培养对象。

高中即将毕业，袁永熙积极备考清华大学，结果因为学习过度，生了一场大病，不得不静心休养。他在清华大学读书的大哥袁永辉，投笔从戎，到五台山参加八路军去了。上不了大学，又不能投入到抗日救亡运动中，在病床上的袁永熙，感觉有劲使不上。

七七事变爆发后，京津三校南迁。袁永熙不愿意在沦陷的北平当亡国奴，拖着病体与清华教授的家属们一道南下。袁永熙与姐姐袁永怡（孙国华夫人）、陈竹隐（朱自清夫人）、冯友兰夫人、王化成夫人、周作仁夫人结伴，先到青岛，乘坐海轮南下。绕道香港、河内，到达昆明。

联大文法学院设在蒙自。袁永熙到达后，与姐夫孙国华、朱自清、王化成同住一个寓所。有资料说，他住在朱自清家里。在蒙自，袁永熙一边复习准备考清华，一边投入当地的抗日救亡工作中。不久，他担任了"中华民族解放先锋队"（简称"民先"）总部的"组织干事"。

1938年，联大第一次在昆明招收新生，袁永熙考入联大经济系，随即秘密加入中国共产党。第二年担任支部书记，领导联大的中共地下组织开展活动。这一时期，中共地下组织发展壮大，在他的领导下，进步社团开展文艺活动，团结进步力量，紧密联系群众，壮大自身实力。其中最有影响力的进步社团，要属"群社"。

群社登上联大的舞台，是从改善学生的伙食、管理食堂开始的。何兆武在《上学记》中写道："联大左派学生的代表有经济系的袁永熙，他是地下党的书记，大一时担任昆中南院的伙食委员，那时我是昆中北院的伙委。我不同意上届伙委一荤三素的菜单，改成荤素搭配，而且素菜中有玉米，不断引起了很多同学的反对。我就去找袁永熙取经。他告诉我南方人把玉米当菜，北方人却当粗粮，伙委一定要南北兼顾才行。"

1938年底召开社团成立大会，经讨论定名为"群社"。群社聘请曾昭抡、余冠英、吴晓铃等联大知名教师出任社团顾问，下设学术、康乐、时事、服务、文艺、壁报、歌咏等股，积极开展各类活动，深受联大师生欢迎。第一、二任社长为邢福津（邢方群）。群社开展异彩纷呈的社团活动，幕后的领导者之一是袁永熙。

袁永熙于中共地下组织在联大开展活动期间，与陈琏相识、相恋。这两位出自名门的年轻人，在时代的潮流之中相遇了，最后走到一起。命也？运也？时也？势也？

陈琏是谁？她是陈布雷最疼爱的女儿。陈布雷是"领袖文胆"和"总裁智囊"，素有"国民党第一支笔"之称。可是，他却管不住自己的女儿。

陈琏1919年生于慈溪老家。她出生时，母亲杨氏因失血过多而去世，外婆给她起了个名字：怜儿。陈布雷任国民党浙江省教育厅长时，女儿违背了父亲的意志，自作主张考进了杭州高等学堂。

好友郑延对陈琏印象深刻："陈布雷的两个女儿都在杭州念书，原先姐妹俩都在杭州师范，后来怜儿考杭高，是个优等生。她俩生活都很朴素，总是穿布衣服，黑袜子。""陈琏身材中等，清秀脱俗，一看就是个有思想、有教养的女青年。"郑延在杭州高等学堂只见了陈琏一面，就分开了。但是，两人还会偶遇、重逢，再次见面是在昆明，在西南联大。

1937年七七事变后，陈琏随陈布雷迁移到陪都重庆。在北碚，陈琏读四川中学女子高中部，与迁到此处的复旦大学临近。抗日救国的热情高昂，陈琏和复旦大学的学生，开展了轰轰烈烈的救亡运动。1939年7月，陈琏走出了人生道路上关键的一步：加入了中国共产党。她背叛了自己的家庭，勇敢地跨出一道门槛，成为献身革命的崇高女子。

陈琏（右）与姐姐陈琇

1939年，陈琏考入昆明西南联大读地质学。她说："地质学就是爬地系，我爱脚踏实地，这正可以锻炼自己。"陈布雷支持女儿的选择，他说："我支持你学技术，爬地虽然苦了点，但脚踏实地，对民族对国家有利。"

她临行前到父亲的办公室辞别，父女之间做了一次长谈。

"怜儿，阿爸给你取个学名怎样？取'怜'的谐音'琏'，'琏'，古之祭器。希望你永远不要忘记为你而死去的母亲。"怜儿点头接受了这个名字。

也许陈布雷敏锐地觉察到女儿的思想，临别之时，欲说还休。但是，女儿去昆明读西南联大，仿佛鸟儿飞出了笼子，投入一片广阔的天地。

在联大，陈琏加入群社，投身于读书会、歌咏会、朗诵会，办壁报，以及上街宣传抗日、募捐、演戏。袁永熙是陈琏组织上的领导，两人有着共同的理想，参加共同的活动。

昆明，一株红艳艳的三角梅，从篱笆上探出，映衬着蔚蓝的天空。一望无垠的蓝天之中，飘荡着两朵柔软的白云，你推着我，我推着你，被时代的风吹拂，飘向远方。

远远的，乡间的小路上，来了一群载歌载舞的年轻人。袁永熙和陈琏带领群社成员去龙潭街赶集，为民众带去抗日救亡的歌曲和戏剧。陈琏是歌咏队员，又是活动的组织者。他们一到大集上，就搭好戏台子，演唱《义勇军进行曲》《保卫黄河》等抗战歌曲。激昂的歌曲飞到天外，青春的风采深刻感染观众。演剧队表演完《丈夫去当兵》，又用昆明的方言演出《放下你的鞭子》。

1940年5月，在群声歌咏队的基础上，联大组建了联大歌咏团，应邀到昆明广播电台和南屏电影院开幕式上演唱《保卫黄河》《在太行山上》《旗正飘飘》《游击队之歌》《八百壮士之歌》等抗战歌曲，轰动一时。陈琏热情洋溢，参与其中，如游鱼在水，如飞鸢在天。

两个年轻人相恋了。牵手，依偎，拥抱，在彼此的眼睛里，确认自己的存在；在自己的心中，徜徉着对方灵魂的歌。

袁永熙和陈琏带动了不少联大的同学，在民主的堡垒中，开展革命工作。

陈琏刚考入西南联大时，在宿舍遇到好友郑延。陈琏约请她为壁报撰稿。

她就写了一篇《西南联大生活拾零》的墙报稿，交给了陈琏，由她交给《腊月》壁报。过些日子，陈琏又到宿舍悄悄告诉郑延："《腊月》是左派的墙报，文章发表之后，同学反响很强烈，听说学校的三青团把你也列入了黑名单。"郑延虽然政治上还很幼稚，但富有正义感，陈琏的话并没有引起她的害怕与退缩，相反更鄙视三青团。就是在西南联大，郑延结识了何礼，两人相恋，成为革命伴侣。何礼时为中共云南省工委的领导成员之一，分管青年运动，后来任组织部部长。他还是南方局青委领导管辖的刊物《战时青年》的公开发行人。他经常跑到联大和袁永熙联系，也通过郑延约请陈琏为《战时青年》写稿。

皖南事变后，袁永熙、陈琏、周天行等人，到锡都个旧隐蔽。后来，陈琏返回重庆。

1942年初，陈琏找到周恩来和邓颖超，急切地要求批准她去延安。周恩来劝陈琏留在其父身边，利用机会影响父亲，让他为人民为抗战做些有益的事情。

抗战胜利后，联大复员北归。袁永熙和陈琏在北平结婚。这次婚礼非常盛大。

1947年8月10日，北平六国饭店大厅里灯火辉煌，喜气洋洋，乐队演奏起《花好月圆》的乐曲，让人生出不知今夕何夕之感。袁永熙与陈琏的婚

1947年8月，陈琏与袁永熙结婚

礼,像一卷画轴,徐徐打开。婚礼吉日的前两天,北平发行量最大的报纸《华北日报》一连两天,在第一版的显著位置刊登袁永熙与陈琏的结婚启事。

婚礼上,学界、政界名流云集,胡适、成舍我、胡政之等人前来祝贺。北平市各界要员,手持陈布雷署名的请帖前来道贺。陈布雷的六弟陈训悆从上海赶来主持婚礼,"六先生"时任《申报》总经理兼总编辑。北平市长何思源为证婚人。

这是一个极特殊的婚礼,一对新人都是中共地下组织的党员,潜伏在北平。袁永熙是北平南系学委的负责人,陈琏的公开身份是贝满女中的教师。两个年轻人都出自名门望族,他们隆重的婚礼,成为北平的一大新闻。次日,《华北日报》报道的标题是"陈布雷在平嫁女,陈训悆代表主婚"。《民强报》的大标题颇醒目:"陈琏袁永熙,庆佳偶永结同心"。高调、热闹的婚礼,原来是党组织的授意,是为了掩护地下工作而特意安排的。

蜜月刚过,9月26日,两人因涉嫌做共产党间谍而被国民党逮捕,解赴南京。两人共产党员的身份并没有暴露。袁永熙被审讯14次,遭受酷刑3次,始终没有屈服。而陈琏也多次被审讯。袁陈转到南京后,陈布雷设法打通关系,女儿和女婿被保出狱。陈布雷为袁永熙在"中央信托局"找到一个工作。陈琏则回浙江慈溪外婆家生孩子。两人一直到1948年冬才相聚。

1948年的冬天,是陈布雷人生中最寒冷的时节。灯枯油尽是他的命运,也是国民党政权的命运。自杀前半个月,一向深居简出的陈布雷突然提出要陈琏夫妇陪他去拜谒中山陵。当晚,陈布雷对女婿推心置腹夜谈:"永熙,政治这个东西不好弄,你和怜儿千万不要卷到这里面去。我搞了大半辈子政治,一生的错误就是从政而不懂政治,以致无法自拔,于今悔之晚矣!"

人之将死,其言也善。可是,对于袁陈而言,这些带有预言性质的临终遗言,他们参不透。历史的吊诡之处在于,袁陈两人的遭际,验证了陈布雷所说,可谓一语成谶。

1949年之后,陈琏在团中央任职。1953年9月至1956年5月,袁永熙任清华大学党委第一书记。

1957年,袁永熙因为与蒋南翔不和,被打成"右派"。组织找陈琏谈话,"你是站在党一边,还是站在'右派'一边",让陈琏选择。这真是一个两难选择。

好友郑延去看望陈琏,两人谈起袁永熙的事。陈琏无可奈何地叹气:"看来,我们只得离婚了!"

"在当时的政治气候下,作为团中央常委,全国政协委员,全国妇联执行委员,党的八大代表,除了离婚,又怎样来表明自己坚定的政治立场呢?"郑延在《陈琏和我》一文中写道。

1962年5月,袁永熙摘去了"右派"的帽子,到中学当教师,与一位女教师结婚。而陈琏"文革"开始即遭批判,遭到残酷迫害。她因为1947年的被捕入狱,被诬陷为"特务""叛徒"。她在最后一张稿纸上写着:"关于我被捕的情况,我1949年交代是完全忠实的,这一点你们将来会明白的。然而我自己,却等不到那一天了……"1967年11月19日,又是一个寒冷的夜晚,她打开窗户,跳楼自杀。从跨过门槛,到跳出窗口,还不到三十年。

袁永熙熬过了十年浩劫,1979年回北京,后任北京经济学院院长。1999年底逝世。

长河流不尽,袁永熙和陈琏这一对当年的联大学子,从昆明起飞,跨过无数有形门槛,飞越无形的羁绊……其历史命运令人叹息,亦让人深思。

陶光：一缕昆曲陷渺茫

陶光（1913—1961），字重华，满族人，为晚清收藏大家端方的后人。陶光的一生，因戏结缘生情，因戏跌宕起伏。张充和在陶光的戏梦人生中，是一个熠熠闪光的名字。

张充和与陶光的交往，始于20世纪30年代在北京大学读书时。陶光是清华大学中文系的学生，和张充和的大弟张宗和（历史系）是同窗，因为皆喜欢昆曲，成为清华谷音社的曲友。全面抗战开始后，陶光、张充和、张宗和都流寓昆明。

陶光

1939年初，陶光任教西南联大中文系，教"大一国文"的作文。"大一国文"是各系大一学生的必修课。"大一国文"这门课程有一个特点，教课文和作文的是两个人，教课文的是教授、副教授，教作文的是讲师、教员、助教。汪曾祺读"大一国文"，作文课由陶光教。陶光走进教室，脱下外衣，搭在椅背上，就把作文分发给学生，摘其佳处，很投入地评讲起来。

陶光深得刘文典的赏识，刘文典曾对他说："我就靠你成名成家，作为吹牛的本钱。"1946年，联大三校准备北返，三校人事也基本定了，清华、北大都没有聘陶光，他只好滞留昆明。后不久，受聘云大，时刘文典是云南大学中文系的头牌教授。

在汪曾祺的记忆中，陶光自有一种神采——"面白皙，风神朗朗"。联大师生大多陷入生活的拮据之中，而陶光似乎并没有这样的生活困苦，也许是因为他家境好。"他有一个特别的地方，是同时穿两件长衫。里面是一件咖啡色的夹袍，外面是一件罩衫，银灰色。都是细毛料的。"联大教员、助教大都穿布长衫，有家累的更是衣履破旧。陶光衣着光鲜，在一群衣衫破旧的联大教员中，显得颇为另类。另类，似乎也是他的情感婚恋和人生遭际的特点。

西南联大师生中兴起昆曲热，吸引了大量有此雅好的知音参与。据吴征镒的《西南联大侧记》一文可知，陶光是参加"曲会"的活跃分子。西南联大中文系教师、戏剧家吴晓铃热衷昆曲，后赴印度讲学。但罗常培、浦江清两位老师，以及崔之兰（联大生物系教授张景钺夫人，时任生物系教授）、陈竹隐（朱自清夫人，昆曲演员）对曲会相当热心，中间分子则有陶光（重华）、张宗和、张友铭和吴征镒等人，后来还有朱德熙和汪曾祺参加。

陶光的曲子唱得很好。他是唱冠生的，在清华大学时曾得红豆馆主（溥侗）亲授。他嗓子好，宽、圆、亮、足，有力度。他常唱的是"三醉""迎像""哭像"，唱得苍苍莽莽，淋漓尽致。[①]

晚翠园的曲会吸引了爱昆曲的联大师生，在青翠大叶、金黄小果的枇杷树下，经常响起丝竹之声，昆曲雅韵，为幽静的花园增添了丝竹韵味。晚翠园位于云南大学西北角的一座花园，院内栽种二三十棵枇杷树。"晚翠"出自周兴嗣《千字文》"枇杷晚翠，梧桐早凋"。月亮门的门额上刻了"晚翠园"三个大字，是胡小石写的，很苍劲。胡小石在重庆"中央大学"教书，云大校长熊庆来和他是至交，1939年把他请到昆明来，在云大短暂执教。云大中文系有几个同学发起了这个曲社，设施简陋，仍吸引了联大师生参加活动，"比如陶光、吴征镒、崔之兰先生及其丈夫张先生。除了联大、云大师生，还有些外来客人参加同期"。

---

① 见汪曾祺《晚翠园曲会》。

西南联大的婚恋

崔之兰与丈夫张景钺

张景钺、崔之兰、
张企明与其表姐雷崇立

每次做"同期"（唱昆爱好者约期集会唱曲，叫作同期）必到的是崔之兰先生，她是云南大学生物系教授。张景钺是西南联大生物系主任。联大复员后，两人同在北大执教，夫妻同在"文革"中被批斗。崔之兰在1969年初发现患癌症，1971年病危时，张景钺让人将自己抬去与夫人握手告别。张景钺卧床十年，背负沉重的精神负担，于1975年逝世。张景钺逝世，没有遗体告别仪式，没有追悼会，没有花圈，没有挽联；但是国外专业期刊悼念了这位中国同行的去世。

崔之兰举止端庄，但是唱起曲子来却很"嗲"，几乎每次都唱《西楼记》。张景钺每次都陪崔之兰来，妇唱夫随。"张先生不唱，只是端坐着听，听得很入神。"

曲社的策划人实为陶光，有两个云大中文系同学为其助手，负责石印曲谱、借教室、打开水等杂务。

来晚翠园参加曲会的联大青年教师中，吴征镒和陶光是活跃分子，深得昆曲滋味。吴征镒很早就会唱昆曲，他出生于扬州文史世家。在汪曾祺的记忆中，吴征镒身体好，中气足，唱老生，能把《弹词》的"九转货郎儿"一气唱到底，专业的演员都办不到，——戏曲演员有个说法："男怕《弹词》。"他常唱的还有《疯僧扫秦》。

联大后期，联大生物系讲师吴征镒搬入昆华南院最后的大殿（西仓），南隔壁是西仓坡，闻一多、吴晗、潘光旦等师友的宿舍。吴征镒回忆说："在这个小院还住着赫崇本、顾昌栋、谢毓章等人，大约有两桌人吃饭。顾的同屋余大鲲雅善吹笛，那时我的嗓子也好，能唱《弹词》《骂曹》《扫秦》《冥判》《夜奔》等全出，虽然慷慨悲歌，略抒愤懑，但不免惊吵四邻。"

吴征镒在西南联大后期，思想进步，经常参加联大的中共地下组织的读书会，和闻一多交往甚密。而陶光则沉浸在戏梦人生中，在昆明，陶光有两段恋情。

陶光爱慕并追求张充和，在昆曲的圈子里并不是什么秘密。"陶先生是充和弟弟宗和的朋友，他的年龄比充和小。早在1930年初，还在清华谷音社学昆曲时，充和就认识他。当时陶光常演小生，充和则为他吹笛伴奏。后来陶先生开始追求充和，充和虽然不能报之以爱情，却一直与陶先生保持很好的友谊"。①

1939年元月一天的曲会上，张充和唱《牡丹亭》中的"寻梦"。就在这天的曲会上，陶光在张充和的《曲人鸿爪》书画册中写下了张充和所唱的两支曲子。

其一为《懒画眉》：

最撩人春色是今年，少甚么低就高来粉画垣，原（元）来春心无处不飞悬，是（哎）睡荼蘼抓住裙钗线，恰便是花似人心（向）好处牵。

其二为《江儿水》：

偶然间心似缱，在梅树边。似这等（这般）花花草草由人恋，生生死死随人愿，便酸酸楚楚无人怨。待打并香魂一片，阴雨梅天，（哎呀梦见吓）守着（的）个梅根相见。

---

① 见张充和口述，孙康宜撰写《曲人鸿爪》。

陶光不但善唱昆曲，字也写得很好，"气韵流转"。他写"二王"，临《圣教序》功力甚深，张充和曾送他一本影印的《圣教序》。只是他不大为人写字，书名不著。因为张充和在昆曲和书法方面成就深湛，陶光对她很是爱慕，互相引为知音。①

由陶光对张充和的爱慕和倾心，可以想象，陶光在为张充和题写这两段唱词时内心的复杂情感。可是，陶光情感的琴瑟，未能引起张充和的共鸣，"张充和似只把陶光看作一般的朋友，并不特别垂青"。

蕙质兰心、多才多艺的张家四小姐，在昆明时期，与杨振声、沈从文、朱自清一起编选教科书，她的身边不乏追求者，其中诗人卞之琳在抗战之前的北大时期，就对张充和钟情尤深。另一位就是在战前清华谷音社就认识的陶光。"十分冷淡存知己，一曲微茫度此生"，这是张充和20世纪40年代写的《寻幽》中的一联，张充和非常喜欢这一联，曾将这一对句写成隶书对联，编选者加了这样的说明"颇能反映作者的人生观"。陶光是落花有意，但张充和流水无情，对待众多追求者，十分冷淡，她只是将这些追求者当作知己来看的。

1940年，张充和到了战时的陪都重庆，任职教育部音乐教育委员会。陶光追求张充和未能修得正果。1947年12月，陶光因入戏太深，在昆明娶了一位唱滇剧（也叫滇戏）的女子。这位艺名叫耐梅的滇戏女艺人，在茶馆中清唱起家，然后登上滇戏舞台而红火。

陶光爱上滇戏女艺人并非偶然，可以看作是爱屋及乌。联大教授中，有不少人喜欢滇戏。钱穆说："滇戏在全国各地方戏中，与京戏最相近。"滇戏名角栗成之深得联大教授的青睐。钱穆说："栗成之每逢星期六之晚必登台，余等三人亦必往。"联大常委蒋梦麟、张伯苓、梅贻琦和教授刘文典、陶光等经常看栗成之演出，并以杜诗"此曲只应天上有，人间能得几回闻"的书联相赠。

陶光的两次恋情都是因戏结缘生情，这一次终修得正果，但人生走向和

---

① 见白谦慎编《张充和诗书画选》。

命运也因此而改变。陶光和耐梅，一个是云南大学的教授，一个是滇戏女艺人，经过刘文典的撮合，冲破社会压力和世俗偏见结婚。当时社会对女艺人严重歧视，两人结婚，横遭訾议。婚前一帆风顺，婚后波浪迭生。两人住在云南大学教员宿舍，遭到教授夫人们的抗议和非议，连德高望重的刘文典教授，也受到了牵连。最后，陶光毅然携带新婚未满周年的夫人，远走天涯海角。

后来，陶光夫妇到了台湾。戏如人生，人生如戏。一缕昆曲陷渺茫，陶光最后的结局，"悒郁潦倒，竟至客死台北街头"，令人心酸。陶光有遗诗一卷，题为"独往集"，嘱人转交在美国的张充和。张充和得知陶光之死，作诗纪念。在《题陶光独往集》写有序，透露了陶光生命中最后的凄凉："陶光死约四十，被师范大学解聘，又与其夫人离异。贫病忧愤，竟至饿死，倒在小桥上。"

张充和怀念陶光的诗歌第二首第一句"堤畔酣歌日"，指昆明湖畔，翠堤之上，陶光常独自放歌，独自唱昆曲。张充和不愧为陶光的一世知音。抗战初期的昆明，有陶光爱的人、恋的曲。现在看来，陶光在西南联大时期，应是他一生最好的时光。

奇葩的求爱

梅贻琦校长平日不苟言笑,偏有学生"调皮",给他出一个题。

梅贻琦与韩咏华育有五个子女:梅祖彬、梅祖彤、梅祖杉、梅祖彦、梅祖芬。长女梅祖彬读联大外文系,次女梅祖彤读生物系,三女梅祖杉读经济系。独子梅祖彦读机械工程系,在参军热潮中,他应征入伍做翻译官。他的二姐梅祖彤也应征参加了英国人组织的战地志愿医疗队,她是西南联大唯一参军的女生。

梅祖彬在联大很活跃,参加文艺演出、举办募捐。她长得亭亭玉立,相貌清秀姣好,在联大不论走到哪里,都会吸引到众多爱慕的目光。她不乏追求者。其中,有一个特别奇葩。

赵宝煦[①]接受张曼菱采访时,讲到这个"奇葩"追求梅祖彬的故事。

赵宝煦说:这是一个"宝贝"学生,不太动脑子,一根筋,只知道吃喝玩乐。同学们都拿他穷开心。有一天,他宣布,要追求梅祖彬。这不是癞蛤蟆想吃天鹅肉吗?同学们都觉得好玩又好笑。这下有好戏看了,"热心"帮他出谋划策。"同学哄他,说你追啊,你得送花。还说,街上买的花太一般了。咱们宿舍外种了好多花,送这个就行,还省钱。"这个"奇葩"马上跑到宿舍外边,打算摘花,付诸行动。

[①] 赵宝煦:1943年冬,赵宝煦穿过日寇封锁线,从北平辗转到昆明,进入西南联大化工系就读。一年后转入政治学系,师从张奚若、钱端升等老一辈著名政治学家。

一个同学追出去对他说,这怎么行,你追求梅小姐,得写呈文,得到梅校长的批准后,再摘花去送。这个"花痴"果真听从了这个建议,按照格式写了一个呈文。这样一个近乎调侃的条呈,日理万机的梅校长并没有回避,照样给了明确的批复——不准。他维护了呈请制度的一贯性。

汪曾祺在其回忆西南联大的文章中,也讲到一个有趣的故事。故事的主角,是另一位"奇葩"。

汪曾祺认为:联大的人都有点怪。"正常"在联大不是一个褒词。一个人很正常,就会被其余的怪人认为"很怪"。

这个怪人姓金,名昌焕,是经济系的。他在宿舍独占一个凹字形的单元。独来独往,别人也不想和他搭伙。

金昌焕用双层木板把床围起来,营造了独立的空间——屋中之屋,也与其他室友隔离。"联大的学生大都很狂,讥弹时事,品藻人物,语带酸咸,词锋很锐。金先生全不这样。他不发狂论。"

事实上他很少跟人说话。他在他的床上拉了几根铁丝,什么都挂在这些铁丝上,领带、袜子、针线包、墨水瓶……他每天就睡在这些叮叮当当的东西下面。

到了大学四年级,他在聚兴诚银行里兼了职,当会计。"自从当了会计,他添了两样毛病。一是每天提了一把黑布阳伞进出,无论冬夏,天天如此。二是穿两件衬衫,打两条领带,穿好了衬衫,打好领带;又加一件衬衫,再打一条领带。"这样一个怪人,自然配得上一个很长的绰号:"二十年目睹之怪现状"。

金昌焕快要毕业了。他想要做两件事。一件是加入国民党,这个好办,很快填好表格走程序了;一件是追求一个女同学,这下可难了。

一天,他提着阳伞到聚兴诚去上班,前面走着两位联大的女同学,她们交头接耳地说着话。一个兴奋地告诉另一个:你知道吗?这人穿两件衬衫,打两条领带,他有一个很长的外号:"二十年目睹之怪现状"。听话的那个女同学很好奇,不禁回头看了金昌焕一眼,嫣然一笑。

金昌焕被这女生回眸一笑迷倒了,这临去秋波一转,让他心里荡漾。这真是如同那首歌所唱:"只是因为在人群中多看了你一眼,再也没能忘掉你容颜,梦想着偶然能有一天再相见,从此我开始孤单思念……"

金昌焕立即给这位女同学写了一封情书，开头写道："××女士芳鉴，敬启者……"接着说了很多仰慕的话，最后直截了当地提出："倘蒙慧眼垂青，允订白首之约，不胜荣幸之至。随函附赠金戒指一枚，务祈笑纳为荷。"在"金戒指"三字的旁边还加了一个括号，括号里注明"重一钱五"。这封情书是当面递交的。

这位女同学很对得起金昌焕。她把这封信公布在校长办公室外面的布告栏里，把这枚金戒指也用一枚大头针钉在布告栏的墨绿色的绒布上。于是金昌焕全校出名了，无人不知。

被无情地拒绝了。但是，金昌焕并不在乎。他在众目睽睽之下，把情书和金戒指镇定自若地取下来，收回了。

"哼，你们谈论去吧。这情书换个名，连同金戒指，总能送出去的。"议论和嘲笑，就像蜘蛛网，一抹就没了。"我金昌焕已经在重庆找好了差事，顶好的单位，过两天就要离开西南联大，上任去了。"

这两个"奇葩"的求爱，真是不分伯仲。

青春的联大校园，因为爱情，有笑有泪，有甜蜜也有苦涩，有浪漫也有悲剧。

联大经济系教授秦缵的女公子郁文小姐因母逼迫不得从嫁，自伤薄命，仰药而死。1943年4月3日，《吴宓日记》记载："秦缵之女秦郁文婚姻久延，吞烟自尽。（颇似魏晋）前半年来又传沈从文之九妹半疯，以及胡荣奎之疯狂，皆由性欲不得正当发泄，而春日干燥，自然又逼人太甚也。"《吴宓日记》里提到的联大师范学院中文系教授沈从文的九妹，叫沈岳萌，一次在跑警报时，居所财物被小偷盗走，精神受到刺激；在恋爱方面不能顺遂，岁月蹉跎，始终未找到意中人。1945年，因患精神分裂症，不得已，从昆明由一个凤凰同乡护送回大哥住的沅陵。

联大外文系的学生李俊清听说秦郁文的悲剧后，感伤地写了《青冢》诗，请吴宓批改。吴宓给予80分，评云："布局气息皆好，但尚未能圆熟。除多读多作外，请注意宓上次之评语，而力行之。此篇用韵较自由，但用韵宜平易、自然，勿用怪字拗句；细检《韵本》，每次必多可用之字，用之并不困难，要多多练习。"

西南联大的爱情，不管是笑还是泪，痴情还是绝情，都是一代人的生命投影。在历史的洪流之中，看到这些影像，不禁使人生出种种感慨……

孙毓棠与凤子：秋灯摇曳中的昆明往事

一个是新月诗人，英俊潇洒；一个是戏剧新星，靓丽妩媚。两人在日本邂逅，演绎出了怎样的浪漫？

一个沉静如水，一个热情似火。孙毓棠与凤子，留影于昆明的话剧舞台，谱写了西南联大的绝代风流。

凤子：原野上的一颗明珠

戏院开幕的铃声响起，观众在静默中期待。幕布缓缓拉开，凤子扮演的金子登上舞台。她站在舞台中央，眼睛向台下一看，像磁石一样，顿时吸引住观众的目光。美啊！惊为天人！观众在赞叹中回过神来，随即爆发出雷鸣般的掌声，将新滇大戏院淹没……

1939年8月16日，曹禺的名剧《原野》首演，吸引了众多西南联大的师生观看这部话剧。陈梦家看了《原野》，竖起大拇指，啧啧称赞："瘦小的凤子，伟大的演员！"

联大剧团的张定华有两段精彩的描述，可以感受到凤子的舞台风采以及话剧的魅力：

> 凤子扮演的金子身穿花布袄裤，两手戴着副银镯子，十分俊俏，美

貌动人。当焦大星回家发现仇虎，痛苦地盘问娇妻："你对我怎么样？怎么样？"金子由慢到快由低到高，一口气说出："我爱你，我疼你……"几十句台词，真如大珠小珠落玉盘，博得满场掌声。

焦大星听到金子一心要随仇虎出走，气恨之极欲举刀杀她。金子背靠佛龛挺身而立，转过头去哀怨地长叹一声，轻轻地唤了声"大星——"，焦大星的刀坠落地上，抱头痛哭。

凤子当年27岁，竟有如此精湛的演技。即使隔着80年的时光，再读这样一段，也令人心折。

当年很多联大的教授，觉得凤子能演好四凤和陈白露，未必能演好农村小媳妇金子。但凤子却靠着悟性和演技，将曹禺的名剧演了个遍。

《原野》首演，轰动春城。在西南联大附近的凤翥街、龙翔街、文林街和青云街，遍地都是茶馆。在每一个茶馆里，讨论的都是凤子主演的话剧《原野》。

凤子的大幅剧照挂在昆明马市口的照相馆橱窗里，常常引来人们围观。凤子走在街上，常有人惊呼："金子——凤子！"多年以后，曹禺曾说："凤子是所有演过金子的人中，最好的一个！"

1939年秋，凤子出演曹禺导演的《原野》，
扮演小媳妇金子

春城昆明涌动着话剧热潮。曹禺一出手，就是两个精彩的话剧。一部是自己创作的《原野》，一部是曹禺、宋之的创作的宣传抗日的话剧《黑字二十八》（又名《全民总动员》）。凤子在两出戏里都演主角，在《原野》里演金子，在《黑字二十八》里演富商的女儿玛丽。凤子的丈夫孙毓棠在《原野》中饰演常五。孙毓棠时任西南联大历史系副教授，早在清华园读书时，就与曹禺是好友，一起演出过话剧。两部戏都是曹禺执导，他又在《黑字二十八》里演小汉奸杨兴福。

两部戏演出成功，很大程度上是因为众星云集，又得益于演出前高效的排演。在排演中，闻一多负责舞台和服装设计。1939年9月10日，朱自清写了一篇剧评，评论这两部戏："云南国防剧社请曹禺先生来昆明导演《原野》与《黑字二十八》两个戏。两个戏先后在新滇大戏院演出，每晚满座。看这两个戏差不多成为昆明社会的时尚，不去看好像短缺着什么似的。""还有两个戏的演员，很多斫轮老手，足够引起观众的信心。这两个戏的出演确是昆明一件大事，怕也是中国话剧界的一件大事罢。"他对凤子的演出给予充分的肯定："这回凤子女士似乎在竭力给金子隐藏那双冷眼，她竭力让金子在观众的眼中变得单纯些，但剧作者铸就的角色，演员所能改的终究有限。"对于凤子饰演的玛丽，朱自清也予以评论："玛丽的对话不缺少幽默，凤子女士很能表现出一个爱慕虚荣的女人。"

朱自清评价凤子是演出话剧的"斫轮老手"，对于年轻的凤子来说，并不是溢美之词。20世纪30年代，凤子在复旦大学念书时，参加复旦剧社，先后在名导演应云卫、欧阳予倩的指导下，在曹禺的《雷雨》《日出》里担任主角，在上海引起极大轰动，后来，还到日本演出过《日出》。实际上，她是中国第一个扮演《日出》中陈白露和《雷雨》中四凤的女演员。

参与这两部戏演出的联大历史系女生张定华，对凤子印象深刻。凤子没有一点大演员架子，

1936年，凤子毕业于复旦大学

她排戏十分认真，而且总是耐心地帮助点拨联大这帮初出茅庐的新手。"有一天，凤子发高烧打摆子，在后台披着大衣还冷得发抖，上台去却照样精神抖擞，演戏一丝不苟。"

曹禺是怎样来昆明的？1938年，联大兴起一股话剧热。陈铨改编并导演的多幕抗战话剧《祖国》，由联大剧团演出。孙毓棠、凤子在剧中扮演男女主角。闻一多担任了该剧的舞台设计、布景和灯光。演出大获成功，为昆明带来蓬勃的朝气。话剧《祖国》点燃了联大师生的爱国情怀，也引发演剧热潮。这样的背景下，孙毓棠、凤子邀请曹禺来昆明演出，是众望所归，也是水到渠成。

1939年7月13日，曹禺自重庆来昆明排戏演出。那时，曹禺在重庆附近的国立剧专担任教导主任。

《原野》原来预定演九天，因各界观众强烈要求，又连演了九天，场场满座。这次演出，除凤子饰演金子外，孙毓棠也客串饰演老头子常五，"妇唱夫随"得到了诸多赞誉。

孙毓棠："宝马"上的新月诗人

20世纪20年代初，由胡适、陈西滢、徐志摩等人发起成立的新月社，是中国现代文学史上著名的文学团体。《新月》诗刊升起，皎皎月光照亮中国文坛。徐志摩、闻一多、朱湘、陈梦家……新月诗派，灿若星辰。其中，无锡孙毓棠，凭借一首长达八百行的史诗《宝马》，横空出世，震惊诗坛。

孙毓棠，这位从状元府邸走出来的浪漫诗人，一路走来，艰辛备尝。不如徐志摩那样春风得意，也不如陈梦家那样一帆风顺。1927年，孙毓棠在南开中学就读时，遭逢家变，生活异常艰辛，除靠南开校长张伯苓的接济外，还在南开中学兼教一年级古文课程，才完成了学业。南开在张彭春的影响下，盛行演话剧。在此期间，他结识了同学者、日后成为中国话剧大师的曹禺，二人建立了深厚的友情。

1930年，孙毓棠与曹禺双双考入清华大学。曹禺是作为西洋文学系二年级插班生被录取的。孙毓棠则插班进入历史系二年级。孙毓棠1933年毕业，同年毕业的学友，还有钱锺书、林庚、吴组缃、万家宝（曹禺）、乔冠华、

孙毓棠1933年清华大学毕业照　　孙毓棠1943年在昆明

王宪钧、周辅成、谷霁光、王铁崖、许宝騄、柯召、赵九章、傅承义、王竹溪、沈同、敦福堂。这一年，属于清华的"大年"，硕果累累。这其中，有大约一半的学子后来在西南联大执教。

就是在清华园内，孙毓棠的诗情喷薄而出。他笔下的大自然雄伟、瑰丽，但染上了青春的色彩——失落的迷惘，阴沉的郁积，凝重的色彩，强烈的情感，浩瀚的气势。

> 今晚黑水洋上起了风暴，
> 听，沉重的桨声在浪里敲！
> ——《海盗船》

> 狂风打着旋，像钢钉，像箭
> 把暴风雨扫下了万里荒原。
> ——《暴风雨》

> 我厌了太阳，厌了月亮，厌了群星在宇宙里转。
> 这苍老的世界，苍老的黄昏，再不值得我流连。
> ——《老马》

当时的孙毓棠，意气风发，但他的诗歌既书写了"青春"的主题，又表现了他超越同龄人的成熟与深沉。在《青春者的梦》中，他"梦我颔下已白髯半尺，玫瑰的青春已随逝水茫茫"。

他的诗受到闻一多的影响，而史诗《宝马》则独出机杼。《宝马》篇融史入诗，文史交融，可以称为新型的史诗，就文学创作来说亦是可贵的探索，在现代诗歌史上应有其独特的地位。全诗"句句有来历，字字有出典"（卞之琳先生语）。"宝马"从西域来，沿着丝绸之路奔腾万里。此后，孙毓棠拥有了双重身份：历史学家和诗人。

晚年孙毓棠教导学生说："一个史学家应是半个文学家。"弟子余太山率尔而对："难道不应该是半个数学家吗？"孙毓棠莞尔一笑："这并不矛盾。"

闻一多倡导写长篇叙事诗，但一直没有写。《宝马》完成了闻一多的愿望。孙毓棠以李广利征大宛为史实创作了《宝马》。晚年回望自己的代表作时，他谈到创作的初衷：

> 一九三六年，国内是腐朽、昏聩、荒淫；国外则面对这一个军国主义恶魔的血口，大难即将来临。我这个一心想读历史的小孩子，愁肠中结，思绪万千。缅怀古代两千年前，我们是一个多么光荣、伟大而有志气的民族，匈奴的统治者一时蛮横、欺侮我们，我们就把它打退到漠北几千里外。……
>
> 打开案头书，阅读两千余年前司马迁的《史记·大宛列传》，让我怀念我们祖先坚强勇猛、刚正果毅的精神和气概，在我年轻的心中，热血是沸腾的。因此，我写了这篇《宝马》。

《宝马》的诞生，为孙毓棠带来诗人的光环。在20世纪30年代，演话剧，写诗，浓厚的文艺色彩，遮蔽了孙毓棠作为历史学研究者的本色。

1935年8月，孙毓棠留学日本东京帝国大学历史学部，攻读中国古代史，后转该校文学部大学院攻读文学。孙毓棠在日本留学时，遇到了话剧明星——美丽的凤子。

在日本话剧结缘，一见钟情

孙毓棠在《梦乡曲》中写道："人世的甜蜜里都藏着伤悲，没有伤悲甜蜜也失去了滋味。"孙毓棠在日本邂逅凤子，全是甜蜜与浪漫。最初的恋情往往都是这样。

凤子原名封季壬，1912年8月11日出生在广西，1936年毕业于上海复旦大学中文系，是中国话剧奠基人洪深的学生。早在汉口女二中时，凤子就参加了戏剧活动。在复旦，她深得恩师洪深的赏识，得到他的提携，此后在话剧界脱颖而出。桐花万里丹山路，雏凤清于老凤声。她在曹禺的《日出》中扮演陈白露，一鸣惊人，成为国内戏剧界的一颗新星。

大学毕业后，凤子并没有立即进入戏剧界。复旦中文系系主任谢六逸介绍凤子到上海女子书店任《女子月刊》的主编，接替赵清阁。这是凤子作为报刊编辑生涯的开始。凤子同样是两条腿走路：一方面是表演艺术家、戏剧家；一方面是报纸副刊编辑、杂志主编。凤凰鸣矣，于彼高冈。演戏时，她是凤子。笔耕不辍，培育嘉禾。写作时，她是禾子。

复旦中文系教授赵景深在其执笔的《女子月刊社启》一文中，热情洋溢地向读者介绍凤子："现在，从八月号起，已聘请到封禾子女士负《女子月刊》编辑专责，封女士于今夏以优等成绩毕业于复旦大学中文系，长于文学，著作散见于报章杂志者甚多，嗜学之余，兼好话剧，复旦剧社历来公演之剧，《委曲求全》《雷雨》，均属女士主演。我们深信，以这样一位才学兼优的人来接编本刊，将来的收获自在意料之中。"

吴文藻、冰心夫妇前往欧美游学途经上海，凤子以《女子月刊》主编、记者身份，约好时间采访冰心。她成为第一个采访冰心的女记者。

1937年2月，曹禺的新作《日出》问世，"戏剧工作社"立即排练此剧。

为解决经费，凤子向黄绍竑夫人借了300大洋，用于排演。邀请欧阳予倩做导演，凤子饰演女主角陈白露。《日出》在上海卡尔登大戏院公演时，曹禺专程由南京赶来上海观看，并在靳以的陪同下与演职员见了面，曹禺对凤子的表演十分赞赏。

同年春天，由在东京的中国留学生组成的"中华留日戏剧协会"，也准备排演曹禺的《日出》，邀请凤子来日本参加演出。凤子委托创造社著名作家阿英代她主编《女子月刊》，便来到了东京。

《日出》在东京演出的第二天晚上，正在日本避难的郭沫若前来观看，在剧院门口，郭沫若遇见了日本著名老戏剧家秋田雨雀，他已经是接连两晚来观看了。秋田雨雀十分诚恳地对郭沫若说："中国人的确是天才，像《日出》这样规模宏大的剧本，日本很少见，尤其是像凤子小姐那样的演员，日本是自从有话剧运动以来，从不曾培养出过的。"数天后，凤子等人拜访郭沫若。郭沫若与妻子安娜热情款待。郭沫若还在玉版笺上题了两首诗赠给凤子：

其一
海上争传火凤声，樱花树下啭春莺。
归时为向邦人道，旧日鲂鱼尾尚赪。

其二
生赋文姬道韫才，霓裳一曲入蓬莱。
非关逸兴随儿戏，欲起燎原一死灰。

此时在日本留学的孙毓棠，一头钻进了历史中。他喜欢话剧，观看话剧是他精神放松的最佳选择。在他走进剧院的那一刻，他不知道，如戏的人生，下一刻会发生什么。于是，在两个轨道运行的行星，就有了相聚的机会。凤子扮演的陈白露给他留下深刻的印象。在一次观众与演职人员的交流会上，两人相逢，确认对方的存在。一个是新月诗人，英俊潇洒；一个是戏剧新星，靓丽妩媚。"原来你是《落花》《灯》的作者，久仰，久仰。""原来你是陈白露，幸会，幸会。"两人都戴着文艺的光环，互相吸引。异国他乡，一见倾心，聊天时有共同的话题，从诗歌到戏剧，也有共同的好友曹禺。

几经接触，炽热的友情升华，双双坠入爱河。这爱情，很快有了结果。1937年6月，孙毓棠与凤子在南京举行了婚礼（也有资料说，两人在全面抗战爆发后，各自漂泊到昆明重逢后结婚）。

在昆明甜蜜期过后凤子单飞

全面抗战爆发后，孙毓棠主动放弃了学位，从日本回到战火纷飞的祖国，辗转到达昆明。

孙毓棠初在云南大学教书。当时也在云大执教的施蛰存说："一九三八年，凤子也和她的新婚夫婿孙毓棠来到昆明。他俩在云南大学附近租了三间民房。中间是客厅，东西二间作卧室，凤子和孙毓棠住在东间，西间让给独身的王以中。吴晗也在云南大学，我和他同住在一个宿舍。孙毓棠搬来之后，吴晗就常去他家打桥牌，每星期总有三四个晚上。有时我也去参加。"孙毓棠后来转至西南联大专任讲师、副教授。

野丁用生动传神的笔墨描绘孙毓棠和凤子的形象。先来看孙毓棠的素描："说起孙毓棠，其威名也不过是近年来的事。照样子，也不过30左右，一张清癯微黄的脸，两颧骨像胡桃般地隆起，头发一直像稻草似的散乱着，看起来像永没有好好地梳洗过，个子很高，但因此益发显得瘦削，一袭不合称的衣裳，上面有好几处沾满了油污。裤管的直线也都绑成一团，他走路迂缓，说话声音很轻，老像是惧怕着什么似的，嘴角一天到晚吊着一根烟蒂，头总是低着，像沉思着什么，他给人的最初印象是孱弱和蔼，一个属于诗人典型的人。"

这一段描述，勾勒出孙毓棠的画像。在西南联大不修边幅的教授很多，比如沈有鼎、曾昭抡。落魄诗人兼具迂腐学者的形象，可能只是表面罢了。

野丁用赞叹的笔墨描绘凤子："是个中等身材，有着一双大眼睛的女人，她的脸蛋相当美丽，那浓黑的眉毛及微圆的嘴唇都给人以诱惑。她说话软抑，北京话讲得十分流利，音调有一股媚劲，所以动人。"

看野丁对两人的描述，两人不般配。实际上，孙毓棠和凤子在昆明最初的日子可谓琴瑟和鸣，比翼双飞。但是演过曹禺执导的《原野》和《黑字二十八》之后，两人的生活相对沉寂了。

话剧热过后，凤子应《中央日报》总编辑之约，负责编辑该报的周末副刊《平明》。她曾向施蛰存约稿，1939年8月16日，施蛰存的随笔《爱好文学》发表在凤子主编的《平明》副刊上。近水楼台先得月，孙毓棠的两首短诗《鹧鸪》《渔》也发在同一期。而凤子本人写的散文经常发表在《大公报》文艺副刊上。

在性格上，孙毓棠与凤子反差很大，一个沉静似水，一个热情如火。有时，孙毓棠为了历史学研究，潜心治学，把自己反锁在一个房间，不受外界干扰。而凤子的心属于舞台，她不甘心在沉闷的生活中，把自己的天性束缚起来。她在自己主持的副刊上发了一篇题为《飞》的短文。她觉得昆明的生活太单调了，她向往一个新的精神生活，寻找一个理想的英雄。于是，她真的飞到重庆去了。

学者王次澄说："当曹禺回返重庆时，凤子意欲随往发展其舞台生命，孙毓棠为了成就她的才华，竟然欣然同意了……不料此一别离，似乎就注定了两人未来分手的命运。凤子到重庆后，有了更多演出的机会，而且进入了电影界，声名如日中天。然而随之而来的是：她与曹禺间的绯闻不断地传到孙毓棠的耳里……一九四五年九月抗战胜利之后，他们在平和无争的情况下，正式办理离婚手续。"

凤子为何离开昆明？《绮才玉貌——凤子图传》的作者张彦林在书中写道："据说，凤子与孙毓棠的离异是婚外情所致，但不是曹禺，而是西南联大剧团的名誉团长陈铨。陈铨此时已有妻室，是陈铨追凤子，还是凤子追陈铨，不得而知。"

一对人人羡慕的才子佳人，最终劳燕分飞。

孙毓棠在1938年冬天写了一首短诗《镜子》，也许折射出两人微妙的情感：

你爱明月，明月就在这镜子里。

你爱云，花，花和云也在这镜子里；
镜子高高地就挂在你的心窗外，
照着你一切的欢喜，却照不见你。

两人之间，终究不对等。这"镜子"飞到了重庆，意味着凤子对这段婚姻的放手。

此前一个月，孙毓棠发表的一首诗，似乎预示到两人分离的结局。

别
干这么一杯，就此分手。
你奔向大海，我攀高峰；
好在我喜欢深林虎豹，
你爱波涛和暴雨罡风。

凤子"飞走"之后。孙毓棠不再写诗了，当时有人说："诗人的歌喉喑哑了。"我们无法得知诗人封笔的真正原因，这里面肯定有无法言说的爱情创痛。

凤子在她晚年写的回忆文章《迎接金婚》中有这样一段文字："我结过婚，已离婚。离婚的丈夫是位学者，也喜好文艺，甚至上台演过戏，但性格上我们差距很大。他希望有一个安定的家，他也同意我演戏，但只是'玩耍'，绝不可以'下海'。他为了要做研究工作，把自己反锁在屋里，希望我最好一天不回家。当时我年轻，抗战初期，我想参加演剧队，不甘于业余玩耍。到不了前线、敌后去演出，我就跑到当时抗战时期的陪都重庆。重庆聚集的影剧人员多，我参加了中国电影制片厂、中国万岁剧团，从而成为一个职业演员。两地分居多年，我们终于协议离婚了。"

抗日战争胜利的消息传来，凤子受中共党组织安排，以《新民报》特派记者的身份，与国民党接收大员汤恩伯一起乘飞机首批抵达上海。

一到上海，她就又投入到紧张的工作中。后来，在中共上海党组织指导下，凤子主编的《人世间》于1947年3月20日在上海出版第一卷第一期。她有《人世间》这块文艺园地，聚拢了一批著名文学艺术家，多是重庆时期的故人。1947年4月1日，一位年轻英俊的美国青年敲响了凤子的家门。他叫沙博理，在杨度的女儿杨云慧的介绍下，他来找凤子学中文。沙博理最初认识凤子时，他没有料到，后来，他又打开了凤子封闭多年的情感大门。凤子认识了沙博理之后，原本一幅没有色彩的画，自此有了颜色。

1948年5月16日，她和沙博理喜结良缘。在他们的婚礼上，郑振铎是证婚人，新月派著名女诗人方令孺是介绍人。他们相濡以沫，相亲相爱，度过风风雨雨的岁月。凤子与沙博理携手相伴，直至白发，成就一桩跨国婚姻佳话。

孙毓棠与凤子分手后，他全身心投入到历史学研究中，感情世界是灰暗的，直到1952年3月与王务灼女士结合。随着人生第二春的来临，他的内心世界焕发了生机，又充满了诗意，变得丰富多彩。王务灼1951年毕业于清华大学经济系，大学时代曾修过孙毓棠的"中国经济史"，对老师的学识和风范十分仰慕。经过平淡真挚的交往后，两人牵手步入婚姻的殿堂。孙毓棠大她16岁。他们的婚姻美满幸福。即使孙毓棠1957年被错划为"右派"，王务灼也一直不离不弃。两人生死相依，患难与共，情感老而弥笃。

西南联大——孙毓棠专注教学

在西南联大，孙毓棠是师范学院史地系聘请的教授，他有时也在联大历史系兼课。《联大八年》一书中，有联大学子对孙毓棠的一段描述：

> 孙毓棠先生，清华新起教授，是标准的风流书生，一口漂亮的官话，终年穿一件绸长袍，手提手杖一枝。孙先生以前是名演员凤子的外子，当初孙先生也是话剧界的名流，也写过新诗，后来才专心研究历史，对魏晋南北朝一段最有成就。此外孙先生对中国士大夫在政治舞台上的地位也有深刻见解，他说要中国上轨道，还是要寄希望在士大夫身上。

事实上，孙毓棠对两汉的兵制和经济的研究在史学界颇有影响，而对汉代中西交通史的研究，亦是他的重要成果。

这一段简短的描述，特意提及孙毓棠与凤子的婚史。当年联大的学子，也喜欢八卦老师的情感。凤子离开孙毓棠后，孙就成了孤家寡人。1940年夏，卞之琳辞去四川大学教职，来到昆明，在西南联大执教。卞之琳回忆："初到昆明，有机缘和他（孙毓棠）在西南联合大学一处宿舍小楼，与两位在一起，短期同住一个大房间，直到受敌机空袭，楼毁为止。"

孙毓棠在昆明，与恩师闻一多交往甚密。

抗战中期以后，物价飞涨，教授们生活日益困苦。闻一多陷入窘迫的境地，为了弥补生活不足，开始正式挂牌治印，补贴家用。抗战胜利前连续三年的暑假，孙毓棠寻找各种关系，帮助介绍闻一多长子闻立鹤打工。

闻一多之孙闻黎明在《闻一多刻孙毓棠名章里的往事》一文中写道："孙毓棠是国民党员，1944年初还担任过国民党中央直属西南联大区党部的候补执行委员。由于这层关系，1945年暑假他介绍伯伯到三青团团部电台做译电员，日本乞降的消息，就是伯伯最先从电报中获悉的。"

抗战胜利后，清华大学有派学者去牛津大学做学术交流的名额，闻一多向清华推荐孙毓棠去英国做客座教授。临行前，闻一多为孙毓棠治印章一枚，表示祝贺。印章的边款上刻了一段临别赠言："忝与毓棠为忘年交者十有余年，抗战以还，居恒相约，非抗战结束不出国门一步。顷者强虏屈膝，胜利来晚也。而毓棠亦适以牛津之邀而果得挟胜利以远游异域。信乎必国家有光荣而后个人乃有光荣也。承命作印，因附数言以志欣慰之情，非徒以为惜别之纪念而已也。卅四年九月十一日，一多，于昆明之西仓坡寓庐。"

这段边款，可见闻一多、孙毓棠赤诚的爱国情怀，亦是学者情谊的一段佳话。

1945年8月，孙毓棠应英国文化委员之聘，与陈寅恪、洪谦、邵循正、沈有鼎等联袂赴英，任牛津大学皇后学院客座研究员。随着飞机飞越喜马拉雅山，昆明岁月已成往事。

1952年8月，随着高等院校调整，孙毓棠走出了清华园，任中国科学院经济研究所研究员。此后，他一直在学术机构任历史研究员。新月诗人，客串话剧，昆明的风流往事，都沉入历史发黄的册页之中。晚年，当弟子提出给孙毓棠出版学术论文集时，他念念不忘当年写下的诗，叮嘱弟子一定要在他身后给他出版一本诗集。

2013年9月，余太山编的《孙毓棠诗集》由商务印书馆出版。诗集中有一首隽永的《秋灯》：

秋灯是光之海，
是月明的汪洋。
我飘浮在一片
止水上。冥想似
淡烟，袅绕于止水
无极的清澄上。

拿叶露的滴声
当酒；拿静与梦
和梦的空茫当酒，
醉中有高山流水。
化作一粒水明珠
滴落在秋灯里。

这首诗写于1938年10月，当时孙毓棠和凤子在昆明，租住三间民房。静谧的夜里，诗意和露水一样滴落，滴进空灵的梦中，滴落在摇曳的秋灯里。戏如人生，人生如梦，所有的一切，属于梦的空茫……

附录

附录一：西南联大简史

　　1937年7月7日卢沟桥事变爆发，北平、天津相继于29日、30日沦陷敌手。8月19日，北大、清华、南开三校领导与教育部协商南迁事宜，9月10日教育部正式下令，北大、清华、南开联合组成国立长沙临时大学，由教育部长王世杰兼任筹委会主任，北大校长蒋梦麟、清华校长梅贻琦、南开校长张伯苓任常务委员，筹委会委员还有杨振声（秘书主任，教育部代表）、朱经农（湖南省教育厅长）、皮宗石（湖南大学校长）及教授代表胡适（北大）、顾毓琇（清华）和何廉（南开）。以后三位常委和秘书主任组成常务委员会，负责领导全校工作，杨振声任中国文学系教授（北大编制）。8月底三校分别通知各地师生到长沙报到。经紧张筹备，10月26日在长沙举行开学典礼，11月1日开始上课。1941年3月7日常委会决议以11月1日为联合大学校庆日。

　　长沙临时大学的校舍租用圣经学校、49标营房、涵德女校和湖南大学的房屋。因到校学生有1500人，校舍不敷应用，文学院改设于南岳圣经学校分校（称长沙临大南岳分校），11月19日上课；机械系航空组在南昌航空机械学校寄读，化工系在重庆大学寄读。全校共设17个系：文学院有中国文学系、外国语文学系、历史社会学系、哲学心理教育学系；理学院有算学系、物理学系、化学系、生物学系、地质地理气象学系；法商学院有经济学系、政治学系、法律学系、商学系；工学院有土木工程学系、机械工程学系、电机工程学系、化学工程学系。

1937年12月13日南京陷落。1938年1月19日国民党当局批准长沙临大西迁昆明。1月24日期末考试开始，本学期上课12周。文学院师生于学期结束后迁返长沙。

1938年1月底开始西迁，分三路入滇。第一路为湘黔滇旅行团。该团由长沙经湘西入滇，全程1660多公里，步行约1300公里，历时68天，4月28日抵昆。团长为东北军黄师岳中将，学生284人组成18个小队，教师11人组成辅导团，5位教授——黄钰生（南开）、曾昭抡（北大）、李继侗（清华）、闻一多（清华）、袁复礼（清华）组成指导委员会，黄钰生任主席。有3位军官分任参谋长和大队长，随团配有炊事员和大夫，有两辆卡车运送行李。师生们一路调查，考察，采集标本，收集民歌、民谣，访问少数民族村寨，受到贵州省政府和沿途各地政府、人民的热情接待。学生们不仅经受了体力和意志的锻炼，还学到了许多课堂里、书本上学不到的东西。这是中国教育史上的一次创举。第二条路线由长沙经广州、香港，越南海防、河内和滇越铁路入昆明，沿途均设接待站。第三条路线由陈岱孙教授组织，从长沙经桂林、南宁、越南河内和滇越铁路进入昆明，冯友兰、朱自清教授等均走此路线。

西南联大决定迁昆后，租得大西门外昆华农业学校、拓东路迤西会馆、江西会馆、盐行仓库等处为校舍，仍不敷应用。常委会遂于3月15日决定设蒙自分校，文法学院在蒙自上课。理学院及校本部在大西门外，工学院在拓东路。1938年5月4日全校开始上课。1938年8月23日文法学院迁回昆明。7月购得昆明市西北角城外荒地124亩为校址，并请建筑大师梁思成、林徽因夫妇设计。8月遵教育部令增设师范学院，并将哲学心理学系的教育学部分划归师院，后云南大学教育系也并入。9月28日，日机9架首次空袭昆明，西南联大租借的昆华师范学校被炸。1939年4月新校舍落成，有学生宿舍36栋（土墙茅草顶），教室、办公室、实验室56栋（土墙铁皮顶），食堂2栋，图书馆1栋（均砖木结构）。

1940年法国投降，日军进入越南（当时称安南），日机由越南起飞频繁来袭，因此又起迁校之议。1940年11月，决定在四川叙永成立分校，一年级新生到叙永报到。1941年1月6日，叙永分校开始上课，到校新生600余人。后局势趋稳，8月，分校师生迁回昆明。

1938年设立师范学院后，1940年历史社会系又分为历史学系和社会学系，后者归入法商学院。从此联大有5院26系2个专修科，即文学院：中国文学系、外国语文学系、历史学系、哲学心理学系；理学院：算学系、物理学系、化学系、生物学系、地质地理气象学系；法商学院：法律学系、政治学系、经济学系、社会学系、商学系；工学院：土木工程学系、机械工程学系、电机工程学系、航空工程学系、化学工程学系、电讯专修科；师范学院：国文系、英语系、史地系、公民训育系、数学系、理化系、教育学系、师范专修科。1939年增设先修班，1940年增设附中、附小。

1945年8月15日，日本宣布无条件投降。因交通梗阻，西南联大继续在昆办学一年。1945年12月1日，昆明发生"12·1"惨案，国民党暴徒闯入西南联大师范学院，进攻西南联大新校舍，昆明师生于再、潘琰、李鲁连、张华昌牺牲，重伤25人，轻伤30余人。以西南联大师生为主掀起了全国性的"12·1"爱国民主运动高潮。1946年7月15日，闻一多被特务枪杀，李闻血案，震惊全国。

1946年5月4日，西南联大举行结业典礼，在昆明立碑以纪念三校在抗战中的艰苦合作。联大教学活动结束，三校开始北返平津。7月31日，西南联大宣布正式结束。西南联大前后历时9年，终于实现校歌中"还燕碣"的愿望。联大师范学院改为"国立昆明师范学院"。

附录二：西南联大纪念碑

今日云南师范大学的东北角，树有国立西南联合大学纪念碑，是联大三校于 1946 年 5 月 4 日所立。纪念碑正面碑文由联大文学院院长冯友兰撰文，中文系教授闻一多篆额，中文系主任罗庸书丹，人称"三绝碑"。碑的背面，刻满了当年投笔从戎的 834 名学生的名字。

西南联大纪念碑碑文

中华民国三十四年九月九日，我国家受日本之降于南京，上距二十六年七月七日卢沟桥之变，为时八年；再上距二十年九月十八日沈阳之变，为时十四年；再上距清甲午之役，为时五十一年。举凡五十年间，日本所鲸吞蚕食于我国家者，至是悉备图籍献还。全胜之局，秦汉以来，所未有也。

国立北京大学、国立清华大学，原设北平；私立南开大学，原设天津。自沈阳之变，我国家之威权逐渐南移，惟以文化力量，与日本争持于平津，此三校实为其中坚。二十六年，平津失守，三校奉命迁于湖南，合组为国立长沙临时大学，以三校校长蒋梦麟、梅贻琦、张伯苓为常务委员，主持校务，设法、理、工学院于长沙，文学院于南岳，于十一月一日开始上课。迫京沪失守，武汉震动，临时大学又奉命迁云南。师生徒步经贵州，于二十七年四月二十六日抵昆明。旋奉命改名为国立西南联合大学，设理、工学院于昆明，文、法学院于蒙自，于五月四日开始上课。一学期后，文、法学院亦迁昆明。二十七年，增设师范学院。二十九年，设分校于四川叙永，一学年后，并于本校。昆明本为后方名城，自日军入安南、陷缅甸，乃成后方重镇。联合大学支持其间，先后毕业学生二千余人，从军旅者八百余人。

河山既复，日月重光，联合大学之战时使命既成，奉命于三十五年五月四日结束。原有三校，即将返故居，复旧业。缅维八年支持之苦辛，与夫三校合作之协和，可纪念者，盖有四焉：我国家以世界之古国，居东亚之天府，本应绍汉唐之遗烈，作并世之先进。将来建国完成，必于世界历史，居独特之地位。盖并世列强，虽新而不古；希腊、罗马，有古而无今。惟我国家，亘古亘今，亦新亦旧，斯所谓"周虽旧邦，其命维新"者也！旷代之伟业，八年之抗战已开其规模、立其基础。今日之胜利，于我国家有旋乾转坤之功，而联合大学之使命，与抗战相终始，此其可纪念者一也。文人相轻，自古而然，昔人所言，今有同慨。三校有不同之历史，各异之学风，八年之久，合作无间，同无妨异，异不害同，五色交辉，相得益彰；八音合奏，终和且平。此其可纪念者二也。万物并育而不相害，道并行而不相悖，小德川流，大德敦化，此天地之所以为大。斯虽先民之恒言，实为民主之真谛。联合大学以其兼容并包之精神，转移社会一时之风气，内树学术自由之规模，外来"民主堡垒"之称号，违千夫之诺诺，作一士之谔谔。此其可纪念者三也。

稽之往史，我民族若不能立足于中原，偏安江表，称曰南渡。南渡之人，未有能北返者：晋人南渡，其例一也；宋人南渡，其例二也；明人南渡，其例三也。"风景不殊"，晋人之深悲；"还我河山"，宋人之虚愿。吾人为第四次之南渡，乃能于不十年间，收恢复之全功。庾信不哀江南，杜甫喜收蓟北。此其可纪念者四也。联合大学初定校歌，其辞始叹南迁流离之苦辛，中颂师生不屈之壮志，终寄最后胜利之期望。校以今日之成功，历历不爽，若合符契。联合大学之始终，岂非一代之盛事，旷百世而难遇者哉！爰就歌辞，勒为碑铭，铭曰：痛南渡，辞宫阙。驻衡湘，又离别。更长征，经峣嵲。望中原，遍洒血。抵绝徼，继讲说。诗书丧，犹有舌。尽笳吹，情弥切。千秋耻，终已雪。见仇寇，如烟灭。起朔北，迄南越。视金瓯，已无缺。大一统，无倾折。中兴业，继往烈。罗三校，兄弟列。为一体，如胶结。同艰难，共欢悦。联合竟，使命彻。神京复，还燕碣。以此石，象坚节。纪嘉庆，告来哲。

附录三：西南联大校歌

罗庸教授作词，冯友兰教授作"勉词"，张清常教授作曲。

〔校歌词〕

（满江红）万里长征，辞却了五朝宫阙。暂驻足衡山湘水，又成离别。绝徼移栽桢干质，九州遍洒黎元血。尽笳吹、弦诵在山城，情弥切。

千秋耻，终当雪。中兴业，须人杰。便一成三户，壮怀难折。多难殷忧新国运，动心忍性希前哲。待驱除仇寇，复神京，还燕碣。

〔勉词〕

西山沧沧，滇水茫茫，这已不是渤海太行，这已不是衡岳潇湘。同学们，莫忘记失掉的家乡，莫辜负伟大的时代，莫耽误宝贵的辰光。赶紧学习，赶紧准备，抗战建国都要我们担当！同学们，要利用宝贵的辰光，要创造伟大的时代，要恢复失掉的家乡。

主要参考资料

北京大学、清华大学等编：《国立西南联合大学史料》（六卷），云南教育出版社 1998 年版。

西南联合大学北京校友会编：《国立西南联合大学校史：一九三七年至一九四六年的北大、清华、南开》，北京大学出版社 2006 年版。

西南联大校友会编：《笳吹弦诵在春城——回忆西南联大》，云南人民出版社、北京大学出版社 1986 年版。

昆明市政协文史学习委员会编：《抗战时期文化名人在昆明》（一），云南美术出版社 2000 年版。

昆明市政协文史学习委员会编：《抗战时期文化名人在昆明》（二），云南人民出版社 2002 年版。

余斌著：《西南联大·昆明记忆》（全三册），云南民族出版社 2003 年版。

伊继东、周本贞主编：《西南联大与现代中国研究》，人民出版社 2008 年版。

李洪涛著：《精神的雕像：西南联大纪实》，云南人民出版社 2001 年版。

昆明市政协文史学习委员会编：《昆明文史资料选辑（第 44 辑）》，内部资料，2006 年。

昆明市政协文史学习委员会编：《西南联大纪事：昆明文史资料选辑（第 46 辑）》，内部资料，2008 年。

杨立德著：《西南联大的斯芬克司之谜》，云南人民出版社2005年版。

云南师范大学"西南联大研究所"编：《世界教育史上的长征：西南联大湘黔滇旅行团纪实》，内部资料，2001年。

赵新林、张国龙著：《西南联大：战火的洗礼》，上海教育出版社2000年版。

［美］易社强（JohnIsrael）著：《战争与革命中的西南联大》，饶佳荣译，九州出版社2012年版。

谢泳著：《西南联大与中国现代知识分子》，湖南文艺出版社1998年版。

郑天挺著：《郑天挺西南联大日记》，中华书局2018年版。

张寄谦编：《联大长征》，新星出版社2010年版。

冯友兰、吴大猷等著：《联大教授》，新星出版社2010年版。

西南联大《除夕副刊》主编：《联大八年》，新星出版社2010年版。

钟叔河、朱纯编：《过去的大学》，长江文艺出版社2005年版。

王世儒、闻笛主编：《我与北大（老北大话北大）》，北京大学出版社1998年版。

钱理群主编：《走进北大》，四川人民出版社2000年版。

宗璞、熊秉明主编：《永远的清华园——清华子弟眼中的父辈》，北京出版社2000年版。

齐家莹编：《清华人文学科年谱》，清华大学出版社1998年版。

葛兆光主编：《走进清华》，四川人民出版社2000年版。

缪名春、刘巍编：《老清华的故事》，江苏文艺出版社1998年版。

《清华校友通讯》（复9期），1984年。

陈平原著：《抗战烽火中的中国大学》，北京大学出版社2015年版。

周文业等编著：《寸草心：清华名师夫人卷》（上下册），山东画报出版社2012年版。

史际平等编著：《家在清华》，山东画报出版社2008年版。

南开大学校长办公室编：《张伯苓纪念文集》，南开大学出版社1986年版。

梁吉生著：《允公允能日新月异——南开大学校长张伯苓》，山东教育出版社2003年版。

侯杰、秦方著：《百年家族——张伯苓》，河北教育出版社2004年版。

[美]何廉著：《何廉回忆录》，朱佑慈等译，中国文史出版社1988年版。

黄延复、王小宁整理：《梅贻琦日记（1941—1946）》，清华大学出版社2001年版。

蒋梦麟著：《新潮·西潮》，岳麓书社2000年版。

山东省政协文史委、聊城师范学院历史系合编：《傅斯年》，山东人民出版社1991年版。

季培刚编著：《杨振声编年事辑初稿》，黄河出版社2007年版。

季培刚著：《杨振声年谱》（全两册），学苑出版社2015年版。

杨振声著：《杨振声选集》，人民文学出版社1986年版。

罗家伦、罗庸著：《新人生观·鸭池十讲》，辽宁教育出版社1997年版。

章玉政著：《狂人刘文典》，广西师范大学出版社2008年版。

章玉政编著：《刘文典年谱》，安徽大学出版社2011年版。

闻黎明、侯菊坤编：《闻一多年谱长编》，湖北人民出版社1994年版。

浦江清著：《清华园日记西行日记》（增补本），生活·读书·新知三联书店1999年版。

浦江清著：《无涯集》，浦汉明、彭书麟编选，百花文艺出版社2005年版。

朱乔森编：《朱自清全集·日记》（第九卷、第十卷），江苏教育出版社1998年版。

姜建、王庆华著：《朱自清图传》，湖北人民出版社2006年版。

沈从文著：《沈从文全集》（修订本1—27卷），北岳文艺出版社2009年版。

[美]金介甫著：《沈从文传》，符家钦译，国际文化出版公司2005年版。

吴世勇编：《沈从文年谱》，天津人民出版社2006年版。

朱光潜、张充和等著：《我所认识的沈从文》，荒芜编，岳麓书社1986年版。

马嘶著：《一代宗师魏建功》，文化艺术出版社2007年版。

陈寅恪著：《陈寅恪集》，生活·读书·新知三联书店2011年版。

卞僧慧纂：《陈寅恪先生年谱长编（初稿）》，中华书局2010年版。

蒋天枢著：《陈寅恪先生编年事辑》，上海古籍出版社1997年版。

胡文辉著：《陈寅恪诗笺释》（上下册），广东人民出版社2008年版。

汪荣祖著：《史家陈寅恪传》，北京大学出版社2005年版。

岳南著：《陈寅恪与傅斯年》，陕西师范大学出版社2008年版。

天津市政协文史委员会编：《天津文史资料选辑》（第二十八辑），天津人民出版社1984年版。

钱穆著：《八十忆双亲·师友杂忆》，生活·读书·新知三联书店1998年版。

陈勇著：《国学宗师钱穆》，北京大学出版社2007年版。

苏双碧、王宏志著：《吴晗传》，上海人民出版社1998年版。

张荫麟著：《素痴集》，百花文艺出版社2005年版。

周忱编选：《张荫麟先生纪念文集》，汉语大辞典出版社2002年版。

沙知编：《向达学记》，生活·读书·新知三联书店2010年版。

《生活月刊》编辑部著：《敦煌：众人受到召唤》，广西师范大学出版社2015年版。

曹清、张蔚星编著：《曾昭燏年谱（征求意见稿）》，南京博物院，未刊。

吴宓著：《吴宓诗集》，商务印书馆2004年版。

吴宓著：《吴宓日记1910—1948》（Ⅰ～Ⅹ），吴学昭整理，生活·读书·新知三联书店1998—1999年版。

汤晏著：《一代才子钱锺书》，上海人民出版社2005年版。

吴学昭著：《听杨绛谈往事》，生活·读书·新知三联书店2008年版。

李洪岩著：《钱锺书与近代学人》，百花文艺出版社2007年版。

季进、曾一果著：《陈铨：异邦的借境》，文津出版社2005年版。

沈卫威著：《"学衡派"谱系——历史与叙事》，江西教育出版社2007年版。

冯至著：《冯至全集》（1~12卷），河北教育出版社1999年版。

陆耀东著：《冯至传》，北京十月文艺出版社2003年版。

[美]伯特·斯特恩著：《温德先生》，北京大学出版社2016年版。

冯友兰著：《三松堂自序》，人民出版社2008年版。

冯友兰著：《冯友兰自述》，中国人民大学出版社2004年版。

范鹏著：《道通天地冯友兰》，山东画报出版社1998年版。

单纯、旷昕主编：《解读冯友兰（学者研究卷、学人纪念卷）》，海天出版社1998年版。

宗璞、蔡仲德著：《解读冯友兰（亲人回忆卷）》，海天出版社1998年版。

刘培良主编：《金岳霖的回忆与回忆金岳霖（增补本）》，四川教育出版社2000年版。

［美］费正清著：《费正清对华回忆录》，知识出版社1992年版。

中国社科院哲学研究所逻辑室编：《摹物求比：沈有鼎及其治学之路》，社会科学文献出版社2000年版。

阎书昌、周广业主编：《周先庚文集》，中国科学技术出版社2013年版。

周先庚编订：《郑芳文集》，中国科学技术出版社2013年版。

《周先庚郑芳纪念文集》，未刊。

东莞市政协编：《容庚容肇祖学记》，广东人民出版社2004年版。

陈岱孙著：《陈岱孙遗稿和文稿拾零》，北京大学出版社2005年版。

刘昀、王曙光编：《岱岳长青：陈岱孙纪念文集》，北京大学出版社2012年版。

刘昀著：《孤帆远影（陈岱孙的1900—1952）》，清华大学出版社2011年版。

潘光旦著：《潘光旦文集》（1—14卷），北京大学出版社2000年版。

吕文浩著：《潘光旦图传》，湖北人民出版社2006年版。

陈达、萧乾著：《浪迹十年·人生采访》（民国丛书第3编071），上海书店出版社1990年版。

汤佩松著：《为接朝霞顾夕阳——一个生理学科学家的回忆录》，科学出版社1988年版。

钱伟长主编：《一代师表叶企孙》，上海科学技术出版社1995年版。

虞昊、黄延复著：《中国科技的基石——叶企孙和科学大师们》，复旦大学出版社2000年版。

段治文、钟学敏著：《核物理先驱——赵忠尧传》，浙江人民出版社2007年版。

林家治著：《吴有训图传》，湖北人民出版社 2006 年版。

杨振宁著：《曙光集》，翁帆编译，生活·读书·新知三联书店 2008 年版。

曾昭抡著：《缅边日记》，辽宁教育出版社 1998 年版。

戴美政著：《曾昭抡评传》，云南人民出版社 2010 年版。

袁疆等编著：《西北科学考察的先行者——地学家袁复礼的足迹》，新华出版社 2007 年版。

杨遵仪主编：《桃李满天下——纪念袁复礼教授百年诞辰》，中国地质大学出版社 1993 年版。

江丕栋、陈莹、闻立欣等著：《老北大宿舍纪事（1946—1952）：中老胡同三十二号》，北京大学出版社 2011 年版。

日月、朱谨编：《朱树屏信札》，海洋出版社 2007 年版。

叶笃正主编：《赵九章纪念文集》，科学出版社 1997 年版。

伏萍著：《杨南生传》，中国宇航出版社 2017 年版。

蔡恒胜、柳怀祖等著：《中关村回忆》，上海交通大学出版社 2011 年版。

邓琮琮、张建伟著：《中国院士》，浙江文艺出版社 1996 年版。

曹伯言整理：《胡适日记全编》（8 册），安徽教育出版社 2001 年版。

北京大学图书馆编：《北京大学图书馆藏胡适未刊书信日记》，清华大学出版社 2003 年版。

杜春和等编：《胡适论学往来书信选》（全二册），河北人民出版社 1998 年版。

陈漱渝编：《一对小兔子——胡适夫妇两地书》，湖南教育出版社 2006 年版。

王缉国、张谷著：《国文通才王力》，北京大学出版社 2008 年版。

王力著：《龙虫并雕斋琐语》，商务印书馆 2002 年版。

费孝通著：《费孝通散文》，张冠生编，浙江文艺出版社 1999 年版。

张冠生著：《乡土先知费孝通》，北京大学出版社 2006 年版。

李岫著：《岁月、命运、人——李广田传》，人民文学出版社 2006 年版。

沈建中著：《遗留韵事——施蛰存游踪》，文汇出版社 2007 年版。

吴晓铃著：《吴晓铃集》（五卷），河北教育出版社2006年版。

汪曾祺著：《汪曾祺全集》，北京师范大学出版社1998年版。

汪朗、汪明、汪朝著：《老头儿汪曾祺——我们眼中的父亲》，中国人民大学出版社2000年版。

何孔敬著：《长相思：朱德熙其人》，中华书局2007年版。

许渊冲著：《山阴道上：许渊冲散文随笔选集》，中央编译出版社2005年版。

许渊冲著：《追忆逝水年华》，生活·读书·新知三联书店1995年版。

许渊冲著：《续忆逝水年华》，湖北人民出版社2007年版。

赵瑞蕻著：《离乱弦歌忆旧游》，文汇出版社2000年版。

何兆武口述，文靖撰写：《上学记》，生活·读书·新知三联书店2006年版。

张曼菱著：《西南联大行思录》，生活·读书·新知三联书店2013年版。

余斌著：《西南联大的背影》，生活·读书·新知三联书店2017年版。

刘绪贻口述，余坦坦整理：《箫声剑影：刘绪贻口述自传》，广西师范大学出版社2010年版。

何炳棣著：《读史阅世六十年》，广西师范大学出版社2005年版。

唐振常著：《川上集》，生活·读书·新知三联书店1996年版。

帅彦著：《乱世浮生：1937—1945中国知识分子生活实录》，中华书局2007年版。

苏智良、毛剑锋等著：《去大后方——中国抗战内迁实录》，上海人民出版社2005年版。

《罗常培文集》编委会编：《罗常培文集》（第十卷），山东教育出版社2008年版。

老舍著：《老舍全集》（1~19卷），人民文学出版社2013年版。

政协吴江县委文史委、吴江柳亚子纪念馆编：《郑桐荪先生纪念册》，江苏教育出版社1989年版。

申泮文主编：《黄钰生同志纪念文集》，南开大学出版社1991年版。

韩峰整理：《我的教育人生——申泮文百岁自述》，中国科学技术出版社2015年版。

张清常著:《张清常文集》(1~5本),北京语言大学出版社2006年版。

张清常著:《胡同及其他》(增订本),北京语言大学出版社2004年版。

李晓文著:《遥望张清常》,《文史天地》2009年第5期。

吴大观口述:《我的"中国心"》,航空工业出版社2009年版。

叶兆言著:《陈旧人物》,中信出版社2013年版。

杨步伟著:《杂记赵家》,辽宁教育出版社1998年版。

吴学昭著:《父亲吴宓与他的知音方玮德》,《新文学史料》2016年第4期。

北京大学许宝䯄文集编辑委员会编:《许宝䯄文集》,科学出版社1981年版。

许宝䯄先生纪念文集编委会编:《道德文章垂范人间——纪念许宝䯄先生百年诞辰》,北京大学出版社2010年版。

任继愈著:《念旧企新:任继愈口述》,人民日报出版社2011年版。

《我们心中的任继愈》编委会编:《我们心中的任继愈》,中华书局2010年版。

何南著:《一代大师任继愈》,时代文艺出版社2010年版。

张世英著:《归途》,人民出版社2008年版。

罗逊著:《发生在西南联大的一场师生恋》,http://dajia.qq.com/original/category/lx180416.html。

张鹏斗著:《对日受降的台湾空军司令林文奎》,《档案与建设》2015年第9期。

杜应国著:《"习安张敬"寻踪》,http://blog.sina.com.cn/s/blog_4d691a720101hcm2.html。

窦应泰著:《巴金最后32个春秋》,民主与建设出版社2005年版。

杨苡编注:《雪泥集:巴金致杨苡书简劫余全编》,上海远东出版社2010年版。

刘红庆著:《沈从文家事:听沈龙朱讲述沈家旧事》,新星出版社2012年版。

谷斯涌著:《两代悲歌:陈布雷和他的女儿陈琏》,团结出版社2006年版。

郑延著:《人生之曲——我和我的一家》,中国青年出版社2003年版。

白谦慎著:《张充和诗书画选》,生活·读书·新知三联书店2014年版。

张充和书，孙康宜编注：《古色今香：张充和题字选集》，广西师范大学出版社 2010 年版。

汪曾祺著：《我在西南联大的日子》，山东画报出版社 2018 年版。

方继孝著：《旧墨三记：世纪学人的墨迹与往事》，国家图书馆出版社 2007 年版。

舒乙、姚珠珠主编：《凤子：在舞台上在人世间》，中国文史出版社 2007 年版。

张彦林著：《绮才玉貌：凤子图传》，河南人民出版社 2014 年版。

辛夷楣、张桐著：《记忆深处的"老人艺"》，生活·读书·新知三联书店 2009 年版。

孙毓棠著：《孙毓棠学术论文集》，中华书局 1995 年版。

孙毓棠著，余太山编：《孙毓棠诗集》，商务印书馆 2013 年版。

傅乐淑著：《元宫词百章笺注》，书目文献出版社 1995 年版。

后记

初版后记

2008年，注定是不平淡、不平凡的一年，中国发生了好多大事。1月、2月，南方的冰雪灾害；3月，拉萨发生打砸抢事件；5月，汶川大地震；8月，北京举办第二十九届夏季奥运会……在这样一个年份，我是一名新闻工作者，白天格外关注现实和国情；晚上却沉潜到历史风云中，关注70年前的西南联合大学。在我看来，今天不过是历史的延续，现实中的诸多问题都有其历史的根源。

为何要写这样一本书？这是一本向西南联大学者群体致敬的书，基于当下大学精神的庸俗、文人风骨的萎缩、人文传统的断裂，我勾勒出了西南联大教授的精神剪影。

每一本书自有它的机缘。写作的历程要追溯至2003年。那年秋天，我去了一次昆明，那时我非常迷恋沈从文和汪曾祺的著作，每一本能找来的作品，皆读之而后快。在昆明逗留的时间非常短暂，但这段游历，对我影响很长。在昆明时，我的包里装着几本汪曾祺的书，可以这样说，是写昆明饮食的篇章将我引向西南联大。那时我读书的口味偏重文学，但已经开始往历史领域延伸。非常遗憾的是，在昆明我错过了去西南联大旧址朝拜的机会。正是这个遗憾让我开始阅读西南联大的专著，关注每一位在此教学和求学的先生。几年的时间，积累了大量的资料，陆续写了一些文章，有的收录在本书中。

后记

从 2006 年开始，我将收集而来的资料，分类整理，建了一个文件夹。仿佛一颗播下的种子，感受到破土而出的萌芽。

今年年初，北航社的王娜编辑看了我在天涯的博客，给我留言，约请我写一本关于民国文人的书。我自然向她提到西南联大教授群，几经磋商，于是有了这本书。

细心的读者可以发现，我选取的史料，注重联大师生的日记、自传、回忆录、诗词。同时查阅联大师生的著述，参照他们的传记和年谱，参考研究西南联大的专著，吸收前人的研究成果。在史料的收集和取舍上，更是下了一番功夫。关于西南联大的资料和著述，不少互相矛盾，即使联大教授、学子本人的回忆录也有记忆不可靠的地方，这就需要鉴别、判断。我在选取史料时，收集到两三种史料互相对照、印证后，才敢放心使用。

梅贻琦校长的公子梅祖彦有一篇纪念文章《西南联大与梅贻琦校长》，他写道："1941 年春夏父亲和郑天挺、杨振声两先生到重庆办事，后去四川叙永分校看望师生，又到李庄北大文科研究所了解情况，最后到成都访问了武汉大学和四川大学。"查《梅贻琦日记》，梅贻琦是和郑天挺、罗常培到重庆办事，此时，杨振声在叙永，任分校主任。梅、郑、罗到叙永看望师生，6 月 13 日，日记中记录："八点余早点后与郑、罗往今甫处，见其病势大似疟疾。"

许渊冲先生的《追忆逝水年华》一书中，有一篇"那一代人的爱情"的文章提到，西南联大有四大单身教授：吴宓、金岳霖、陈岱孙和李继侗。我查阅了大量资料，发现李继侗并非单身教授，他有一个儿子，读了两年专修班之后考入西南联大。西南联大的确多光棍，无妻子儿女一身轻，物理学教授叶企孙终身未娶，美籍教授温德也是终身未娶。杨振声曾写一篇游戏文章《释鳏》，在教授间传阅。西南联大有四大单身教授，这个正确的提法应该是吴宓、金岳霖、陈岱孙和叶企孙。

陈寅恪先生的诗，我在本书中引用了几首。各种著述中，诗句多不一致。有版本的原因，也有传播中的错字。对陈寅恪诗的解释和理解，更是众说纷纭。经过比较，本书中陈寅恪的诗依据的是胡文辉的《陈寅恪诗笺释》（上下册）

所录版本，并参考他的笺释。

在此需要说明的是，我写的这本小书，自认为不是严格的学术著作，为了不影响阅读的节奏，对所引用资料没有全部一一注明。书中写到的每一个人物，都已有大量的相关著述，要想超越已有的研究成果很难，发前人所未发，更难。我写的每一篇文章，尽量做到角度新颖，复原被遮蔽的生活细节，集中呈现历史宏大叙事下被忽略的人情人性之美，希望能给读者以趣味和启迪，希望我们能得西南联大之风流余韵。除了行文中说明资料来源，将主要参考书目附录书后。在此对前辈和师友致谢。由于著者学力浅薄，再加上受到第一手史料的限制，书中硬伤和错误难免，恳请方家批评指正。如果这本小书有再版的机会，定当修订。

用五年的时间读书、收集资料，再到这两年紧锣密鼓地写作，完全凭着读书兴趣。诚可谓"不为无益之事，何以遣有涯之生"！五年的时间，从春夏到秋冬，狭小的书房里亮起一盏灯，伴随我到深夜。世界很大，我对这个世界要求的很小，我所求的只是一摞摞爱读的书而已。一灯如豆，万籁俱寂，窗外的星河灿烂，凝神谛听历史深处发出的声音。每当蹑手蹑脚从书房到卧室，听到妻子和女儿的呼吸，内心有一种莫可名状的充实与感怀。每次闭上眼睛，躺在床上，盘算着明天写哪些章节，随后，西南联大教授的音容笑貌如在眼前。

我非常享受这种工作之余的读书、写作。每当发现新的史料，就用小纸片注明，夹在书中。一摞读过的书，放在书桌，纸条一条一缕，密密麻麻。女儿问我书中怎么有这么多纸条，我告诉她是书长了胡子。有一次，女儿把我一堆书中的"胡子"全揪下来，洋洋洒洒，散落在地板上。面对她的淘气之举，我哭笑不得。女儿从一个咿呀学语的婴儿，成长为一个调皮、可爱的小孩儿，认识了二三百个汉字。她的成长见证了我的这本书。感谢妻子段颖和家人，段颖帮我收集、整理、输入史料，省去了好多麻烦；若没有家人的全力支持，我不可能有充足的时间用来读书、写作。

感谢北航社的王娜编辑，她向我提出了不少宝贵的建议，使得这本书顺利出版。我还要感谢为我提供书籍、资料、照片的朋友，以及多年来支持、欣赏我文章的文友。他们是杨苡、吕文浩、丁杨、翁天兵、姚峥华、薛原、马振奎、聂双等。我相信一本书能够将身处天南海北的同样关注西南联大的朋友聚拢，也相信，具有同样精神气质的朋友会在这本小书中相遇。

如果您对本书有任何意见或疑问，请您发至邮箱：bdlyq618@163.com，欢迎您的批评和建议。

刘宜庆
2008年9月28日于青岛

时天高云淡，遥想70年前昆明，日寇空袭轰炸之声骤起，感慨万千。

"西南联大三部曲"后记

一本书有一本书的命运，书的命运与人的遭际交织在一起，在岁月之中延展。

2017年12月27日，梁由之先生在微信上问我，写西南联大的两本书合同早已到期，有没有签订新的出版合同？我答复，我正在做增订，可以出三部。这就是读者面前"西南联大三部曲"的由来。

2009年1月，我出版了《绝代风流：西南联大生活录》，随后，台湾出版了中文繁体版《绝代风流》《先生之风》。2013年出版了《大师之大：西南联大与士人精神》。在此基础上，我每次有新的发现、新的资料，沉潜往复，发而为文。我陆续增订，与梁由之先生达成出版协议后，在接下来的9个月中，将要增补的人物、篇章写完。台湾中文繁体版的《绝代风流》《先生之风》两书一共26万字，增补之后变成了42万字。《大师之大：西南联大与士人精神》2013年出版时，删去了两章，今补全，并将书稿略作修订，把关于政学夹缝中联大教授的一些段落删减。

三部书稿全部杀青，已是仲秋。夜晚，走在路上，月光皎洁，凉风满袖，虫声唧唧，世间清景是微凉。走着走着就两鬓飞霜，回首一望，书与人的往事，纷至沓来。

十年前的一本书，到今年的三本书。隔着十个春秋，令人感慨。江湖夜雨十年灯,这是深夜亮着的一盏灯。城中过尽无穷事,无非生死。十年之间,父亲亡故,遗憾的是,这三本书出版,他不能看到了。而这十年,我走向中年,遭遇家人生病,目睹时代巨变,经历新媒体的崛起。世事浇漓,初识沧桑滋味。十年看似短暂,整个社会的风向,却如陵谷变迁。在历史与现实之间穿越,所感所思,感受到无法言说的悲凉。

相信读者诸君,在这三部曲中能够感受到我对历史的省察、对现实的批判。成书历十年,万恨缄其中。我所恨者,非一己之浮沉。好在,我已经将史实钩沉,史实是最好的言说。

十余年来,因研究西南联大,结识了诸多意气相投的好友,在写作中得到他们的帮助,让我有吾道不孤之感。感谢诸多西南联大教授的后人:冯姚平、萧光乾、金炎等;感谢多年来向我约稿的报刊的朋友:丁杨、翁天兵、陈思、梁思慧、杨奕萍等;感谢在昆明的学者:戴美政、余斌、龙光美等;感谢我身边朋友的支持和帮助:吴新元(他母亲汪静女士是1938年湖南的高考状元,考入西南联大机械系)、戴升尧、王开生、薛原、马一等。在写作过程中,也结识了诸多联大学子的后人,与他们交流,获益良多,不一一赘述。

尤其感谢张友仁先生和美国学者易社强先生的鼎力支持。

2013年1月,趁参加北京图书订货会之机,到北大燕园拜访西南联大校友会副会长、著名经济学家张友仁先生。感谢他赠送《张友仁回忆文集》《北大清华的教授们》《北大恩师》等书籍,随后邮寄了大量的资料和照片。那天走在北大燕园,从灰蒙蒙的雾霾天空,走进张友仁先生的书房,看到书桌上几朵金黄色亮丽的花朵,看到张先生镜片后睿智的眼神、温和的微笑,那一刹那,心中安定。2015年6月13日,张友仁先生仙逝,在天上与西南联大的大师们相聚。

2013年7月10日,美国学者易社强(著有《战争与革命中的西南联大》,饶家荣译)在青岛,我去他的住处拜访,和他一起游览青岛奥帆中心并留影,中午在一起吃饺子。话题自然围绕西南联大知识分子群体展开,交流研究心得。这是愉悦的一天,我们都谈到如何走上研究西南联大的道路。这次见面后,易社强先生如一叶白帆远航。我给易社强教授写了一封电子邮件,附件是我写的关于潘光旦教授的万余字长文。

2018年8月下旬,梁由之君参加完上海书展,来青岛小住。我和青岛的两位好友,在一个凉风习习的夜晚,陪梁由之游览青岛奥帆中心。防浪堤上的灯塔明灭闪烁,想起这十余年来,因研究和写作西南联大的文稿,与诸多朋友交往。而时光如水,经过了上合峰会的奥帆中心,更加美丽。在海滨漫步,想起十余年来书与人的相遇,内心百感交集,如大海层层浪花。

回望自己的来时路,海天之间的云霞化作凝眸处的一段烟愁。十余年来,坐冷板凳,焚膏继晷,书中的每一篇文章、每一位学人,都是点滴时光凝聚而成的生命册页。

我写这篇后记之时,恰逢中秋节。月挂中天,皎皎月光,清辉匝地,纤尘俱净,万象清虚。独自穿行在月色之中,无边人世,月色所在,皆是道场。读者诸君,您在这三部书中,感念民国大师风范,也会想到一轮圆月耀天心。当年照耀着大师的月亮,也照着我们。

将这轻纱似的月色夹进书中,旧时月色最动人。

刘宜庆

2018年9月24日